U0097471

古典文獻研究輯刊

二三編

潘美月・杜潔祥 主編

第12冊

元曲釋詞（增訂版）（二）

王學奇、王靜竹 著

國家圖書館出版品預行編目資料

元曲釋詞（增訂版）（二）／王學奇、王靜竹 著 -- 初版 --
新北市：花木蘭文化出版社，2016〔民105〕
目 22+260 面；19×26 公分
（古典文獻研究輯刊 二三編；第12冊）
ISBN 978-986-404-851-9（精裝）
1. 元曲 2. 曲評
011.08 105015206

ISBN-978-986-404-851-9

古典文獻研究輯刊
二三編 第十二冊 ISBN：978-986-404-851-9

元曲釋詞（增訂版）（二）

作　　者　王學奇、王靜竹
主　　編　潘美月　杜潔祥
總 編 輯　杜潔祥
副總編輯　楊嘉樂
編　　輯　許郁翎、王筑　美術編輯　陳逸婷
企劃出版　北京大學文化資源研究中心
出　　版　花木蘭文化出版社
社　　長　高小娟
聯絡地址　235 新北市中和區中安街七二號十三樓
　　　　　電話：02-2923-1455／傳眞：02-2923-1452
網　　址　http://www.huamulan.tw 信箱 hml 810518@gmail.com
印　　刷　普羅文化出版廣告事業
初　　版　2016年9月
全書字數　1182776字
定　　價　二三編21冊（精裝）新台幣40,000元

元曲釋詞（增訂版）（二）

王學奇、王靜竹 著

目次

第二冊

chang

cuan

cui

cun

cuo

D

da

dao

元曲釋詞（增訂版・二）

王學奇　王靜竹著

擦牀兒

《鐵拐李》一【金盞兒】白：「〔張千取鈔科〕〔做拿金牌科，云：〕」這老漢是村裏人，進城來諸般不買，先買了箇擦牀兒。」

擦牀，炊食用具；製法是用銅片刻上斜孔，鑲在木框內，用來刮削蔬果，使成細絲；吃包餡的麪食多用之。現在還有這種工具。或作礤（cā）牀兒，魯人則呼爲菜牀。劇意是指金牌上印有字跡，撫摩之如擦牀，故云；含有調侃之意。

猜

倸

猜：一、當作看、看待解；二、用作語氣詞，或作倸；三、猶嫉、嫌。

（一）

《救風塵》一【賺煞】：「則他那褌兒里休猜做有腿。」

《單鞭奪槊》二【滾繡毬】：「他有投明棄暗的心，拿雲握霧的手，休猜做人中禽獸。」

《西廂記》三本三折【甜水令】：「你索將性兒溫存，話兒摩弄，意兒謙洽，休猜做敗柳殘花。」

《劉行首》四【七弟兄】：「怎將蓼兒洼強猜做藍橋驛，梁山泊權當做武陵溪。」

《太平樂府》卷一盧摯小令【折桂令·紅梅】：「綴冰痕數點胭脂，莫猜做人間、繁杏枝枝。」

《陽春白雪》前集三馬致遠小令【壽陽曲】：「實心兒待，休做謊話兒猜。」

以上各「猜」字，意爲看、看待。例中凡言「猜做」，都是看做、當做的意思。《劉行首》例「猜做」與「當做」互文爲意，可證。

（二）

《董西廂》卷六【商調·定風波】：「一個最大漢提著雁翎刀，厲聲叫道：『與我這裏搜猜！』」

又同書卷七【道宮·憑欄人纏令】：「都是俺今年浮災，煩惱煞人也猜！」

《樂府群珠》卷二張小山小令【金字經·睡起】「猜！鬢雲鬆玉釵。人何在？月明閑鳳臺！」

《元人小令集》張可久小令【寨兒令·鑒湖上尋梅】：「竹籬邊沽酒去，驢背上載詩來。猜！昨夜一枝開。」

《三戰呂布》三【醉春風】：「自從那早晨間打躬到日平西；孫堅啋！那裏取這個禮、禮？」

《村樂堂》三【醋葫蘆】：「啋！咱兩人好生的說話。」

以上「猜」或「啋」字，用爲語氣詞；放在句尾或詞尾，相當現代漢語的「呵」、「呀」；放在句首，相當於現代漢語的「哎」、「喲」。

（三）

《盛世新聲》【南呂一枝花·瘦身軀難打捱】：「則落得鶯猜燕妬，枉擔閣鳳隻鸞孤。」

此「猜」字與「妬」字互文爲意，謂嫉也、嫌也。李白《長干行》詩：「同居長干裏，兩小無嫌猜。」

猜枚

《醉寫赤壁賦》楔【幺篇】白：「今無甚事，且回後堂中和夫人猜枚吃酒去也。」

《射柳捶丸》四白：「有酒拏來我先打三鍾，然後猜枚行令耍子。」

猜枚，舊時酒令遊戲之一，俗稱猜單雙。其法：任取席上可以計數的蓮子、瓜子、松子等小果品或黑白棋子，握於兩拳，使人以次猜其單雙、枚數、顏色，凡三猜以角勝負，負者罰飲。《紅樓夢》第二十三回：「低吟悄唱，拆字猜枚，無所不至」，亦其例。又有「猜拳」戲，法類此。

才人

《藍采和》一【油葫蘆】：「俺路歧每怎敢自專，這的是才人書會剗新編。」

《詞林摘艷》卷二散套【越調繡停針・蕩起商颷】：「人月鬪嬌，料想丹青怎描？怎消得才人下筆詠嘲？」

才人，本封建時代宮廷內女官名。《舊唐書・王才人傳》謂唐設「內官才人七人」，掌儀衛、扈從等職；杜甫《哀江頭》：「輦前才人帶弓箭，白馬嚼齧黃金勒」，是也。至宋、元時，對一些替倡優們編寫話本、雜劇的作家或其它詞章之士，稱爲才人，如上舉諸例。《宦門子弟錯立身》戲文：「《宦門子弟錯立身》，古杭才人新編。」《清平山堂話本・楊溫攔路虎傳》：「才人有詩說得好：求人須求大丈夫，濟人須濟急時無。」皆其例。

才人所參加的創作組織，叫做「書會」；關漢卿即「書會才人」中最傑出的一位。

才調

《董西廂》卷四【中呂調・碧牡丹】：「怕你不聰明？怕你不稔色？怕你沒才調？」

《謝天香》一【金盞兒】：「你拿起筆作文詞，衠才調無瑕玼。」

《倩女離魂》一【油葫蘆】：「十分的賣風騷，顯秀麗誇才調。」

《伊尹耕莘》二【鬪鵪鶉】白：「哥哥，去朝中安邦定國，展你那胸中才調，扶持主上。」

《追韓信》一【村裏迓鼓】：「我若生在春秋那時，英雄志登時宣召，憑著滿腹才調。」

才調，謂才能、才氣、才華、才情。《隋書・許善心傳》：「才調極高，此神童也。」李商隱《賈生》詩：「宣室求賢訪逐臣，賈生才調更無倫。」唐・蔣防《霍小玉傳》：「素聞十郎才調風流，今又見儀容雅秀，名下固無虛士。」

採

睬　采　彩　啋

採，或作睬、采、彩、啋，義爲：一爲摘取、採集；二爲理睬、理會；三爲幸運；四爲揪、扯、拉；五爲拭、擦。

（一）

《岳陽樓》二、詩云：「龍團鳳餅不尋常，百草前頭早占芳：採處未消峰頂雪，烹時猶帶建溪香。」

《麗春堂》三【綿搭絮】：「也無那採薪的樵子，耕種的農夫，往來的商賈，談笑的鴻儒，做伴的茶藥琴棋筆硯書。」

《玉壺春》一【寄生草】：「風習習杏花村粉牆亂落胭脂片，翻滾滾玉闌干搧粉翅飛倦採香蝶。」

《趙禮讓肥》一【仙呂點絳唇】白：「俺只在這山中負薪，兄弟採些野菜藥苗，似此充飢，幾時是俺弟兄們發達的時節也？」

採，謂摘取、採集。《史記・循吏傳》：「秋冬則勸民山採。」《後漢書・周興傳》：「屬文著辭，有可觀採。」漢樂府民歌《上山采蘼蕪》：「上山采蘼蕪，下山逢故夫。」「采」是「採」的本字，義同。

（二）

《救風塵》一【賺煞】：「耳邊休採那等閑食，那的是最容易剜眼睛嫌的，則除是親近著他更歡喜。」

《冤家債主》一【賺煞】：「你將我這逆耳良言不採。」

《金鳳釵》二【石榴花】：「勸著的不睬半分毫。」

《李逵負荊》四【攪箏琶】：「他將我佯呆不採。」

採，今通作睬，謂理睬、理會。此用法已見於南北朝，如《北史・齊後主皇后穆氏傳》：「更不採輕霄」，是也。又作采，《張協狀元》戲文：「在古廟

五、六春，有誰人采您？」巾箱本《琵琶記》二十五【前腔】:「往前街後街，往前街後街，並無人采。」，按「采」爲「睬」之省寫。

（三）

《董西廂》卷一【中呂調・牧羊關】:「得後是自家采，不得後是自家命。」

又同書卷三【大石調・紅羅襖】:「酒行到數巡外，君瑞將情試想，自家倒大采。」

《蝴蝶夢》四【鴛鴦煞】:「且休提這恩德無涯，單則是子母團圓大古裏彩。」

《看錢奴》二【倘秀才】:「賣與個有兒女的是孩兒命衰，賣與個無子嗣的是孩兒大采。」

《玉壺春》三【煞尾】:「你落的個屍首完全，大古裏是彩。」

《虎頭牌》四【尾煞】:「只留著你潦倒餘生，便是大古裏倸。」

《合汗衫》三【煞尾】:「我今日先認了那個孩兒大古來倸。」

古時「六博」賭具，有不同的色彩，故把賭博的勝利，稱做「得彩」，引申之，又轉爲「幸運」之意。據宋・程大昌《演繁錄》云:「博用六子，《楚辭》謂之六博。采本是采邑之采，指其文而言也。如黑白之以色別，雉犢之以物別，皆采也。投得何色，其中程者勝，因遂名之爲采，今俗語凡事小而幸得者，皆以采名之，義蓋起此也。」以「采」稱好運，宋人作品已見之，如許棐《選官圖》詩:「縱有黃金無好采，也難平白到公卿」。采，或作彩、倸，音義並同。

（四）

《生金閣》四【雙調新水令】白:「有有有，被我劈頭毛採將來了。」

《救孝子》四、白:「張千，採下去！著他口中啣著板子，弔下來便打。」

《爭報恩》二【朝天子】白:「採起那廝頭稍來者！」

《黃花峪》一【醉中天】:「〔正末做採店小二跌科，云:〕不干你事，我勸去！〔做採蔡淨科〕」

《陳州糶米》四【雁兒落】白：「張千，將楊金吾揉上前來！〔做揉楊金吾上科〕」

揉，謂揪、扯、拉。揉，一作采，通用。如：《清平山堂話本・快嘴李翠蓮記》：「揪住耳朵揉頭髮。」《警世通言・玉堂春落難逢夫》：「劉爺叫皂隸把皮氏采上來問。」

（五）

《李逵負荊》一【醉中天】：「〔王林作揉淚科，云：〕要他那碎金子做甚麼？」

此「揉」字，謂拭、擦。

慚愧

慚愧：一用作驚喜之詞，含有幸喜、僥倖、難得、多謝等意；二謂羞愧；三謂抱歉。

（一）

《董西廂》卷四【仙呂調・賞花時】：「去了紅娘悶轉加，比及到黃昏沒亂殺，花影透窗紗，幾時是黑，得見那死冤家？……慚愧啞，憎院已聞鴉。」

《㑳梅香》二【歸塞北】白：「我拆開看，元來上面四句詩。〔詩云：〕寂寂深閨裏，翻爲今夜春；還將寫詩意，憐取眼前人。慚愧！誰想有今日也？著小娘子這般用心。」

《留鞋記》四【太平令】白：「〔郭華云：〕原來是小娘子在此救我，小娘子，你爲甚麼來？〔正旦云：〕慚愧！張千哥哥，那秀才活了也。」

《鴛鴦被》三【幺篇】白：「〔張瑞卿云：〕不必吃酒，妹子且跟我回家去來。〔正旦云：〕慚愧！誰想有今日也呵！」

《合同文字》三、白：「自家劉安住是也。遠遠望見家鄉，慚愧！可早來到也呵！」

《魔合羅》一【一半兒】白：「兀的不有人來也！慚愧！」

上舉各例，用作驚喜之詞，含有幸喜、僥倖、難得、謝天謝地等意。按此用法唐宋已有之，如：唐・張籍《答開州韋使君寄車前子》詩：「慚愧使君憐病眼，三千餘里寄閒人。」韓偓《春盡》:「慚愧流鶯相厚意，清晨猶爲到西園。」宋・劉克莊【木蘭花慢】詞:「也慚愧君恩，放還田舍，免詣公車」，是也。

（二）

《東坡夢》一【金盞兒】:「〔東坡云:〕小官在吾兄根前，念【滿庭芳】一闋，卻似持布鼓而過雷門，豈不慚愧？〔正末云:〕貧僧草腹菜腸，願聞，願聞。」

《樂府群珠》卷四誠齋小令【朱履曲・烹茶掃雪】:「白衣甘冷淡，紅粉愛奢華，把一個老先生慚愧煞。」

上舉「慚愧」，爲羞愧之意。《大唐三藏取經詩話・入鬼子母國處第九》:「法師七人，大生慚愧」，亦其例。

（三）

《趙禮讓肥》四【掛玉鉤】白:「宜秋山下不成一個管待，至今猶自慚愧。」

上例由羞愧引申爲抱歉意，兩義極接近、相通。

傖頭（cāng・tou）

《氣英布》三【滾繡毬】:「哎！元來這子房也是箇傖頭。」

傖頭，即傖夫，鄙賤者之稱。南朝時，南人每以此譏稱北人，如陸機稱左思爲傖父（見《晉書・左思傳》）；宋孝武帝稱王玄謨爲老傖（見《宋書》），是也。宋・陸游《老學庵筆記》卷九亦云:「南朝謂北人曰『傖父』，或謂之『虜父』。」近人章太炎《新方言・釋言》:「《一切經音義》引《晉陽秋》曰:『吳人謂中州人爲傖人，俗又謂江淮間雜楚爲傖人。』尋《方言》:壯、將皆訓大，將、倉聲通，如鸞聲將將、鳥獸蹌蹌是。傖人猶言壯夫耳。昔陸機謂左思爲傖父，蓋謂其粗勇也。今自鎮江而下至於海濱，無賴相呼曰老傖。」現代湖北方言中，猶稱粗橫無理、做事不合道理的人爲「爨（cuàn）頭」，當係「傖頭」的音轉。

蒼鶻（cāng hú）

《玉鏡臺》四【雙調新水令】:「則爲鳳鸞失配，累了蒼鶻，今日個珉筵開，專要把鴛鴦完聚。」

蒼鶻，劇中腳色名，相當於後來的副末或末。元・陶宗儀《輟耕錄》和明・朱權《太和正音譜》都說，「副末」古謂之「蒼鶻」。《正音譜》云：「付末，古謂蒼鶻，故可以扑靚（jìng）者。靚，謂狐也；如鶻之可以擊狐，故付末執榼（kè）瓜以扑靚者是也。」明・徐渭《南詞敘錄》則謂：「末，古謂之蒼鶻。」王國維《古劇腳色考》云：「今案《李義山集・驕兒》詩：『忽復學參軍，案聲喚蒼鶻。』《五代史・吳世家》云：徐氏之專政也，隆演幼懦，不能自持，而知訓尤凌侮之。嘗飲酒樓上，命優人高貴卿侍酒，知訓爲參軍，隆演鶉衣髽髻爲蒼鶻（《西溪叢語》引《吳史》作蒼頭，復據《五代史》正之）。則唐五代時，與參軍相對演者爲蒼鶻，如宋時副末之對副淨也。」實則在宋代，仍存在蒼鶻與參軍對演的事實，如陸游《春社》詩之四：「太平處處是優場，社日兒童喜欲狂。且看參軍喚蒼鶻，京都新禁舞齋郎。」是也。

藏鬮

《漢宮秋》二【梁州第七】：「偏宜向梨花月底登樓，芙蓉燭下藏鬮。」

《雍熙樂府》卷十關漢卿散套【南呂一枝花・梁州第七】：「願朱顏不改常依舊：花中消遣，酒內忘憂，分茶攧竹，打馬藏鬮。」

《盛世新聲》【南呂一枝花・心懷雨露恩】：「行樂時柳葉內調絲弄竹，消閑時花陰外打馬藏鬮。」

藏鬮，古代的一種遊戲。玩法是：把許多人分爲兩方，一方把鉤藏在手裏，叫另一方猜，以猜中與否判贏輸；也叫「藏鉤」。此遊戲來源很早：晉・周處《風土記》：「義陽獵日，飲祭之後，叟嫗兒童爲藏鉤之戲，分爲二曹，以校勝負。若人偶即敵對，人奇則使一人爲遊附，或屬上曹，或屬下曹，以爲飛鳥，以齊二曹人數。一鉤藏在數手中，曹人當射知所在。」據此則晉已有此遊戲。梁・宗懍《荊楚歲時記》云：「辛氏《三秦記》以爲鉤弋夫人所起。」是則上起於漢，更早於晉矣。至明代，仍有此記載，如：《紅蓮債》二：「我這裏設彀藏鬮」；《團花鳳》二：「怎生般藏鬮」，是也。

草標

《周公攝政》二【幺】：「伴君王坐朝問道，把微臣立草爲標。」

《風雲會》二【尾】：「既然立草爲標，必須坐朝問道。」

《劉弘嫁婢》二、白：「妾身無計所奈，我插一草標，自己賣身；但賣些錢物，埋殯我那父親。」又媒婆白：「小姐，你插著這草標兒，你是眞箇賣也那？你是鬭人耍？」

草標，舊時出賣物品（包括本人賣身）時，在上面插草作爲標記，表示要出賣。這種標記叫做草標。陳毅《贈郭沫若同志》詩：「而是頭插草標的自我叫賣。」現在農村中出賣物品時，還用這種標記。

草頭王

草頭大王

《三奪槊》一【金盞兒】：「全憑著竹節鞭，生併了些草頭王。」

《氣英布》二【感皇恩】白：「賢弟，你的封王，只待早晚間滅了項羽，便是囊中之物，卻要去做草頭大王，好沒志氣也！」

舊謂盜匪頭僭稱王者曰草頭王或草頭大王。或又作「草頭天子」，如《京本通俗小說・馮玉梅團圓》：「蛇無頭而不行，就有草頭天子出來」，是也。

草稕兒

草囤兒　草刷兒

《黑旋風》二【混江龍】：「牆角畔滴溜溜草稕兒挑，茅簷外疏剌剌布帘兒斜。」

《生金閣》三【牧羊關】：「草刷兒向牆頭挑，醉八仙壁上描。」

《盆兒鬼》一、白：「今日好晴明天氣，早些起來，收拾鋪面，定下些新鮮的案酒菜兒，挑出這草稕兒去，看有甚的人來。」

《黃花峪》一、白：「今日清晨早間，挑起草稕兒，燒的旋鍋熱，看有甚麼人來。」

孤本元明雜劇本《衣襖車》二、白：「挑起這草囤兒，燒著這鏇鍋兒熱，看有甚麼人來。」（按《元曲選外編》收此劇作「草稕兒」。）

草稕兒，或作草囤兒、草刷兒，用草綁縛成圈兒或草把，繫於竿上，挑在店門口，作爲酒店的標幟，稱作酒招。《元曲選》音釋：「稕音準。」

側近

側近，有附近及最近二義。

（一）

《董西廂》卷一【中呂調・尾】白：「是夜月色如畫，生至鶯庭側近，口占二十字小詩一絕。」

又同書卷四【中呂調・粉蝶兒】：「過空庭漸穿花徑，躡金蓮，即漸到中庭。待側近，轉躊躇，謷謷地把心不定。」

《救孝子》二【四煞】：「這裏又離城側近，怎不喚一行仵作仔細檢報緣因？」

《三奪槊》三【尾】：「向那龍床側近，調泛得君王一惺惺都隨順。」

《馮玉蘭》一【賺煞】：「移到這官廳側近。」

以上「側近」各例，是從空間上說，意爲附近、傍邊。南朝樂府民歌《青溪小姑曲》：「開門泉，側近橋梁，小姑所居，獨處無郎。」《舊唐書・睿宗紀》：「取側近三十戶。」李商隱《河陽》詩：「百尺相風插重屋，側近嫣紅伴柔綠。」唐・段安節《樂府雜錄・觱篥》：「乃側近僦居，日夕加意吹之。」《三國志平話》卷下：「使人問側近莊農人家。」以上皆附近、靠近之意。

（二）

《拜月亭》二【三煞】：「這側近的佳期休承望，直等你身體安康，來尋覓夷門街巷。」

上舉「側近」，是從時間上說，爲最近、近期之意。

蹭蹬（cēng dēng）

《凍蘇秦》一【後庭花】：「我如今眼睜睜捱盡了十分蹭蹬。待要去做莊農，又怕悞了九經，做經商又沒箇本領。往前去賺入坑，往後來褪入井，兩下裏怎據憑，折磨俺過一生。」

《太平樂府》卷六秦竹村散套《行香子・知足》：「蹭蹬幾年無用處，枉被儒冠誤。」

又同書卷九曾瑞卿散套【哨遍・思鄉】：「蹉跎到處閑蹭蹬，不覺秋霜鬢冷。」

《不伏老》一【天下樂】白：「只是一生蹭蹬，到如今未遇耳。」

蹭蹬，原意謂失道、走錯了路。《說文新附》：「蹭，蹭蹬，失道也。」唐・慧林《慧林音義》九十五：「蹭蹬，《考聲》云：『行步失所貌也』。《文字典說》云：『二字竝從足，曾、登皆聲也。』」由「失道」意轉爲失勢、不得志，常用來形容落魄不遇，元曲諸例是也。晉・木華《海賦》：「或乃蹭蹬窮波。」注：「蹭蹬，失勢之貌。」李白《贈張相鎬》詩：「蹭蹬遭讒毀。」李賀《馬》詩：「蹭蹬溘風塵。」韓愈《南山》詩：「攀援脫手足，蹭蹬抵積甃。」唐・劉肅《大唐新語》卷十三：「誰知腳蹭蹬，幾落省牆東。」蘇軾《袁公濟和劉景文〈登介亭〉詩，復次韻答之》：「那知君蹭蹬？」《京本通俗小說・菩薩蠻》：「今日功名蹭蹬之際，又聞星家此言，忿一口氣。」又同書《錯斬崔寧》：「後來畢竟做官蹭蹬不起，把錦片一段美滿前程，等閒放過去了。」現在口語中，仍沿用此詞。

叉（chā）

扠

叉，一作扠：一謂推、搡；二謂物之歧出者；三謂刺取；四謂阻塞、擋住；五謂不好、不對；六同紮，纏束之意。

（一）

《破窰記》三【上小樓】白：「〔呂蒙正沖上見媒婆云：〕說的如何？〔媒婆云：〕那裏那裏，他也不肯，罵了我一場，叉出我門來了。」

《生金閣》四【雙調新水令】白：「〔正末云：〕可怎生他不言語？將婁青搶出去。〔張千做叉婁青科，云：〕出去！」

《豫讓吞炭》一【醉扶歸】白：「豫讓，你不替我展江山，奪社稷，到來比張比李的說我。我心決意吞併趙氏，再有苦諫的，定行斬首，叉出豫讓去！」

《昇仙夢》二【南千秋歲】白：「〔淨云：〕我不管你。〔做搶桌面科〕〔眾推出科〕〔淨云：〕這廝每狐朋狗黨，把我叉出來，推在溝裏。」

叉，推、搡之意。今評劇中仍叫做「叉」。

（二）

《飛刀對箭》三【幺篇】白：「俺摩利支，戴一頂描星辰、晃日月、籠海獸玲瓏三叉束鬣紫金冠。」

《詞林摘艷》卷十散套【越調鬬鵪鶉・滿長空雲霽天開】：「鴉鵲雀掛叉前。」

《說文》段注：「凡歧頭皆曰叉。」就是說凡物之歧出有兩個以上的頭都叫「叉」，例如魚叉、鋼叉、畫叉等皆屬之，李賀《南山田中行》詩：「荒畦九月稻叉牙」，亦此意。

（三）

元刊本《鐵拐李》楔子、白：「他在陽間，觸污大羅神仙，叉在油鍋內煠（炸）他。」

臧本《鐵拐李》三【太平令】白：「閻君將我叉入九鼎油鑊。」

《詞林摘艷》卷三無名氏散套【哨遍・鷹犬從來無價】：「鹽燒肉鋼簽炭火上叉。」

叉，由名詞轉為動詞，刺取之謂。《後漢書・楊政傳》：「旄頭叉以戟叉政，傷胸，政猶不退。」唐・李群玉《仙明洲口號》：「一星幽火照叉魚。」明・高啓《江村樂》：「柳塘持燭叉魚。」

（四）

《博望燒屯》二【賀新郎】白：「等他入的城來，著鹿角叉住巷口，當住城門。」

《緋衣夢》三【寨兒令】：「那廝可便舒著腿脡，扠著門桯，精脣口毀罵不住聲。」

叉，讀陽平，作動詞；義謂阻塞、擋住。一作扠，音義同。

（五）

元刊本《公孫汗衫記》二【酒旗兒】：「兀的不叫得我咽喉叉。」

《盆兒鬼》三【小桃紅】白：「〔正末彈盆兒科，云：〕不好，有些聲叉，再換一個。」

叉，讀去聲，是差、不好的意思，「聲叉」，就是聲音差、不對頭。按：彈物聽聲，是舊時檢驗陶器等物質量的一種方法。

（六）

《太平樂府》卷九曾褐夫散套【哨遍・村居】：「樵夫叉了柴，漁翁扳了罾。」

叉，用紮（zhā），纏束的意思。

叉手

插手　抄手

《雙赴夢》四【倘秀才】：「往常眞戶尉見咱當胸叉手，今日見紙判官趨前退後，元來這做鬼的比陽人不自由。」

《西廂記》二本二折【小梁州】：「則見他叉手忙將禮數迎，我這裏『萬福，先生』！」

又同劇三本三折【幺篇】：「卻早禁住隋何，迸住陸賈，叉手躬身，妝聾做啞。」

《豫讓吞炭》四【二煞】：「我怎肯躬身叉手降麾下。」

《竹葉舟》三【黃鍾尾】：「你枉了告玄冥，禮河伯，頻叉手。」

《薦福碑》二【滾繡毬】：「比及見這四方豪士頻插手，我爭如學五柳的先生懶折腰，枉了徒勞。」

《秋胡戲妻》三【滿庭芳】：「我見他便躬著身，插著手，陪言語。」

《瀟湘雨》一【油葫蘆】：「則見他抄定攀蟾折桂手，待趨前，還褪後，我則索慌忙施禮半含羞。」

叉手，謂拱手。宋・毛晃《增韻》：「叉，俗呼拱手曰叉手。」《後漢書・馬援傳》：「豈有知其無成，而但萎腇咋舌，叉手從族乎？」同書《靈帝紀》注：「《獻帝春秋》曰：（張）讓等惶怖叉手，再拜叩頭。」《三國志・魏志・諸葛誕傳》：「叉手屈膝。」《晉書・天文志》：「皆叉手低頭。」《醒世恆言・十五貫戲言成巧禍》：「那後生叉手不離方寸」，就是雙手拱在胸前行禮之意。據此，知漢代以來，即有「叉手」一語。叉，一作插、抄，意同。

差法

差發

差法：一指徭役賦歛；二謂辦法、主意。

（一）

《漢宮秋》一【金盞兒】:「你便晨挑菜，夜看瓜，春種穀，夏澆麻，情取棘針門粉壁上除了差法。」

《太平樂府》卷九睢景臣散套【般涉調・哨遍・高祖還鄉】:「少我的錢，差發內旋撥還；欠我的粟，稅糧中私准除。」

差法，一作差發，指差役和賦歛。南宋・彭大雅、徐霆《黑韃事略》:「其賦歛謂之差發，……猶漢法之上供也。」

（二）

《爭報恩》二【仙呂點絳唇】白:「〔搽旦做扯淨手按脖子科，云：〕偌長的身子，則怕人看見，你低著腰把那腳擡得輕著。這等的差法，也著人教你！赤赤赤！」

此「差法」，意謂辦法、主意。

差訛（chā é）

元刊本《看錢奴》二【倘秀才】:「這孩兒差訛了一個字，千般兒見責。」

《漢宮秋》四【上小樓】:「不爭你打盤旋，這搭裏同聲相應，可不差訛了四時節令？」（亦見於《詞林摘艷》卷三、《盛世新聲》【中呂粉蝶兒】。）

差訛，謂差錯。《詩・小雅・沔水》:「民之訛言，寧莫之懲？」傳:「訛，僞也。」訛，引申爲「錯」。韓愈《石鼓歌》:「公從何處得紙本，毫髮盡備無差訛。」元本《琵琶記》三十:「奴身值甚麼？只因奴誤你一家。差訛，假饒做夫婦也難和。」《荊釵記》二十三【普賢歌】:「書中語句有差訛。」皆其例。

插

插：一謂摻（chān）雜；二謂扎入；三謂菜、飯同煮；四謂以門閂閂門。

（一）

《陳州糶米》楔、白：「如今你兩個到陳州去，因公幹私，將那學士定下的官價五兩白銀一石細米，私下改做十兩銀子一石米，裏面再插上些泥土糠粃，則還他個數兒罷。」

又同劇一、白：「〔雜扮糴米百姓三人同上，云：〕聽的上司說道，欽定米價是五兩白銀糶一石細米，如今又改做了十兩一石，米裏又插上泥土糠粃。」

《陽春白雪》後三劉時中散套【端正好・上高監司】：「穀中添粃屑，米内插粗糠。」

以上「插」字，謂摻雜。宋・陳造《再次韻答節推》：「宦途要處難插手」，此「插」字，謂參加進去，亦摻雜之意也。

（二）

《五侯宴》二【隔尾】白：「如今趕到這潞州長子縣荒草坡前，不見了白兔，則見地下插著一枝箭。」

《西遊記》一本三齣、白：「望插竿吃飯，聽鐘鼓打眠。」

《劉弘嫁女》二、白：「我插一草標，自己賣身。」

插，謂扎進去。宋・毛晃《廣韻》：「插，刺入也。」清・王筠《說文句讀》謂直刺而納於其中也。王維《九月九日憶山東兄弟》詩：「遙知兄弟登臨處，遍插茱萸少一人。」楊萬里《道旁店》詩：「青瓷瓶插紫薇花。」《水滸》第二十一回：「還插在招文袋裏。」諸「插」字意並同。

（三）

《雍熙樂府》卷六散套【粉蝶兒・慳吝】：「早飯白粥纔飡過，到晚來又插和和。」

又：「饅頭皮晒做醬，黃菜餡兒插做和和。」

北語謂以菜、飯同煮曰「插」，「插」從陰平變爲上聲。

（四）

《魔合羅》二【刮地風】：「覺昏沉剛掙揣把門倚靠。我則道十分緊閉著，原來是不插拴牢。靠著時，呀的開了，滴留撲仰剌叉喫一交。」

用門閂（shuān）閂門叫「插」，也作「扎」，如《鴛鴦被》二【件讀書】云：「我正歡娛，忘了把門扎」。現在口語裏還是這樣說，如：「插上門」。

插狀

《黑旋風》四、詩云：「惜坐衙門放告牌，引得他人插狀來；專待囚牢身死後，方纔做了永遠夫妻大稱懷。」

《後庭花》三【雁兒落】：「你去到黃昏插狀來，喒兩箇白日裏難說話。」

《生金閣》三【哭皇天】：「你著他今宵插狀，此夜呈詞。」

《秋胡戲妻》四【殿前歡】：「早插個明白狀。」

插狀，猶云呈狀、告狀，俗謂之打官司；有時也叫呈詞，如上舉之《生金閣》例，「插狀」和「呈詞」互文，可證。（呈詞，也寫作「稱詞」，或訛爲「成詞」。）

插釵

元刊本《薛仁貴》二【梧葉兒】：「那劉太公菩薩女，卻招了壯王二做布袱（袋），交眾親眷插環釵。」（《元曲選》本作：「劉大公家菩薩女，招那莊王二做了補袋，則俺這眾親眷插鐶釵。」）

《兩世姻緣》四【太平令】：「不索你插釵、下財、納采，有甚消不的你展腳伸腰兩拜？」

脈望館鈔校本《曲江池》二【倘秀才】白：「〔末向前，云：〕謹奉金釵一對，花銀百兩，以成定禮。〔淨遞銀與卜科，旦插釵科。〕」

插釵，謂訂婚的禮節，以金釵插於冠髻之中，叫做插釵。宋·吳自牧《夢粱錄》卷二十「嫁娶」條：謂男女「相親」之後，「如新人中意，即以金釵插于冠髻中，名曰『插釵』。若不如意，則送綵緞二匹，謂之『壓驚』，則姻事不諧矣。」也叫「插定」，如《金瓶梅》第七回：「曾受了那人家插定不曾？」《儒林外史》：「不要叫鮑老太自己來下插定。」

插一簡

插一簡兒

《合汗衫》四【碧玉簫】白：「〔正末同卜兒上，云：〕婆婆，金沙院裏做好事哩，喒與孩兒插一簡去來。〔見科〕〔正末云：〕師父，俺特來插一簡兒。

插一簡，這裏是搭著、附帶做一點功德的意思。所謂「功德」，佛家指行善、布施或爲死者誦經、念佛、供養、超度。功，指其行之善；德，指其心之善。

搽

搽：一謂敷、塗抹；二謂打，搽拳，即打拳；三謂推、搡。

（一）

《漢宮秋》一【醉扶歸】：「我則問那待詔別無話，卻怎麼這顏色不加搽？」

《生金閣》一【後庭花】：「我我我這面不搽，頭不梳，那那那有甚的中意處？」

《救孝子》二【四煞】：「俺媳婦兒呵，臉搽紅粉偏生嫩，眉畫青山不慣顰。」

《伍員吹簫》一、詩云：「我做將軍只會搶，兵書戰策沒半點，我家不開粉鋪行，怎麼爺兒兩個盡搽臉？」

搽，敷也；塗抹也。北人呼「塗」如「搽」，由「透」紐轉爲「徹」紐，是由於古今讀音變化的不同。唐·范攄《雲溪友議》卷下「蜀僧喻」條：「本是屎屎袋，強將脂粉塗。」注云：「音茶。」

（二）

《東平府》三、白：「〔社頭云：〕呂教首，聞你的名，誰敢來賭賽？你師徒搽兩路，熱鬧社會也。〔呂彥彪云：〕也罷，也罷！既無人敢承頭，俺師徒搽兩路。〔呂彥彪同眾做搽拳科〕〔社頭同眾喝采科〕〔云：〕好教首，名不虛傳也。〔打住〕〔呂彥彪云：〕四方君子出來，略搽兩路，以見高低。」

搽，猶「打」也。「搽拳」，即打拳；「搽兩路」，即打兩套拳。

（三）

《獨角牛》三【滾繡毬】白：「〔正末云：〕我上的這露臺來，我和他擂去。」〔部署搽科云：〕兀那小廝靠後！」

搽，猶搶（qiàng），推、搡的意思，同「叉」（一），可互參。《金瓶梅》第四回：「幾句連搽帶罵，罵的子虛閉口無言」，意同。

嗏（chā）

《紅梨花》一【賺煞】：「哎！你個解元嗏！」

《㑳梅香》二【六國朝】：「梅香嗏省鬧，小姐哎你休焦。」

《紫雲庭》二【幺】：「嗏！早則不席前花影坐間移。」

《硃砂擔》一【四季花】白：「哎！你個六兒嗏！」

李漁《意中緣》六【梨花兒】：「嗏！徒弟畢竟當不過。」337／1

明．梅膺祚《字彙》：「嗏，語辭。」明．張自烈《正字通》：「嗏，舊注語辭。」按：經史文賦語辭中無作「嗏」者，獨曲調有之。《董西廂》卷一：「被你風魔了人也嗏！風魔了人也嗏！」戲文《宦門子弟錯立身》十二：「嗏！模樣似乞的，蓋紙被。」明．許時泉雜劇《蘭亭會》【南駐雲飛】：「嗏！勝跡久荒涼，幾星霜，洛邑蘭亭，千載同一賞。」《長生殿．驛備》：「嗏！若有差遲，便拿去殺。」皆其例。

查梨

查黎

查梨：一謂腳步歪斜；二喻酸辛。

（一）

《調風月》二【滿庭芳】：「見我這般微微喘息，語言恍惚，腳步兒查梨。」

《誠齋樂府》【辰鉤月二】：「乜斜著眼腦故支對，一會家意張狂，腳步查黎。」

查梨，一作查黎，是「趄趔」的音轉，謂腳步歪斜。

（二）

《謝天香》二【南呂一枝花】：「恰纔陪著笑臉兒應昂，怎覷我這查梨相，只因他忒過當。」

《雍熙樂府》卷四散套【點絳唇・妓者嗟怨】：「一半兒查梨，一半兒謊。」

查梨，一種味帶酸澀的果子，這裏比喻酸辛、處境尷尬。

茶房

茶坊　茶局子　茶鋪兒

《金線池》一【油葫蘆】：「茶房裏那一火老業人，酒杯間有多少閒議論？」

《青衫淚》二、白：「昨日茶坊裏張小閒來說，有個浮梁茶客劉一郎，要來和孩兒吃酒。」

《羅李郎》三【後庭花】：「引興兒共保兒，穿茶坊入酒肆。」

《東堂老》一、白：「哥，喒茶房裏尋他去，若尋見他，酒也有，肉也有。」

《太平樂府》卷三無名氏【一錠銀帶大德樂・雙姬】：「更敢胡踏，茶坊酒肆家。」

脈望館鈔校本《四春園》三【幺篇】：「他去那閣子裏扳了窗櫺，茶局子裏摔碎了湯瓶。」

又同劇三、白：「今日清早晨起來，燒的湯瓶兒熱，開開這茶鋪兒，看有是麼人來？」

茶房，或作茶坊、茶局子、茶鋪兒，猶今云茶館。唐・張籍《和左司元郎中秋居》詩：「菊池纔通履，茶房不壘階。」宋・周密《南宋市肆記》：「諸處茶肆：清樂茶坊、八仙茶坊、珠子茶坊。」元・李有《古杭夢游錄》：「大茶坊張挂名人書畫，在京師只熟食店挂畫，所以消遣久座也，茶坊皆然。」若茶館中，配備有妓女的，則曰花茶坊，如吳自牧《夢粱錄》卷十六「茶肆」條云：「大街有三五家開茶肆，樓上專安著妓女，名曰花茶坊」。

房、坊，同音通用。

茶茶

《虎頭牌》三【胡十八】白：「〔老旦云：〕茶茶，爲你叔叔帶酒，失了夾山口子，元帥待要殺壞了你叔叔，你怎生過去勸一勸兒可也好？……〔旦見正末科〕〔正末怒云：〕茶茶！你來這裏有什麼勾當那？〔旦云：〕這是訟廳上，不是茶茶來處。只想你幼年間，父母雙亡，多虧了叔叔嬸子，擡舉你長成，做著偌大的官位。你待要殺壞了叔叔，你好下的！怎生看著茶茶的面，饒了叔叔，可也好？〔正末云：〕茶茶，這三重門裏，是你婦人家管的？誰慣的你這般麄心大膽哩！」

《太平樂府》卷六馬東籬散套【賞花時・掬水月在手】：「緊相催，閑篤磨，快道與茶茶嬤嬤。」

茶茶，金人對婦人的泛稱。猶如漢人多以秀英、秀梅等作婦女之名相似。清・焦循《劇說》卷一：「金、元人多呼女爲茶茶。」明・黃元吉雜劇《流星馬》三折亦有「茶茶小姐結束威嚴」句，可相印證。

茶博士

《緋衣夢》三、白：「自家茶博士，開了這茶坊，看有甚麼人來。」

《岳陽樓》二【二煞】：「不強似你在人我場中，把個茶博士終朝淘渲。」

《度柳翠》二【隔尾】白：「茶博士，造個酥簽來！」

博士，本是官名，漢代設五經博士，唐代有算博士、律博士等。後來官稱極濫，社會上已不把它當作官銜，而是對某種手藝人的敬稱。茶博士，指賣茶的人。唐・封演《封氏聞見記・飲茶》：「御史大夫李季卿宣慰江南，至臨淮縣館，或言伯熊善茶者，李公請爲之。伯熊著黃被衫，烏紗帽，執茶器，口通茶名，區分指點，左右刮目。茶熟，李公爲飲兩杯而止。既到江外，又言鴻漸能茶者，李公復請爲之。鴻漸身衣野服，隨茶具而入。既坐，教攤如伯熊故事，李公心鄙之。茶畢，命奴子取錢三十文，酬煎茶博士。」明・田汝成《西湖志餘》：「杭州先年有酒館，而無茶坊，然富家燕會，猶有專供茶事之人，謂之茶博士。」宋・孟元老《東京夢華錄》卷二「飲食果子」條：「凡店內賣下酒廚子，謂之『茶飯量酒博士』。」據《警世通言・萬秀娘仇報山亭兒》：「茶博士市語喚做『走蘇州』。」參見「磨博士」條。

茶托子人情

《來生債》二【紅繡鞋】:「他將那茶托子人情可便暗乘除。」

茶托子，是用以襯托茶盃的器具。唐·李匡乂《資暇錄》云:「蜀崔寧之女，以茶盃無襯，病其熨指，取楪承之，既啜而盃傾，乃以臘環楪夾其盃，遂定。即命匠以漆環代臘，進於蜀相;蜀相奇之，名爲『茶托子』。」茶托子之爲用，自此始。「茶托子人情」，當是以獻茶爲媒介，暗中通關節，以達到某種請託的目的。

搽旦

茶旦

《遇上皇》一【混江龍】白:「〔孛老同卜兒、搽旦上，云:〕心忙來路遠，事急出家門。孩兒也，我問人來，趙元在這酒店裏吃酒哩，我試看咱。……〔搽旦云:〕趙元，你這箇不理正事，每日吃酒，不幹營生，戀酒貪杯，幾時是了?兀的不定害殺我也!」

《爭報恩》楔、白:「〔搽旦云:〕相公去了也，丁都管，我嫁你相公許多年，不知怎麼說，我這兩個眼裏見不得他，我見你這小的，生的乾淨濟楚，委的著人，我有心要和你吃幾鍾梯氣酒兒，你心下如何?」

《陳州糶米》三【梁州第七】白:「〔搽旦王粉蓮趕驢上，云:〕自家王粉蓮的便是。在這南關裏狗腿灣兒住，不會別的營生買賣，全憑著賣笑求食。」

《智勇定齊》二【耍孩兒】白「〔晏嬰云:〕賢女，俺公子說，玉帶價值百金，量這桑木梳有甚打緊?〔茶旦云〕有甚打緊?投至的等的一箇貨郎兒來，千難萬難的。〔正旦云:〕大夫，休看這桑木梳小可，他能理萬法。」

搽旦，元劇旦角色之一，臉上搽粉抹黑，相當於花旦。王國維《古劇角色考》云:「至元劇，而末、旦二色支派彌多。……旦則正旦外，有老旦、大旦、小旦、色旦、搽旦、外旦、旦兒。」元·夏庭芝《青樓集》「李定奴」條:「凡妓，以墨點破其面者爲花旦。」所謂「花旦」，蓋即元曲之搽旦或色旦也。搽，一作茶。

蹅（chǎ）

查

《調風月》三【東原樂】：「你只牢查著八字行。」

《燕青博魚》楔、白：「小僂儸蹅著山崗望者，若燕青來時，報復我知道。」

《老生兒》四【碧玉簫】：「你若是放這兩人蹅著我正堂門，我敢哏，我便拷你娘麼那三十棍。」

《紫雲庭》二【菩薩梁州】：「咱正查著他泛子消息。」

《連環計》三【滾繡毬】白：「〔正末云：〕老夫親自接待去咱。」〔跪見科，云：〕有勞太師貴腳來蹅賤地，王允不及遠迎，乞恕死罪。」

《爭報恩》三【紫花兒序】：「坐馬的將官道蹅開，來看的將巷口攙奪。」

又同劇二【紅繡鞋】白：「不想大夫人有姦夫在房中說話，小官蹅開門，姦夫將刀子傷了我臂膊，相公與我做主咱！」

蹅或作查，踩、踏之意。【紅繡鞋】例，則爲踢之意。或作蹉，如《董西廂》卷八【大石調・還京樂】：「獄門前草長，有誰曾蹉？」或作跁，如《西遊記》第三十八回：「行者先舉步跁入。」

蹅踏

蹉踏　蹅踐　查踐

元刊本《紫雲庭》四【梅花酒】：「攜手兒相將，輕查踐殘芳，直望著廳堂。」

《董西廂》卷二【黃鍾調・四門子】：「你便欺民叛國，劫人財產行粗魯，更蹉踏人寺宇。」

《魯齋郎》楔【幺篇】：「他爲臣不守法，將官府敢欺壓，將妻女敢奪拿，將百姓敢蹅踏，赤緊的他官職大的忒稀詫。」

《昊天塔》二【石榴花】：「莫不是大遼軍馬廝蹅踏，我與你火速的便去爭殺。」

《風雲會》一【醉中天】:「平白地相驚謊，倒大來廝躂踏，早則麼話不投機一句差。」

《貨郎旦》一【後庭花】:「你躂踏的我忒太過，這妮子欺負的我沒奈何。」

《連環計》二【隔尾】:「原來是嬌滴滴佳人將竹徑穿，把玉露蒼苔任躂踐。」

躂踏，謂踐踏、蹧踏。《梧桐葉》三:「幾曾見六軍廝踐踏？」與《昊天塔》例句意相同，可證。引申之有欺侮、蹂躪等義，如《風雲會》、《貨郎旦》、《魯齋郎》等例是。

躂踏，或作躂踏、躂踐，義同。

躂狗屎

《百花亭》二【醉春風】白:「〔雙云:〕老兄你不知道。小生姓雙，叫做雙解元。他姓柳，叫做柳殿試。俺兩個是太學中同齋朋友。我苫著個科子，喚做白捉鬼，他沒廉耻，每夜瞞了我去與他偷；那醜東西便也不打緊，只是咱同齋朋友，來我跟前躂狗屎，可不著別齋生員笑話？〔柳云:〕老兄不要聽他胡説。〔正末云:〕元來二公卻爲風月如此。」

躂狗屎，意謂幹醜事、奪人所歡。

拆白道字

拆白道字　拆牌道字

《救風塵》一、白:「俺孩兒拆白道字，頂眞續麻，無般不曉，無般不會。」

《竹葉舟》楔、白:「〔行童做入見科，云:〕師父，外面有個故人，自稱耳東禾子即夕，特來相訪。……〔行童云:〕我説與你，這個叫做拆白道字;『耳東』是個『陳』字;『禾子』是個『季』字;『即夕』是個『卿』字。」

《東坡夢》一、白:「莫説頂眞續麻，拆白道字，恢諧嘲謔，便是三教九流的説話，無所不通。」

《度柳翠》楔、白：「且只道他心性聰明，折白道字，頂針續麻，談笑恢諧，吹彈歌舞，無不精通。」

《翫江亭》一、白：「平日之間，好打雙陸，下象棋，折牌道字，頂眞續麻。」

拆白道字，爲宋元時帶遊戲性的一種文字體製：把一個字拆做兩個字，或變成一句話。例如宋・黃山谷【兩同心】詞：「你共人女邊著子，爭如我門裏挑心。」「女邊著子」是拆「好」字，「門裏挑心」是拆「悶」字。酒令中往往有此遊戲。《西廂記》五本三折【調笑令】：「君瑞是箇『肖』字，這壁著箇『立人』，你是箇『木寸』、『馬戶』、『尸巾』。」按「肖」著「立人」，即拆的是「俏」字，「木寸」拆的是「村」字，「馬戶」拆的是「驢」字，「尸巾」拆的是「屌」字。紅娘通過拆白道字這個手段，以「俏」贊美張生，以「村驢屌」奚落鄭恒。當時這種文字遊戲，在妓院很盛行，是妓女要學會的諸般技藝之一種。「折白」、「折牌」應作「拆白」，「折」字是形誤，「牌」字是音誤。

禪和子

禪和尚　禪和

《度柳翠》一【天下樂】白：「〔偈云：〕由他鐵脚禪和子，到俺門前跌破頭。〔正末答云：〕則俺那天堂路上生荊棘，都是你這地獄門前滑似油。」

《忍字記》一【那吒令】白：「劉均佐，貧僧非是凡僧，我是箇禪和尚，兩頭見日，行三百里田地哩。」

《猿聽經》四、白：「大眾還有精進的佛子，俊秀禪和，未悟宗機，再來問答，有也是無？」

禪和子，佛家語，謂趺坐參禪的和尚。和尚常要閉目盤腿坐著，參悟禪理，叫做坐禪或參禪。宋・禪僧悟克勤《碧巖集・二則評唱》：「如今禪和子，問者也道，我亦不知不會。」禪和子，亦做「禪和尚」，或省稱「禪和」。《六祖壇經》：「越之南有禪和者曰盧慧能。」《碧巖集・六十三則著語》：「杜撰禪和，如麻如粟。」

纏頭

《青衫淚》一【混江龍】:「幾時將纏頭紅錦，換一對插鬢荊釵？」

《揚州夢》一【混江龍】:「棄萬兩赤資資黃金買笑，拚百段大設設紅錦纏頭。」

纏頭，是古代歌舞者用錦帛纏在頭上的妝飾。賓客宴集，每舞罷，常贈羅錦爲彩，亦謂之纏頭。《舊唐書・郭子儀傳》:「出羅錦二百匹，爲子儀纏頭之費。」又同書《僕固懷恩傳》:「酒酣起舞，奉先贈纏頭彩。」宋・程大昌《演繁露》:「唐代宗詔許大臣宴子儀於其第，魚朝恩出錦三十疋，爲纏頭之費。」對於青樓歌伎，賓客亦往往賜羅錦爲纏頭之費，後因專用來對賞賜歌伎之稱。如白居易《琵琶行》:「五陵年少爭纏頭，一曲紅綃不知數」，是也。後來不用羅錦，而以銀錢代之，如：陸游《梅花絕句》詩:「濯錦江頭憶舊遊，纏頭百萬醉青樓」;《今古奇觀・逞錢多白丁橫帶》:「當日取出十兩銀子，送與王賽兒，做昨日纏頭之資」，是也。

纏仗

《拜月亭》二【南呂一枝花】:「怎生般不應當，脫著衣裳，感得這些天行好纏仗。」

纏仗，謂糾纏，即互相牽纏之意。古典小說中或作「纏帳」，如《清平山堂話本・刎頸鴛鴦會》:「五要乜斜纏帳。」《今古奇觀・盧太學詩酒傲公侯》:「請人請到四五次不來，也只索罷了，偏生只管又纏帳。」《西遊記》第五十一回:「這猴兒勉強纏帳，我倒使槍，他卻使拳。」或作「纏障」，如《水滸傳》:「只顧安排行路，不要纏障。」音義並同。

纏繳

纏攪

《牆頭馬上》二【南呂一枝花】:「睡魔纏繳得慌，別恨禁持得煞，離魂隨夢去，幾時得好事遶人來？」

《紫雲庭》三【醉春風】:「我想世上這一點情緣，百般纏繳，有幾人識破。」

《張天師》一【河西後庭花】白:「有羅侯計都纏攪妾身。」

又同劇三、白：「你引誘嫦娥，輒入五姓之家，纏繳良家子弟。」

《太平樂府》卷六曾瑞卿散套【蝶戀花・閨怨】：「淹漸病晝夜家廝纏繳。」

纏繳，謂糾纏、纏擾。或倒作「繳纏」，如《董西廂》卷六：「不惟道鬼病相持，更有邪神繳纏」，是也。繳，一作攪，音義同。

僝僽（chán zhòu）

僝僽

僝僽，又作僝偢，音義用。一謂憂怨、煩惱；二謂折磨、擺佈、咒罵、埋怨；三謂揉搓。

（一）

《漢宮秋》二【鬬蝦蟆】：「吾當僝僽，他也他也紅妝年幼，無人搭救。」

《范張雞黍》三【醋葫蘆】：「我這裏謝相識親友省僝僽。」

《金錢記》三【中呂粉蝶兒】：「害則害，甘心兒爲他僝僽。」

《董西廂》卷四【中呂調・古輪臺】：「料來他一種芳心，盡知琴意，非不多情，自僝自僽。」

《金線池》二【三煞】：「我只怕年深了也難收救，倒不如早早丟開，也免的自僝自僽。」

《樂府群珠》卷一小令【山坡羊・暮春】：「綠肥紅瘦，燕僝鶯偢，春歸正是愁時候。」

僝僽，又作僝偢。意謂憂怨、煩惱。徐渭《南詞敘錄》云：「僝僽，懷憂也。」宋・辛棄疾【賀新郎・水仙】詞：「煙雨凄迷僝僽損，翠袂搖搖誰整？」宋・周必大【點絳唇・賦梅】詞：「君知否，卻嫌伊瘦，又怕伊僝僽。」清・洪昇《長生殿・得信》：「萬歲爺，請休僝僽。」意義均同。又僝僽二字，可連文，亦可分開，如前例「自僝自僽」是也。

（二）

《謝天香》四【上小樓】：「他若帶酒，是必休將咱僝僽。」

《羅李郎》三【幺篇】:「我不合一路上作念你許多時，離鄉背井將你來僝僽死。」

《太平樂府》卷三張小山小令【柳營曲・妓怨】:「禁持向歌扇底，僝僽在繡牀前。」

《董西廂》卷四【仙呂調・點絳唇】:「驚見紅娘，淚汪汪的眉兒皺。生曰:『可憎姐姐，休把人僝僽。』」

上舉「僝僽」，意爲折磨、擺佈、咒罵；凡此都發生在相互關係之間，不同於「自僝自僽」。謂折磨、擺佈者，前三例是也。謂咒罵者，第四例是也。這種用法，很早就有，梁・顧野王《玉篇》:「僝僽，惡罵也。」宋・邵雍《年老逢春》詩:「東君不奈人嘲笑，僝僽花枝惡未休。」亦折磨、擺佈之意。黃庭堅【憶帝京】詞:「恐那人知後，鎮把你來僝僽。」亦咒罵之例。除此，又有埋怨之意，如《五代史平話》云:「李洪信管著家計，和那弟弟李洪義兩個一向僝僽。」「一向僝僽」者，謂一向埋怨，即咒罵之引申義。

（三）

《度柳翠》二【罵玉郎】:「抖搜的寶釧鳴，僝僽的雲髻鬆，阿摟的湘裙皺。」

僝僽，這裏意爲揉搓，是前意「折磨」、「擺佈」的引申。

剗（chàn）馬

《單鞭奪槊》三【小桃紅】白:「這廝剗馬單鞭，量你何足道哉？」

又同劇四【煞尾】:「俺元帥今年時運顯，施逞會剗馬單鞭，則一陣殺的那敗殘軍，急離披走十數里遠。」

《三奪槊》二【鬬鵪鶉】:「那將軍剗馬騎單鞭搭，論英雄半勇躍，他立下功勞，怎肯伏低做小，倚強壓弱。」

《昇平寶筏》十六【青歌兒】白:「人也披不及甲，馬也掛不及鞍，我就剗馬單鞭，直至御園。」

騎馬不鞴鞍子，謂之剗馬。上舉各例「剗」與「單」互文見意，亦可爲證。清・謝濟世《西北域記》云:「犛……人利皮角，驏馬彎弓逐而殺。」注:「驏，產去聲，不鞍而騎。」唐・令狐楚《少年行》:「少小邊城慣放狂，驏騎蕃馬射黃羊」；宋・劉克莊詩「剗騎犢子不施韉」，均是。知此語唐宋已然。今皮黃劇之《御果園》仍有「赤身剗馬難交戰」之句。

剗，或作剷，如《鞭打單雄信》二：「你這一匹剷馬單鞭，你可救的元帥麼？」又作摌，如《水滸》第五回：「再看時，原來心慌，不曾解得韁繩。連忙扯斷了，騎著摌馬飛走。」

按剗馬之「剗」，應作驏（zhàn）；剗、剷、摌，均以同音混用。

剗的（chàn・de）

剗地　剷地　產的　參的

剗的，宋、元口語：一用爲轉折詞，猶反而、倒；二謂依舊、還是、照樣；三謂平白、無端、無故；四用爲反詰詞，猶怎的、怎麼；五謂一味地、一股勁地；六謂只是；七謂忽的。的，一作地；剗，一作剷、產、參，俱一音之轉。

（一）

《竇娥冤》四【喬牌兒】白：「你這小妮子，老夫爲你啼哭的眼也花了，憂愁的頭也白了，你剗地犯下十惡大罪，受了典刑。」

《救風塵》三【倘秀才】白：「我好意將著車輛鞍馬奩房來尋你，你剗地將我打罵。小閒，攔回車兒，咱家去來。」

《張天師》一【河西後庭花】：「不思量攜素手歸羅帳，剗地要斬妖魔仗劍鋒。」

《介子推》三【普天樂】：「假若封加你官位高，至如昇遷得你功勞大，剗地索招罪招殃添驚怕。」

《替殺妻》二【尾聲】：「自家夫主無恩情，剷地戀著別人親。」

剗地，意猶「倒」、「反而」，屬轉折詞。宋・晁元禮【梁州令】詞：「如今剗地怕相逢，愁多正在相逢處」，其「剗地」云云，同此意。剗，一作剷。

（二）

《三奪槊》三【攪箏琶】：「我便手段施呈盡，剗地罪過不離身。」

《趙氏孤兒》四【鬭鵪鶉】詩云：「我如今一一說到底，你剗地不知頭共尾。我是存孤棄子老程嬰，兀的趙氏孤兒便是你。」

《王粲登樓》三：【鬬鵪鶉】「自洛下飄零到這裏，剗的無所歸棲。」

《馬陵道》二、白：「〔鄭安平云：〕孫臏，你知罪麼？〔正末云：〕我不知罪。〔鄭安平云：〕你剗的不知罪，你昨夜三更時分，領著軍卒，在宮門之外，嗚鑼擊鼓，吶喊搖旗，連射幾枝火箭，明明是有反魏之心，公子的命，要將你殺壞哩。」

《猿聽經》一、白：「想俺這讀書的，空有經綸濟世之才藝，產的在此窮暴中，好是傷感人也呵！」

以上各例，意爲依舊、還是、照樣，仍然：這類詞，均用於重復以前的情況，和上述「倒」、「反而」那類轉折詞，作用不同。剗，一作產。

（三）

《竇娥冤》一【青哥兒】：「須不是筍條筍條年幼，剗的便巧畫蛾眉成配偶。」

《薦福碑》二【正宮端正好】：「發了願青霄有路終須到，剗地著我又上黃州道。」

《西廂記》五本四折【攪箏琶】：「不肯能得做妻夫，見將著夫人誥勅，縣君名目，怎生待歡天喜地，兩隻手兒分付與。你剗地倒把人贓誣。」

《秋胡戲妻》一【上馬嬌】白：「孩兒娶親，纔得三日光景，剗的便勾他當軍去，著誰人養活老身？」

《還牢末》三【雙調新水令】：「我這裏頭瞑眩，眼獐狂，七魄俱亡。剗的醒回來，怎承望？」

以上各例，意爲平白地、無端地、無故地。宋・盧祖皋【夜飛鵲慢】詞：「牽衣搵彈淚，問淒風愁露，剗地東西。」「剗地東西」，詞意謂牽衣話別，無端各向淒風愁露，一東一西也。《水滸》第三十三回：「剗地花言巧語，煽惑軍心。」是說平白地編揑些聳人聽聞的話，迷惑士兵的心。皆其例也。

（四）

《忍字記》二【烏夜啼】白：「你看經念佛，剗地殺人？」

《東堂老》楔、白：「你父親病及半年，你剗地不知道？你豈不知父病子當主之？」

又同劇一【油葫蘆】:「我也還望你有個醉還醒，迷還悟，夢還覺；剗地的可只與這等兩個做知交？」

《百花亭》三【金菊香】:「〔正末見旦科云：〕姐姐，我來了也。〔旦做悲科云：〕解元，我爲你胭憔粉悴，玉減香消，你剗的這般模樣，可怎生是了也？」

《認金梳》一【天下樂】:「我聽言罷心如刀攪傷懷結。〔云：〕兒也，可不道『養子防老，積穀防饑』，擡舉的你成人長大，剗的說這等言語那？」

以上各例，意爲怎的、怎麼，爲反詰副詞，有責怪口氣。張相說：「此爲『反而』義及『平白無端』義之口氣加重者」，信然。宋・辛棄疾【念奴嬌】:「野塘花落，又悤悤過了清明時節，剗的東風欺客夢，一枕雲屏寒怯。」其「剗的」意同此。

（五）

《董西廂》卷六【黃鍾宮・侍香金童纏令】:「才郎自別，剗地愁無那。」

《倩女離魂》四【出隊子】:「騰騰騰收不住玉勒，常是虛驚；火火火坐不穩雕鞍，剗地眼生：撒撒撒挽不了絲繮，則待攛行。」

《太平樂府》卷六顧君澤散套【點絳唇・四友爭春】: 他見這恩情脫空，便把那是非講動，剗地向樹頭樹底覓殘紅。」

以上各例，意爲一味地，一股勁地。

（六）

《周公攝政》二【二煞】:「從今後剗地拖帶著一身疾病，從今後剗地便作的心碎了。從今後剗地學舜之徒，孳孳爲善從頭雞兒叫。從今後剗地爲宗廟呵！春秋祭祀周三祖；從今後剗地憂天下呵！日夜思量計萬條。臣不得已非心樂，剗地似臨深淵般兢兢戰戰，履薄冰般怯怯喬喬。」

此例，張相釋爲「只是」，意近「一味」，但比「一味」語氣更加重。

（七）

《樂府群珠》卷四失名小令【普天樂・秋夜閨思】:「壓的轉身，嘻的喑啞，剗的消魂。」

《元人小令集》失名《失題》二十六首之二:「厭的轉身，嘻的喑啞，參的消魂。」

剗的，猶忽的，與平白、無故諸例意近。剗，一作參，音近意同。

長行

《謝天香》一【金盞兒】白:「兄弟酒勾了他，辭了哥哥，便索長行。」

《漢宮秋》三【鴛鴦煞】白:「大王，借一盃酒，望南澆奠，辭了漢家，長行去罷。」

《倩女離魂》楔【幺篇】白:「母親，休打掃書房，您孩兒便索長行，往京師應舉去也。」

《陳州糶米》楔、白:「今日是吉日良辰，便索長行。」

長行，謂遠行，如上舉各例是。《紅樓夢》第四回:「自己同著母親、妹子，竟自起身長行去了。」亦其例。又唐代一種博戲名，也叫長行，見唐・李肇《唐國史補》卷下「敘博長行戲」條。

長枷

《蝴蝶夢》二、白:「張千，上了長枷，下在死囚牢裏去。」

又同劇三【叨叨令】:「想當初長枷釘出中牟縣。」

《灰闌記》二【雙鴈兒】白:「既是招了，左右，著那張海棠畫了字，上了長枷，點兩個解子，押送開封府定罪去。」

又同劇四、白:「綠槐陰裏，列二十四面鵲尾長枷。」

長枷，舊時的一種刑具，是犯死刑者所扛的枷，比一般的枷較長較寬，分量也較重。

長便

常便

《劉知遠諸宮調》一【黃鍾宮・女冠子】：「姐姐夤夜之間，因何來到此？早離西房，是為長便。」

又同書三【仙呂調・六幺令】：「團練常便，不圖豪貴，故招知遠做班鳩。」

《西廂記》二本一折【幺篇】白：「俺同到法堂上兩廊下，問僧俗有高見者，俺一同商議箇長便。」

又同劇四本二折【聖藥王】白：「紅娘不敢自專，乞望夫人台鑒：莫若恕其小過，成就大事，撋之以去其污，豈不為長便乎？」

長便，謂長久而穩便的打算、辦法。長，一作常，同音假借。《京本通俗小說・錯斬崔寧》：「你須計較一個常便。」《水滸》第三十三回：「我們也要計較個長便。」皆其例。

長錢

常錢

《岳陽樓》一【幺篇】白：「小二哥，打二百長錢酒來。」

《李逵負荊》一、白：「打五百長錢酒來。」

《硃砂擔》一【醉扶歸】白：「小二哥，打二百文長錢的酒來。」

《昇仙夢》一、白：「與我打二百常錢酒來。」

長錢，對短錢而言，謂十足、足數之錢。古時以八十或九十個錢當作一百，叫做短陌或短錢；十足的一百曰長錢。晉・葛洪《抱朴子》：「取人長錢，還人短陌。」《隋書・食貨志》：「自破嶺以來，八十為百，名曰東錢。江郢以上，七十為百，名曰西錢。京師以九十為百，名曰長錢。」宋・王應麟《小學紺珠》：「梁武帝大同元年，詔，外間多用九陌錢，可通用足陌。大同後，八十為百名東錢，七十為百名西錢，京師九十為百名長錢。」《金史・食貨志三》：「民間以八十為陌，謂之短錢，官用足陌，謂之長錢。」一直到清代末年用銅錢時，還有這種長錢的名稱。

常錢，即長錢。「常」為同音借用字。陌，通「百」，即一百文錢。

長街

《遇上皇》一、白：「俺如今直至長街上酒店裏，尋著趙元，打上一頓。」

《張天師》楔、白：「串長街，驀短巷。」

《破窰記》二、白：「那廝每日長街市上，搠筆爲生。」

《合汗衫》二【幺篇】：「待去來呵，長街上列著兵馬。」

《羅李郎》三【後庭花】：「上長街百十樣風流事。」

長街，指城市裏主要街道和大街。

長則是

常則是　常子是　常自是

《竇娥冤》一【混江龍】：「長則是急煎煎按不住意中焦。」

《薦福碑》一【金盞兒】：「您兄弟常則是油瓮裏捉鮎魚。」

《麗春堂》三【越調鬭鵪鶉】：「長則是琴一張，酒一壺，自飲自斟，自歌自舞。」

《竹葉舟》四【上馬嬌】：「常則是焦蹙損兩眉梢。」

《小張屠》一【油葫蘆】：「常則是荊釵布襖守寒窗。」

《盛世新聲》【南呂一枝花·溫柔玉有香】：「常子是冷清清鐵石心腸。」

又同書【南呂一枝花·珍奇上苑花】：「常自是宿鴛鴦搭苫下紅茶洞。」

長則是，或作常則是、常子是、常自是；意爲老是、總是、一直是。「長」爲「常」的借音字。則，同只。則、子、自，均一聲之轉。

長休飯

長離飯

《金鳳釵》四【川撥棹】：「長休飯抄了幾匙，永別酒飲了一巵。」

《桃花女》三【石榴花】：「今日是會新親待客做筵席，倒準備著長休飯、永別杯。」

《爭報恩》四【雙調新水令】：「須不是長休飯、永別杯。」

《謝金吾》三【紫花兒序】：「送長休飯著俺這女壻再休思想，永別酒和俺這女壻從此分離。」

《替殺妻》四【夜行船】：「這的長離飯、永別盃。」

長休飯，謂永別飯，即行刑前給罪犯吃的飯；或作長離飯，意同。

常

長

脈望館鈔校本《四春園》二【尾聲】白：「〔正旦云：〕常是慶安無話說，久後拿住殺人賊呵，〔唱：〕我則怕屈壞了他平人，姆姆也，咱可敢倒罷手。」

《剪髮待賓》二【倘秀才】：「常存的青絲在，須有變錢時。」

《千里獨行》二、白：「我常贏了他便好，若是輸了呵，我便往衚衕里走。」

《飛刀對箭》二【紅衫兒】白：「老子，他常把摩利支腰脊骨攧折了便好，殺的他眼花了，把我拿住，攧折腰脊骨，我殘疾一世兒。」

又同劇二【四邊靜】白：「你長把摩利支腰脊骨攧折了便好，你廝殺的眼花了，你把我揉採住，攧折了我的腰脊骨，可怎麼了？」

《娶小喬》一【醉扶歸】白：「公瑾叔也說的是，常肯便好，若不肯時，羞的不如偷驢的。」

《梨園樂府》中無名氏小令【天淨沙】：「常存根在，明年依舊春來。」

常，一作長，用作設辭，有如其、倘若、果眞等義。

常川

《調風月》一【油葫蘆】：「大剛來婦女每常川有些沒是哏，止不過人道村。」

《三戰呂布》一、白：「某長沙太守孫堅是也。某十八般武藝，無有不拈，無有不會，上的馬去，常川不濟，聽的廝殺，帳房裏推睡。」

《老君堂》楔、白：「我做將軍古怪，廝殺相持無賽，常川吊下馬來，至今跌破腦袋。」

《延安府》一、白：「我打死人不償命，常川則是坐牢。」

常川，謂常常、繼續不斷，取意於《中庸》：「川流不息」句。清・錢大昕《恒言錄》卷四：「今章奏公文多用之。予見《明永樂實錄》有『常川操練』之語。」明・湯顯祖《牡丹亭・秘議》：「三年之內，則見他收取祭祖，並不常川行走。」

常時

常日

《救孝子》楔、白：「親家母常時寄信來，要媳婦兒春香去拆洗衣裳。」

《竹葉舟》一【混江龍】：「常日把那心猿意馬牢拴住，一任教陵移谷變，石爛的這松枯。」

《殺狗勸夫》三【隔尾】：「我常時有命如無命，怎好又廝羅惹無情做有情？」。

《抱粧盒》四、白：「寡人宋仁宗是也，自幼收養楚王宮中，多虧叔父擡舉，常時說我是粧盒兒盛著，送到楚府收養的。」

常時、常日，即時常、日常、常常之意。宋、元時不曰「時常」而曰「常時」，不曰「日常」而曰「常日」，乃古今習語不同之故。宋・陸游《老學庵筆記》卷二：「常時官司所得，色枯槁，聲如擊朽木，皆下材也。」明・王鏊《親政篇》：「常日聽朝而視事。」皆其例。

常住

《西廂記》一本二折【鬬鵪鶉】白：「逕稟：有白銀一兩，與常住公用，略表寸心，望笑留是幸。」

《藍采和》一【鵲踏枝】：「你又不納常住，自攢做家緣。」

《董西廂》卷六【大石調・尾】白：「聰曰：『常住錢不敢私貸，貧僧積下幾文起座，盡數分付足下，勿以寡見阻。』」

《破窰記》二、白：「呂蒙正，你來，我和你說，俺常住家計較來，滿堂僧不厭，一箇俗人多，你一日喫我一分齋飯，一年喫著多少？……既爲男子漢，不識面皮羞，回去！」

常住，佛家語，佛經把不變叫做「常住」，廟是不變的，故稱廟為常住。廟中的公物謂之常住物；僧寺的公款，名為常住錢；不出外遊歷的和尚，叫做常住僧或常住家。《楞伽經》：「法無生滅變遷曰常住。」《千佛因緣經》云：「常住為法。」敦煌變文《大目乾連冥間救母變文》：「縱有常住飲食，恐難消化。」《宋史・食貨志》：「紹興二十一年，命撥僧寺常住絕產以興學。」按僧寺之寺舍田園等稱為常住僧物，所謂「僧寺常住絕產」，是指無住持的僧寺之田產等而言。

常言

《替殺妻》三【堯民歌】：「常言道：『舌是斬身刀。』」

《藍采和》二【梁州】：「常言：『五十而後知天命。』」

常言，猶云俗語、常說的；於引用成語或熟語時用之。晉・葛洪《抱朴子》內篇《金丹》：「世之常言，咸以長生若可得也。」明・金鑾有《集常言》一書。明・施君美《幽閨記》四：「常言道：『閉戶深藏舌，安身處處牢。』」明・朱有燉《豹子和尚》二：「常言道：『且進生前有限盃，莫把心懷苦用機。』」皆其例。現在口語中仍有此說法。

常居一

《西廂記》二本楔子【耍孩兒】：「我從來斬釘截鐵常居一，不似恁惹草拈花沒掂三。」

常居一，謂執一不二，以喻惠明和尚之性格堅毅也。《史記・天官書》：「太一常居也。」《漢書・天文志》：「中宮天極星，其一明者，泰一之常居也。」當取義於此。明・閔遇五解為「每每算我第一」，恐非。且「常居一」下與「沒掂三」相對，其意益明。蓋「沒掂三」者，謂沒打算、拿不定主意也。

暢

常

暢：一用作甚、很之辭；二猶正也，恰也。一作常，同音假借。

（一）

《董西廂》卷四【中呂調・鶻打兔】：「暢忒昏沉、忒慕古、忒猖狂。」

又同書卷七【越調·揭鉢子】:「青衫忒離俗,裁得暢可體。」

又同書同卷【正宮·梁州三臺】:「隔窗促織兒泣新晴,小即小,叫得暢啤。」

《西廂記》一本四折《碧玉簫》:「暢懊惱,響鐺鐺雲板敲。」

又同劇五本四折【雙調新水令】:「玉鞭驕馬出皇都,暢風流玉堂人物。」

《誤入桃源》二【倘秀才】白:「兄弟,這般景物,暢是宜人,我且題詠幾句咱!」

《漁樵記》二【滾繡毬】:「你這般毀夫主暢不該。」

以上各「暢」字,均用爲甚辭,猶甚、眞、很、極、十分、非常,等等。都是對事物或思想感情的程度而言的。

(二)

《雙赴夢》一【金盞兒】:「今日被歹人將你算,暢則爲你大膽上落便宜。」

《抱粧盒》三【梅花酒】:「你常好有上梢,無下梢。」

上舉各例,暢,猶正,猶恰。「暢則爲」,猶「正只是」或「恰只是」。暢,一作常。「常好」,亦「正好」或「恰好」之謂。或又作唱,如《董西廂》卷三:「唱呵!好風風韻韻,捻捻膩膩,濟濟楚楚。」「唱呵」,也是「正是呵」或「恰恰是呵」的意思,此例作甚辭解,亦通。

暢道

唱道

《蝴蝶夢》四【鴛鴦煞】:「唱道娘加做賢德夫人,兒加做中牟縣宰,赦得俺一家兒今後都安泰。」

《後庭花》三【鴛鴦煞】:「暢道殺人賊不在海角天涯,我先知一箇七八。」

《梧桐雨》三【鴛鴦煞】:「唱道感嘆情多,恓惶淚灑。」

《漢宮秋》三【鴛鴦煞】:「唱道竚立多時,徘徊半晌。」

《東坡夢》四【鴛鴦煞尾】:「唱道是即色即空,無遮無障。」

《西廂記》一本四折【鴛鴦煞】:「唱道是玉人歸去得疾，好事收拾得早，道場畢諸人散了。」

《鐵拐李》三【鴛鴦煞】:「往常我請俸祿，修養的紅白；飲羊羔，將息的豐肥。暢道我殘病身軀，醜詫面皮，穿著這襤褸衣服，呸，可怎生聞不的這腥膻氣。」

《竹葉舟》二【鴛鴦煞尾】:「唱道幾處笙歌，幾家僝僽。」

《揚州夢》四【鴛鴦煞】:「暢道朋友同行，尚則怕衣衫不整。」

《還牢末》三【鴛鴦煞】:「囑咐了僧住，叮嚀與賽娘，暢道拖出我牢門，和你娘墳同葬。燒一陌紙，瀽一碗涼漿。」

《百花亭》四【鴛鴦尾煞】:「唱道是絕勝新婚，休誇燕爾。」

暢道，又作唱道。元劇中【雙調‧鴛鴦煞】的定格，第五句開頭，必用此二字作襯字，猶如【叨叨令】定格中必用「也麼哥」、「也波哥」一樣。「暢道」的詞義很不固定，有的簡直看不出它的明顯意義，正如張相所說，成爲話搭頭性質，不能強解，一般則像總結某折或句的內容，有「眞正是」、「端的是」、「簡直是」等意；有的相當於地方劇下場詩前面的「正是」一詞。很可能是元代舞臺演出的術語。「道」，猶「是」，詳見「道」字條。

又「唱道」一詞，唐、宋時已見，如敦煌變文《大目乾連冥間救母變文》:「一向須臾千過死，於時唱道卻迴生」；宋‧黃庭堅《書王荊公贈俞秀老詩後》:「秀老作唱道歌十篇」，是也。

暢好道

常好道　暢好是　常好是

《虎頭牌》一【賺煞】:「暢好道廝殺無過是咱父子軍。」

又同劇三【慶宣和】:「你這個關節兒，常好道來的疾。」

《玉鏡臺》四【鴈兒落】:「你常好是吃贏不吃輸，虧的我能說又能做。」

《梧桐雨》二【蔓菁菜】:「你道我因歌舞壞江山，你常好是占姦。」

《西廂記》三本二折【鬬鵪鶉】:「受艾焙權時忍這番，暢好是奸。」

《秋胡戲妻》一【柳葉兒】:「眼見的有家來難奔，暢好是短局促燕爾新婚。」

《羅李郎》四【乾荷葉】:「你暢好是安樂也蘇文順。」(《元明雜劇》本載此劇作「常好是」。)

《凍蘇秦》二【朝天子】:「你常好是坐兒不覺立兒饑。」

暢好道，或作常好道、暢好是、常好是，都是眞是或正是之意，與「暢道」同。「常好」即「暢好」,「常」爲「暢」之借音字。「暢好」可視爲同義重言，因「暢」亦含有「好」意也。「道」亦是也，可參閱「道」字條（參考張相說）。

唱叫

唱叫揚疾　暢叫揚疾　炒鬧揚疾　出醜揚疾　怏怏疾疾

《忍字記》二【哭皇天】:「何須你唱叫，不索你便高聲。」

《曲江池》三【滿庭芳】:「這一場唱叫無乾淨。」

《貨郎旦》四【三轉】白:「那婆娘娶到家時，未經三五日，唱叫九千場。」

《玉壺春》四【駐馬聽】:「老虔婆唱叫揚疾，更狠如剔髓挑觔索命鬼。」

《灰闌記》四【折桂令】:「氣的個親男兒唱叫揚疾。」

《陳母教子》三【醉高歌】:「我可也不和你暢叫揚疾，誰共你磕牙抖（料）嘴！」

《魚籃記》三【十二月】:「他可便炒鬧揚疾。」

《玉鏡臺》三【中呂粉蝶兒】:「這一場出醜揚疾，安排下佯小心，粧大膽，丹方一味。」

《蕭淑蘭》四、白:「你既主張了罷，也免的出醜揚疾，也見我祖宗家門清潔。」

《遇上皇》三【上小樓】:「有你哥哥信息，小人堦前分細。怏怏疾疾，端端的的，訴說眞實。」

唱叫，謂吵鬧、大吵大鬧。此語唐已有之，如唐·釋道世《法苑珠林》卷十七云:「汝小兒輩，幸無唱叫。」又敦煌變文《伍子胥變文乙》:「平王太劇，唱叫稱冤。」等等皆是。疊言之，則曰唱叫揚疾、暢叫揚疾、炒鬧揚疾、怏怏疾疾。按「揚疾」、「怏疾」，猶「嚷唧」，亦「唱叫」之意也。「出醜揚疾」，因吵鬧而出醜，更說明了吵鬧的後果。「暢」是「唱」的借音字，「炒」是「吵」的借音字，義並同。

唱話

唱詞話

《紫雲庭》二【隔尾】：「哎！不做美的恩官干壞了他把戲；哎！唱話的小一則好打恁兀那把門的老嘿。」

《救風塵》三【幺篇】：「那唱詞話的有兩句留文：『咱也曾武陵溪畔曾相識，今日佯推不認人』，我爲你斷夢勞魂。」

唱話，即唱詞話。詞話，是宋、元以來流行在民間的一種講唱文學形式。講的部分用散文，唱的部分用韻文，一般都是散、韻交叉、且說且唱的敘事體。其內容多半以歷史傳說爲主。這種講唱文學鼻祖，可以上推到唐、五代僧侶們所創製的俗講。俗講中的講經文、緣起和大多數的變文，都夾有散文和韻文，也都是以散文解說、韻文歌唱的。俗講以後的講唱文學，宋代有陶眞、涯詞、鼓子詞、諸宮調、覆賺；元代有詞話、馭說、貨郎兒；明清有彈詞、鼓詞、寶卷等，它們都是俗講的嫡系苗裔。講唱文學，元、明時最爲興盛，主要作品有《水滸傳詞話》、《大唐秦王詞話》、《十段錦詞話》等，反映在元雜劇中的，除上舉之《救風塵》和《紫雲庭》外，它如《風光好》三【滾繡毬】、《東坡夢》二【烏衣啼】、《誤入桃源》三【耍孩兒】、《梧桐葉》一【寄生草】等曲中，都有「武陵溪畔曾相識，今日佯推不認人」這類字句，它雖然沒有明確指出引自詞話，但與《救風塵》一對照，即可知同出一源（參見葉德均《宋元明講話文學》）。「唱話」、「唱詞話」之下著一「的」字，就由技藝轉而指說唱藝人了。

唱喏

唱偌

《生金閣》三【賀新郎】白：「兀那老子，你要替我唱喏，你也叫一聲：『老人家，我唱喏哩。』我們便知道了。可怎麼不做聲，不做氣，猛可裏從背後𢫬將我過來，唱上箇喏？」

《合汗衫》一【天下樂】白：「嫂嫂，我唱喏哩！」

《魔合羅》一【金盞兒】白：「你猛可裏擲將過來唱喏，多年古廟，前後沒人，早是我也，若是第二個，不諕殺了？」

《倩女離魂》三【堯民歌】白：「姐姐，唱喏哩！」

《剪髮待賓》一【寄生草】：「你則待扶頭酒尋半碗，謁人詩贈幾篇。請著你不離隨著他轉，逢著你的唱偌迎著他善。」

唱喏（rě），舊時男子相見時所行的一種禮節；給人作揖，同時發出聲音致敬。宋・陸游《老學庵筆記》卷八云：「古所謂揖，但舉手而已。今所謂喏，乃始於江左諸王。方其時，惟王氏子弟爲之。故支道林入東見王子猷兄弟還，人問：『諸王如何？』答曰：『見一群白項烏，但聞喚啞啞聲。』即今喏也。」宋・徐夢莘《三朝北盟會編》：「女眞，……其禮則拱手退身爲喏。」宋・司馬光《涑水紀聞》卷八：「有卒退庭下，爲花基䛡（shù），而不及幕職。」「䛡」即「喏」也。唱喏，又作唱偌，音義同。或又作唱噫，如《清平山堂話本・簡帖和尚》：「進前唱噫奉茶。」或又作唱惹，如盛明雜劇《寫風情》：「鴇兒唱惹。」或又作唱諾，如《宋書・恩倖傳》：「左右因唱諾。」又如敦煌變文《漢八年楚滅漢興王陵變》：「季布應聲唱諾。」或又作聲喏，如《水滸全傳》第七十四回：「打了三通擂鼓，向前聲喏。」按「唱」、「聲」意同；喏、噫、偌、惹、諾，均一聲之轉。

抄沒

《看錢奴》二【隨煞】：「有一日人連累抄沒了舊錢債，恁時節合著鍋無錢買米柴，忍饑餓街頭做乞丐，這纔是你家破人亡見天敗。」

《盆兒鬼》四【朝天子】白：「張千，你與俺將盆罐趙的家私盡數抄沒。」

抄沒，謂查抄沒收。

超垛

《對玉梳》二【醉太平】：「你去顧前程，這搭兒休超垛，識吊頭打鬧裏疾赸過。」

超垛（duò），《行院聲嗽・人事》：「坐：超垛。」這裏由「坐」引申爲留戀之意。

朝請

《周公攝政》四【落梅風】：「伯禽備法駕非公道，微臣免朝請忒分外。」

古代大臣面見天子，請示匯報，春曰朝，秋曰請。清・段玉裁云：「《周禮》春朝秋覲（jìn），漢改爲春朝秋請。」請，讀去聲。晉、宋、齊、梁並因之，隨開皇以後，罷，改置朝請郎及朝請大夫。宋・陸游《老學庵筆記》卷四云：「故相入朝，以經筵或內祠奉朝請；班退，亦與從官同，捲班而出。」

朝野裏

朝冶裏

《遇上皇》四【折桂令】：「龍爭虎鬭，惹起奸讒，朝野裏誰人似俺，衠𧙇懂愚濁癡憨。」

《岳飛精忠》一【天下樂】：「朝野裏官也波僚，坐三司分六曹。」

《貶夜郎》四【太平令】：「大唐家朝冶裏龍蛇不辨，禁幃中共豬狗同眠。」二折・白：「知是朝野里官人每，你道我在這里。」「野」原作「冶」。

《介子推》一、白：「朝冶裏信皇妃驪姬、國舅呂用公所譖。」

《東窗事犯》楔、白：「不知朝冶裏有甚事？張憲、岳雲在意看守邊塞，則今日便索上馬去。」

朝野裏，本指朝廷和民間；後來複義偏用，專指朝廷，如上舉各例。一作朝冶裏，「冶」爲「野」字之訛。

嘲撥

《謝天香》二【賀新郎】：「當時嘲撥無攔當，乞相公寬洪海量，怎不的仔細參詳？」

《牆頭馬上》一【後庭花】白：「如此佳麗美人，料他識字，寫個簡帖兒嘲撥他。」

《秋胡戲妻》三【普天樂】白：「待我著四句詩嘲撥他，他必然回頭也。」

《來生債》四、白：「我著兩句言語嘲撥他，看他曉的麼？」

嘲撥，謂挑逗、撩撥。

嘲歌

《楚昭公》三、白：「〔丑扮梢公上，嘲歌云：〕月落烏啼霜滿天，江楓漁火對愁眠。也弗只是我裏梢公、梢婆兩箇，倒有五男二女團圓。一個尿出子，六個弗得眠。七個一齊尿出子，艎板底下好撐船。一撐撐到姑蘇城下寒山寺，夜半鐘聲到客船。」《李克用箭射雙鵰》【朝天子】：「有他那牛表嘲歌，沙三爭戲，舞的是一張撇喬樣勢；再有甚麼樂器，又無他那路歧，俺正是村里鼓兒村里擂。」

《醉寫赤壁賦》三、白：「〔外扮梢公上，嘲歌：〕秋風颸颸響重重，鄉裏阿姐，嫁了個村老公。村老公立地似彎弓，存地似彈弓，立地似掬弓。頭籠重，腳籠重，兩管鼻涕拖一桶。污阿姐如乾□抹胸。我道村野牛，村野牛，不如早死了。那竹鶻鵰空占了畫眉籠。」

《賺蒯通》三【禿廝兒】：「白日裏叫吖吖信口自嘲歌，到晚來向羊圈裏且存活，消磨。」

《清平山堂話本·刎頸鴛鴦會》：「將及二更，忽聞梢人嘲歌聲隱約。」

嘲歌，指農人、船夫等信口唱的歌（含有嘲弄之意的歌）。

吵戚

炒戚　炒七　炒刺　聒七

《海神廟王魁負桂英》【七弟兄】：「怎禁那吵吵戚戚閑牙戲。」

《黃粱夢》二【商調集賢賓】：「有甚事炒炒七七？」

《酷寒亭》二【小桃紅】：「則問你賽娘僧住爲何的，他可也有甚麼閒炒刺？」

《殺狗勸夫》二【六煞】：「我也則是嫂嫂行閒聒七。」

《凍蘇秦》二【煞尾】：「馬兒上簪簪穩坐的，當街裏劬劬恁吵戚，親爺親娘我也不識得。」

吵戚，謂絮聒吵鬧；重疊言之爲吵吵戚戚或炒炒七七。現代口語中，還有喳喳唧唧的說法。又作炒戚、炒七、炒刺、聒七，義並同。炒爲吵的同音借用字。戚、刺（讀如七）、七同音通用，助詞，無義。

唓嗻（chē zhé）

查沙　扎煞　奓沙　渣沙　鬇鬡

《董西廂》卷六【越調・蠻牌兒】：「料得我兒今夜裏，那一和煩惱唓嗻。」

《拜月亭》三【倘秀才】：「那一個爺娘不間疊，不似俺忒唓嗻，劣缺。」

《黑旋風》二【後庭花】：「那廝暢好是忒唓嗻，且莫說他鹹兒小鵮、吹向粘竿有諸般來擺設，只他馬兒上更馱著一個女艷冶。」

《西廂記》四本四折【攪箏琶】：「不是我心邪，自別離已後，到西日初斜，愁得來陡峻，瘦得來唓嗻。」

《氣英布》三【剔銀燈】：「查沙著打死麒麟手，這半合兒敢罵徧了諸侯。」

《李逵負荊》二、詩云：「鴉嗛肝肺扎煞尾，狗咽骷髏抖搜毛。」

又同劇同折【正宮端正好】：「抖搜著黑精神，扎煞開黃髭髥，則今番不許收拾。」

《博望燒屯》一【醉中天】：「你將這環眼睜圓瞅定誰，奓沙起黃髭髥。」

《僧尼共犯》一【六幺序】：「八金剛怒髮渣沙。」

《太平樂府》卷七朱庭玉散套【青杏子・歸隱】：「撚衰髯短髮鬇鬡。」

唓嗻，有甚、很、厲害、特殊、了不起等義。明・徐渭《南詞敘錄》云：「唓（或誤作嗹）嗻，能而大也。」「能而大」，亦甚辭。王伯良注《西廂》謂「瘦得來唓嗻」，是「形容其瘦甚之意」。均是。「唓嗻」，《水滸》第十五、六回中，作「奢遮」。考蘇北人把「奢」讀如「車」，「撦」字從「奢」作「扯」音，可證。魯人把「唓嗻」讀作「勢張」，有張狂、放肆之意，與「能而大」意近；倒呼「奢遮」為「遮奢」，即觰沙、披張之謂。清・翟灝《通俗編》云：「觰（zhā）沙，披張貌。元人謂事太張大曰忒唓嗻。高文秀曲中用之，蓋即觰沙之轉。」元曲中又作扎煞、奓沙、查沙、渣沙、鬇鬡；與「唓嗻」、「奢遮」音略異而形不同，實為一辭。或形容手張開，或形容鬍鬚張豎的情態。都是由「張」字孳衍而出的，嗻、煞、沙等均語尾助詞。就古音而言，「車」（唓從車得聲），屬「魚」部；「張」屬「陽」部，古音「魚」、「陽」

對轉。現代口語中，「車」仍有讀作「叉（chā）」的。又「觰沙」，韓愈《月蝕》詩：「赤鳥司南方，尾翄何觰沙！「觰」即「觰」。

扯葉兒

《單戰呂布》一【天下樂】白：「你休扯葉兒，喫了罷！」

元・燕南芝菴《唱論》：「成文章曰『樂府』，有尾聲名『套數』，時行小令喚『葉兒』。」扯葉兒，是譏諷唱者在歌前作態之詞，猶云粧喬、粧腔。

撦（chě）

扯　掣

撦，俗作扯，借作掣：一謂拉拽、牽扯；二謂躲閃。

（一）

《西廂記》三本三折【清江引】白：「〔紅云：〕張生，你來這裏有甚麼勾當？〔旦云：〕撦到夫人那裏去！」

又同劇四本四折【攪箏琶】：「他把我心腸撦，因此上不避路途賒。瞞過俺能拘管的夫人，穩住俺厮齊攢的侍妾。」

《范張雞黍》二【哭皇天】白：「〔張元伯云：〕您兄弟就此回去了也。〔正末云：〕那裏去？〔唱：〕把書房門忙閉上，〔做扯張科，唱：〕將衣袂緊揪撦。」

撦（扯），謂拉拽、牽扯，元、明戲曲中多用之。《桃花扇・逢舟》：「扯起蓬來，早趕一程」，「扯」字亦此意。

（二）

《王妙妙死哭秦少游》【塞鴻秋】：「怕不我口兒裏強，身子兒撦，心兒裏順。」

《詞林摘艷》卷六鮑吉甫散套【端正好・支楞的斷了冰絃】：「雖然是口兒裏強，身子掣，心兒裏順。」

三國魏・張揖《廣雅》：「撦，開也。」宋・陳彭年等《廣韻》：「撦，裂開。」章太炎《新方言・釋言》：「今人通謂裂物曰撦。」這裏引申爲躲閃之意。撦，一作掣，音近借用，今通作「扯」。

「撦（扯）」字除上述二義外，有時把不拘形式、不拘內容的隨便談論，也叫做「撦（扯）」。如明人雜劇《花前一笑》四：「〔旦：〕啐！你又來撦風話！〔梅：〕倒不是扯風話，公子已將姐姐許他，特地著我來說。」「撦風話」，就是無稽之談，隨便亂說。此用法現在仍通行，如云閑扯、扯皮、扯筋、扯臊、扯淡等，不勝列舉。

辰勾

《青衫淚》四【中呂粉蝶兒】：「比及我博的個富貴榮華，恰便似盼辰勾逢大赦，得重回改嫁。」

《西廂記》三本二折【幺篇】：「似這等辰勾空把佳期盼。」

辰勾，形容切望佳期之詞，爲「盼辰勾」之省語，是當時方言。據王伯良考證：「辰勾，水星。其出雖有常度，見之甚難。張衡云：『辰星一名勾星。』《博雅》云：『辰星謂之鉤星。』故亦謂之辰勾。晉灼謂：『常以四仲之月，分見奎、婁、東井、角、亢、牽牛之度；然亦有終歲不一見者。』盼佳期如等辰勾之出，見（一作言）無夜不候望也。」元・黃清老《擬古樂府》詩：「今夜中秋月，含情獨上樓。辰星兩三點，偏照玉簾鉤。」王季思《西廂記》注謂黃清老詩，亦暗用辰鉤，喻佳期阻隔之意。按，鉤即勾。黃詩是把辰鉤兩字分開來用，古典文學作品中，常有此用法。

沉吟

沉喑

《金線池》二、白：「以此沉吟展轉，不好便離此處，還須親見蕊娘，討個明白。」

《蕭淑蘭》三【鴛鴦煞】：「想起他這狠切的毒心，好著我半晌沉吟，倒替他嗲。」

《太平樂府》卷五呂止庵小令【後庭花・懷古】：「烽火連三月，家書抵萬金。細沉吟，功名枉恁，斷然歸去心。」

《陽春白雪》前集二盧摯小令【雙調蟾宮曲】：「風雨相催，兔走烏飛。子細沉吟，都不如快活了便宜。」

《盛世新聲》【越調鬬鵪鶉・舉意兒全別】：「即漸的把腰肢瘦怯（卻），看看的害殺人也，沉暗了半晌和誰說。」

沉吟，用爲動詞，思量、考慮之意。曹操《短歌行》：「青青子衿，悠悠我心。但爲君故，沉吟至今。」唐・羅隱「紫髯桑蓋此沉吟，很石猶存事可尋。」宋・秦觀【滿園花】詞：「一向沉吟久，淚珠盈襟袖，我當初不合苦撋就。」宋・姜夔【鷓鴣天・元夕有所夢】詞：「秦未綠，鬢先絲，人間別久不成悲。誰教歲歲紅蓮夜，兩處沉吟各自知。」皆其例。吟，一作喑。

沉細

《董西廂》卷五【黃鍾宮・刮地風】：「不頭沉，不腦熱，脈兒又沉細。」

《東牆記》四【絡絲娘】白：「〔淨云：〕請出來診脈。〔旦出見科〕〔診脈科〕〔淨云：〕此脈沉細。」

《霍光鬼諫》三【收尾煞】：「雙手脈沉細，難收救。」

《碧桃花》二【石榴花】：「怎又道寸關尺三部脈都沉細，還只怕這疾候有差遲。」

沉細，中醫醫學名詞，謂脈搏深沉微弱，用手指重按至筋骨才能感覺到的一種脈搏象徵，是陰盛陽虛的症候。韓愈《答張徹》詩：「乘枯摘野豔，沉細抽潛腥。」知此語唐已有之。

沉埋

埋沉

《破窰記》四【水仙子】：「被塵埃險將我沉埋。」

《范張雞黍》三【後庭花】：「可惜耗散了風雲氣，沉埋了經濟手。」

《㑳梅香》四【豆葉黃】：「他待將大道沉埋，正義全乖。」

《伊尹耕莘》二、白：「耕鋤田野久沉埋。」

又同劇二【幺篇】白：「沉埋田野，可惜了你那蓋世英才。」

《來生債》三【幺篇】：「爲甚麼這番滾滾，海藏裏不沉埋？」

《西遊記》四本十四齣【般涉調耍孩兒】：「把衷情一一都說與恁，全在仗義師兄用心，家音是必莫埋沉。」

沉埋，一作埋沉，謂埋沒（如一至五例）或沉沒（如例六），引申爲隔絕（如例七）。明人南曲《白兔記》十【臨江仙】:「一別爹娘苦痛哉！被兄嫂日夜沉埋。」此「沉埋」，謂折磨、凌辱，也是前意的引申。

磣（Chĕn）

嗲

《蕭淑蘭》三【鴛鴦煞】:「想起他這狠切的毒心，好著我半晌沉吟，倒替他磣。」

《詞林摘艷》卷五劉庭信散套【夜行船・新夢青樓一操琴】:「我則怕這鍋水熱不熱，今番在恁，你則待調弄得話頭兒長，承當的呪兒磣。」

《僧尼共犯》四白:「〔淨旦上〕〔大笑科〕〔云:〕昨日這場出磣的事，只怕送了殘生。」

又同劇四【駐馬聽】白:「若不是做出這場磣事，怎得成就這段姻緣也呵！」

磣，詈詞，謂醜、不雅觀、難爲情。「嗲」爲「磣」字的訛誤。《元曲選・蕭淑蘭》劇音釋:「磣，森上聲。」曲文訛爲「嗲」。《金瓶梅》第二十一回:「他爹怎的跪著上房的叫媽媽，上房的又怎的聲喚擺話的，碜死了。」按「碜」、「磣」音意同。現在北京話還有這種用法，如:「你說這樣的話，也不牙磣？」意思是說:也不覺害羞、難爲情嗎？

磣磕磕

磣可可　嗲可可　參可可　慘可可

《救風塵》二【幺篇】:「那一個不嗲可可道橫死亡？」

《梧桐雨》三【殿前歡】:「怎下的磣磕磕馬蹄兒臉上踏！」

《生金閣》一【青哥兒】:「哎！不爭將並頭蓮嗲可可的帶根除，著誰人養活俺那生身父？」

《鐵拐李》三【太清歌】:「似這般所爲，磣可可的活取民心髓。」

《魔合羅》三【金菊香】:「我則見濕浸浸血污了舊衣裳，多應是磣可可的身躭著新棒瘡。」

《東窗事犯》四【滚繡毬】:「只因笑吟吟陷平人洗垢尋痕，參可可皮肉開，血力力骨肉分。」

《小尉遲》二【柳青娘】:「不騰騰馬踐塵埃，磣磕磕的鐙相磨。」

《詞林摘艷》卷五商政叔散套【新水令・彩雲聲斷紫鸞簫】:「慘可可曾對著神靈告。」

磣磕磕，形容淒慘可怕的樣子，現在北京話，還用「磣」字形容可怕。或作磣可可、嗲可可、參可可、慘可可，音近義並同。按，「嗲」、「參」音近；「慘」、「磣」義通；磕磕，一作可可，語助詞，無義。

襯鋪兒

《桃花女》一、白:「你要算我的命，被別人拿了你銀子去，拿我來襯鋪兒。」

襯鋪兒，頂替、墊背、供人犧牲的意思。《誶范叔》四【收江南】白:「我先殺了你這老匹夫，落個墊背的」，可爲證。現在北方口語中仍有這種說法。另外，爲顯示某物數量多而在它下面襯以他物，也叫襯鋪兒，如說:「這匣點心倒有半匣是用紙來襯鋪兒的。」

趁逐

逐趁

《五侯宴》四【雙雁兒】詩曰:「鴨有子兮雞中抱，抱成鴨兮相趁逐。」

《竹葉舟》三【罵玉郎】:「過得這横橋獨木龍腰瘦，見輕鷗，廝趁逐，粧點秋江秀。」

《金線池》二【尾煞】:「尋些虛脾，使些機勾，用些工夫，再去趁逐。」

《碧桃花》楔【仙呂賞花時】:「他陪著個小意兒和咱相趁逐。」

《西廂記》五本一折【後庭花】:「當日五言詩緊趁逐，後來因七絃琴成配偶。」

《雍熙樂府》卷十九【小桃紅・西廂百詠五十八】:「燈花連夜爲誰新，來往相逐趁，戴月披星不辭困。」

《東窗事犯》三【調笑令】:「陛下索趁逐，替微臣報冤仇。」

「趁」亦「逐」意（見「趁熟」條釋文）；趁逐，謂追逐、追隨（如前兩例）、追求（如三至六例），引申之，意爲追查、追究（如例七）。

趁逐，一作逐趁，重言之則曰趁趁逐逐，如《盛世新聲》【南呂一枝花·絲絲楊柳風】:「你看那蜂與蜂趁趁逐逐」，是也。

趁熟

趕熟

《劉知遠諸宮調》一【正宮·甘草子】:「蓋爲新來壞了家緣，離故里往南中趁熟。」

《趙禮讓肥》一、白:「方今漢世中衰，兵戈四起，士民逃竄，似此亂離，只得隨處趁熟。」

《合同文字》楔、白:「哥哥和嫂嫂守著祖業，我和二嫂引著安住孩兒，趁熟走一遭去。」

又同劇楔、白:「如今爲這六料不收，上司言語著俺分房減口，兄弟你守著祖業。俺兩口兒到他邦外府，趕熟去來。」

劉宋·何承天《纂文》:「關西以逐物爲『趁』。」《廣韻》亦謂:「趁，逐也。」熟，指五穀成熟。故「趁熟」，即在糧食成熟收割季節，從災區到年景較好的地方去乞討之意，俗謂之逃荒。一作趕熟，也叫趁食，如《元典章·刑部四》云:「爲饑荒缺食，將帶老小，流移趁食。」

撐達（chēng dá）

掙達　撑　崢　掙　整

撐達:一謂週到、懂事、開通、大方；二謂美麗、漂亮；三謂痛快、縱恣、歡樂。

（一）

《紅梨花》一【金盞兒】:「這秀才忒撐達，將我問根芽。」

《揚州夢》三【梁州第七】:「性格穩重，禮數撐達，衣裳濟楚，本事熟滑。」

巾箱本《琵琶記》二十三：「這壁廂道是箇不撐達害羞的喬相識，那壁廂道咱是箇不覩事的負心薄倖郎。」

《詞林摘艷》卷四誠齋散套【點絳唇．嬌豔名娃】：「嬌艷名娃，年方二八，風流煞，所事撐達，引的人牽掛。」

上舉各例，意爲週到、懂事、開通、大方。王伯良注《西廂》，以爲解事之意，近是。

（二）

《董西廂》卷一【中呂調．尾】：「便是月殿裏姮娥，也沒恁地撐。」

《黑旋風》一【三煞】：「那大嫂年又青，貌又整。」

《西廂記》一本三折【金蕉葉】：「踮著腳尖兒仔細定睛，比我那初見時龐兒越整。」

又同劇一本三折【調笑令】：「我這裏甫能見娉婷，比著那月殿嫦娥不恁般撐。」

《兩世姻緣》二【醋葫蘆】：「看了他容貌兒實是撐，衣冠兒別樣整。」

《誤入桃源》一【青哥兒】：「人物不撐達，服色儘奢華。」

《陽春白雪》後二楊西庵散套【賞花時．只爲多情】：「龐兒不甚掙達。」

《樂府新聲》上商政叔散套【一枝花．歎秀英】：「揀掙勤到下鍬钁。」

《雍熙樂府》卷五散套【點絳唇．每日家品竹調絲】：「他將那瘦龐兒撋得掙。」

《詞林摘艷》卷一無名氏小令【水紅花．憶舊】：「吟題詩句那才能甚聰明，模樣兒實崢。」

《元人小令集》失名《失題》二十六之九：「他生的臉兒崢，龐兒正。」

撐達，美麗、漂亮之意。又作掙達，更簡作撐、崢、掙、整，音近意並同。有時解爲「強」，猶今北人講「棒」，南人講「嶄」；今華中及西南方言，謂事情辦得好，說「辦得撐」，是其遺也。王季思注《西廂》曰：「撐，字當作竫。《廣雅》：『竫，善也。』《新方言》：『善美同意，嶺外三州謂美曰勁，亦謂之竫。』」按北人喻美人曰爭爭媚媚的，「爭」作平聲。撐之爲掙，猶撐達之爲掙達也。「爭」媚字，小令中多作孜孜媚媚，或書作姿媚，此乃齒、舌之音異，猶只索作則索、只怕作子怕也。竫音靜，義近而音不同，王說似未諦。

（三）

《西廂記》三本三折【折桂令】：「打疊起嗟呀，畢罷了牽掛，收拾了憂愁，準備著撐達。」

《猿聽經》三【石榴花】：「不圖富貴顯撐達，只恐怕違條犯法，因此上隱迹歸家。」

《僧尼共犯》一【幺】：「哎！你箇行家，不要睬他。銅鑄的菩薩，泥塑的那吒，鬼話的僧伽，瞎帳的佛法，並無爭差，儘著撐達，也當了春風一刮，兀的不受用殺！」

以上「撐達」，意爲痛快、自由、歡樂。

成計

成家立計　立計成家

《鐵拐李》三【梅花酒】：「定成計使良媒，使良媒成支持，怎支持謊人賊？」

《東堂老》楔、白：「父母與子孫成家立計，是父母盡己之心；久以後成人不成人，是在於他，父母怎管的他到底。」

《詞林摘艷》卷三蘭楚芳散套【粉蝶兒・如月如花】：「似這般短促促攜雲握雨，幾時得穩拍拍立計成家？」

成計，爲成家立計之省語，意謂娶妻立業，俗稱娶妻曰成家，購置家產曰立業。

成收

收成

《桃花女》一【混江龍】：「雖然是農家耕耨，感謝得天公雨露有成收。」

《秋胡戲妻》三【中呂粉蝶兒】：「早則是生計蕭疎，更值著沒收成歉年時序。」

《合同文字》一【柳葉兒】：「則被那官司逼遣，他道是沒收成千里無煙，著俺分房減口爲供膳。」

成收，即收成。《爾雅・釋天》：「秋爲收成」，是也。一般把農民秋季的收獲叫做收成。

成合

成就　合成

《董西廂》卷三【仙呂調・賞花時】：「這一門親事，全在你成合。」

《玉鏡臺》四【鴛鴦煞】：「須不是我故意虧圖，成就了那朝雲和暮雨。」

《東牆記》三【幺篇】白：「想先君在時，曾蒙府尹相公將小姐許聘小生，後來阻滯，因此上不曾合成親事。」

《瀟湘雨》一【金盞兒】白：「則今日好日辰，成合了這門親事。」

《張生煮海》一【金盞兒】白：「既蒙小娘子俯允，只不如今夜便成就了。」

《紅梨花》四【收江南】白：「則今日好良辰，就此席上成合了您兩口兒。」

《㑳梅香》楔、白：「等的他服滿，你便著人尋將那孩兒來，成合了這親事者。」

《鴛鴦被》二【滾繡毬】白：「幸遇小姐，成就這門親事。」

促成婚姻，叫做成合；或作成就，或倒作合成，意並同。

成均

《范張雞黍》楔【仙呂賞花時】：「俺本是義烈堂堂大丈夫，況同在成均共業儒。」

成均，古時太學之通稱。《周禮・春官・大司樂》：「掌成均之法，以治建國之學政，而合國之子弟焉。」注引董仲舒曰：「成均，五帝之學。」《禮・文王釋子》：「於成均，以及取爵於上尊也。」注引董仲舒曰：「五帝名大學曰成均。」周名大學曰成均，乃沿五帝之稱。到唐代，仍沿用此名，如唐・劉肅《大唐新語》卷八「文章第十七」條云：「李嶠少負才華，代傳儒學，累官成均祭酒、吏部尚書、三知政事，封鄭國公。」「成均祭酒」，即太學祭酒。

成算

《風雲會》三【倘秀才】白：「天下雖未混一，南征北伐，今其時也，願聞成算所向。」

胸中謀畫已定，叫做成算，即常言「胸有成竹」之意。《隋書·柳彧傳》：「俱稟成算，非專己能。」《元史·官制八》：「果有怙終不悛，總督一應大小官吏，治兵裒粟，精練士卒，審問成算，申明紀律。」其「成算」云云，亦此意也。

承頭

成頭　呈頭

《單鞭奪槊》二【上小樓】：「雄信兵來，索要相持，你合承頭。」

《范張雞黍》三【金菊香】：「莫不爲尊堂妻子留，這三件事我索承頭，你身亡之後不須憂。」

《金錢記》三【中呂粉蝶兒】：「但能勾及早承頭，害則害甘心兒爲他僝僽。」

《連環計》一【鵲踏枝】：「你可也強承頭，大睜眸。豈不見天象璇璣，氣運周流。」

《村樂堂》一【單雁兒】：「這的是我做下事，可著你承了頭，可你也敢休和老夫記冤讎。」

《黃花峪》二【南呂一枝花】：「俺哥哥傳將令三番，可怎生無一箇承頭的。」

《陽春白雪》後二楊西庵散套【賞花時·煞尾】：「緊推辭不肯成頭。」

《太平樂府》卷七曾瑞卿散套【青杏子·騁懷】：「痼疾長發，業貫將盈，努力呈頭。」

承頭，猶承當；承，一作成、呈，同音假借。

承答

承搭　承塌

《太平樂府》卷七喬夢符散套【新水令·閨麗】：「他秋水回波，春山搖翠，芳心迎迓，彼此各承答。」

《樂府群珠》卷一張小山小令【齊天樂過紅衫兒・湖上書所見】:「可憐咱，肯承搭，羞弄香羅帕。」

《太平樂府》卷八曾裼夫散套【一枝花・買笑】:「見別人有破綻著冷句兒塡扎，見別人生科泛著笑話兒逼匝，見別人乾廝研著假意兒承塌。」

《樂府群珠》卷四曾瑞【迎仙客・風情】:「假承塌，休闞閩借債，我做著傍牌，可敢別燒上風流怪。」

承答，謂應承、應答；或作承搭、承塌，音近義同。曹植《求通親親表》:「承答聖問」，謂應對皇帝之所詢問也。

乘傳（chuán）

《剪髮待賓》三【尾聲】白:「老慈母訓子殷勤，陶士行今日成名，乘傳去朝廷保奏，一家兒列鼎重裀。」

古代官員出行，由公家供給驛馬，每三十里設一驛站，供休息和換馬之用，叫做乘傳。《左傳》莊公九年:「公傳乘而歸。」注:「傳乘，乘他車也。」「傳乘」乃「乘傳」之倒文。《史記・平準書》:「使孔僅、東郭咸陽乘傳，舉行天下鹽鐵。」《漢書・高帝紀下》:「乘傳詣雒陽。」注:「如淳曰:『律，四馬高足爲置傳，四馬中足爲馳傳，四馬下足爲乘傳，一馬二馬爲軺傳，急者乘一乘傳。』」唐・陳鴻《東城老父傳》:「縣官爲葬器喪車，乘傳洛陽道。」《今古奇觀・三孝廉讓產立高名》:「天子覽奏，准給假暫歸，命乘傳衣錦還鄉。」等等，皆其例也。

乘除

《劉弘嫁婢》一【混江龍】:「想喒這人貧人富，原來這天公暗裏自乘除。」

《陽春白雪》後集三劉時中散套【端正好・上高監司】:「怕不你人心姦巧，爭念有造物乘除。」

《太平樂府》卷四無名氏小令【快活三帶朝天子四換頭・歎四美】:「良辰美意換今古，賞心樂事暗乘除。」

乘除，本算術術語，引申之，乘，表示增加，除，表示削減，用以借喻人事或事物的消長、得失、成敗、盛衰。上舉諸例均屬之。韓愈《三星行》：「名聲相乘除，得失少有餘。」范成大《趙故城》詩：「金石筌篁絕代無，鼪鼯藜藿正乘除。」《京本通俗小說・拗相公》：「萬事乘除總在天，何必愁腸千萬結？」《長生殿・疑讖》：「想古來多少乘除，顯得個勳名垂宇宙。」《醒世姻緣傳》：「誰知天老爺他自另有乘除，別有耳目。」等等，皆其例。

引申其義爲衡量計算，如：《宋書・曆志下》：「匪謂測候不精，遂乃乘除翻謬。」《盧時長老天台夢》一折：「閒時將納甲乘除，咒水書符，大叫高呼，神鬼相逐，龍虎降伏。」

程限

程期限　假限

《澠池會》一【仙呂點絳唇】：「則恐怕士馬相殘，庶民塗炭，怎敢道違程限？」

《遇上皇》三、白「不知何人失悮半月假限，罪當處斬。」

《救孝子》四、白：「我今元帥根前，告了假限回家，探望母親去。」

《趙禮讓肥》二【滾繡毬】白：「太僕可憐見，告一個時辰假限，辭別老母兄長，上山來受死。」

《詞林摘艷》卷一劉庭信小令【醉太平・憶舊】：「喫了些無憂愁酒食，過了些有程限年紀。」

程限，謂一定的行程或日程，意同假限、期限。《元史・選舉志三》：「凡赴任程限：大德八年，定赴任官在家裝束假限，二千里內三十日，三千里內四十日，遠不過五十日。馬日行七十里，車日行四十里，乘驛者日兩驛，百里以上只一驛。舟行，上行日八十里，下行百二十里。職當急赴者，不拘此例。違限百日外，依例作闕。」或又作限次，如《水滸》第三十七回：「又住了三日，宋江怕違了限次，堅決要行」，是也。

吃地

赤的　嗤的　喫的　掿的

《董西廂》卷五【中呂調・碧牡丹】：「口兒裏不住，只管吃地忽哨。」

《燕青博魚》三【滾繡毬】：「那廝赤的喚了一聲，那妮子赤的應了一聲，早是這吃敲才膽硬。」

《㑳梅香》一【六幺序】：「恰纔嗤的失笑，喑的吞聲。」

《詞林摘艷》卷四鄭德輝散套【點絳唇・書喪秦嬴】：「咤嗤的失笑，喑地吞聲。」

《太平樂府》卷三張小山小令【柳營曲・閨怨】：「搊的扯破錦鴛鴦。」

吃地，表聲詞，狀打忽哨聲、呼應聲、笑聲、扯布聲等。或作赤的、嗤的、嗤的、搊的，狀聲詞無定字，音近義並同。

吃喬

吃交　吃跌

《調風月》三【梨花兒】：「是教我軟地上吃喬，我也不共你爭。」

《瀟湘雨》三【出隊子】：「吃交時掉下了一箇棗木梳。」

又同劇二白：「〔試官云：〕河裏一隻船，岸上八箇拽，你聯將來。〔崔甸士云：〕若還斷了彈，八個都吃跌。」

《賺蒯通》一白：「〔淨扮樊噲上，詩云：〕踖踏鴻門多勇烈，能使項王坐上也吃跌。」

《襄陽會》一、白：「河裏一隻船，岸上八個拽；若還斷了簟，八個都吃跌。」

《劉弘嫁婢》四【雙調新水令】白：「不打草，便作四句詩，好才也！詩曰：河裏一隻船，岸上八個拽；若還斷了索，八箇都吃跌。」

《樂府群珠》卷三汪元亨小令【折桂令・臨川佚老】：「駕高車，乘駟馬，吃跌怎起？」

吃喬，元刊本作吃交。吃交，猶吃跌，即跌交之意，俗曰栽倒。

喫（吃）敲才

喫敲賊

《竇娥冤》四【川撥棹】：「猛見了你這喫敲才，我只問你這毒藥從何處來？」

《青衫淚》三【沽美酒】:「把似噇不的少喫，則被你殃煞我喫敲賊！」

《燕青博魚》三【滾繡毬】:「那廝赤的喚了一聲，那妮子赤的應了一聲，早是這吃敲才膽硬。」

《秋胡戲妻》四【雙調新水令】:「若不是江村四月正農忙，扯住那吃敲才，決無輕放。」

《李逵負荊》四【殿前歡】:「我打你這喫敲才，直著你皮殘骨斷肉都開。」

《神奴兒》三【中呂粉蝶兒】:「那吃敲才百計虧圖。」

《樂府群珠》卷一吳克齋小令【上小樓・閨庭懷別】:「和這喫敲才慢慢的說話。」

《元典章・刑部・延祐新定例》:「凡處死罪仗（杖）殺者皆曰敲。……兩遍作賊的，敲。……強盜傷人，敲。」可見敲即打死之意。喫敲才，意即該打死的傢伙。元曲中用作詈詞，咒其受杖刑而死也。才、賊意同，北音賊、才音近。參見「敲材」條。

喫苦不甘

《西廂記》二本楔子【二】:「我從來欺硬怕軟，喫苦不甘，你休只因親事胡撲俺。」

喫苦不甘，意謂甘願吃苦。「不」字是以反語起加重語氣的作用，正如「連不連」即「連連」、「不羞見」即「羞見」之意。王季思注《西廂》謂「喫苦不喫甘」，即「喫硬不喫軟」意，誤。因與上句「欺硬怕軟」矛盾，且不符合惠明和尚的英雄性格。

吃醬瓜兒

《秋胡戲妻》三【耍孩兒】白:「呀！倒喫了他一個醬瓜兒！」

醬瓜兒，一種鹹菜；喫醬瓜兒，猶如說喫了鹹鹽，現在北語還有此說法。諧「閑言」的音。劇中秋胡調戲梅英，被梅英罵了一頓，故云「喫了他一個醬瓜兒」，即「受了他閑言閑語」之意。

哧哧（chī）

赤赤赤　赫赫赤赤

《緋衣夢》二、白：「梅香，赤赤，是甚麼東西，絆了我一交，我試看咱。」

《燕青博魚》三【倘秀才】：「〔搽旦云：〕赤赤赤！〔楊衙內云：〕赤赤赤！〔正末唱：〕驀見個女娉婷引著個後生。」

《西廂記》三本三折【攪箏琶】：「〔（紅娘）做意了：〕偌早晚傻角卻不來，赫赫赤赤，來！〔末云：〕這其間正好去也，赫赫赤赤！」

《村樂堂》二【梁州】：「〔王六斤同搽旦上，云：〕慢慢的走，赤赤赤！」

《爭報恩》一：「〔丁都管云：〕小妳妳，這裏不是說話的所在，俺去稍房裏說話。小妳妳，休大驚小怪的，我有個口號兒赤赤赤。」

又同劇一【賺煞尾】：「〔搽旦云：〕好造化也！恰好兩處都吃不成酒，只不如靠著壁上做些勾當，也消遣了這場兒高興。去來！赤赤赤！」

哧哧，打口哨的聲音，在元曲中常用做男女私會的暗號；或作赤赤赤、赫赫赤赤，意並同。亦作嚇嚇，如明雜劇《豹子和尚》一：「常子是打嚇嚇暗地裏潛藏」，是也。

搊搊（chī）

搋搋　搋搋搋　嗤嗤　嗤嗤嗤　喫喫

搊搊：一用爲象聲詞；二謂無知貌。

（一）

《黑旋風》一【正宮端正好】：「將我這夾鋼斧綽清泉，觸白石，搊搊的新磨淨。」

《倩女離魂》四【竹枝歌】：「則問這小妮子，被我都搊搊的扯做紙條兒。」

《遇上皇》一【油葫蘆】：「搋搋把頭髮揪。」

《黃粱夢》四【滾繡毬】：「將那潑醅酒灑灑連糟噍，殺人劍搓搓帶血磨，常則是爛醉無何。」

《降桑椹》一、白：「氣的我滿腹疼痛，嗤嗤的則放大屁。」

《劉行首》二【笑和尚】：「嗤嗤嗤扯碎布袍。」

《金安壽》三【望遠行】：「搓搓搓扯碎俺姻緣簿，忽剌八掘斷俺前程路。」

《飛刀對箭》一【青哥兒】：「一隻手揝住頭梢，把那廝搓搓的拖來到。」

《梧桐葉》二【笑和尚】：「嗤嗤嗤鳴紙窗。」

上舉各例，用爲象聲詞，狀磨斧、裂紙、扯布、揪髮、拖拽、放屁、紙鳴等聲。搓搓，或作搓搓、搓搓搓、嗤嗤、嗤嗤嗤，音義均同。

（二）

《紅蓮債》三【上馬嬌】：「俺不能明三事，滿腹中又不飽文章，滿腹中又不埋經濟，可敢是嗤嗤的藏著不達時宜。」

嗤嗤，本作蚩蚩，無知貌。《詩・衛風・氓》：「氓之蚩蚩，抱布貿絲。」朱注：「無知之貌。」《京本通俗小說・錯斬崔寧》：「熙熙攘攘，都爲利來；蚩蚩蠢蠢，皆納禍去。」即此意。

癡掙

癡諍　癡爭　癡舫

《黑旋風》一【滾繡毬】：「哥也，他見我這威凜凜的身似碑亭，他可慣聽我這莽壯聲，諕他一個癡掙，諕得荊棘律的膽戰心驚。」

《連環計》二【梁州第七】：「懒懆的我渾如癡掙，直似風顛，恰便似悶弓兒在心下熬煎，快刀兒腹内盤旋。」

《硃砂擔》一【青哥兒】：「天也！好著我又不敢問他問他名姓，早則是打了個渾身的癡掙。」

《馮玉蘭》四【駐馬聽】：「暗自凝睛，不由我不喪膽消魂忽地驚，渾如癡掙，他是個圖財致命殺人的精。」

《昇仙夢》三【南山馬客】：「諕得我如癡似諍，眼花。」

《雲窗夢》三【俏（哨）遍】：「這搭兒纔添歡慶，撲箇空半晌癡呆諍，忽剌八夢斷碧天涯，空沒亂無緒無情。」

《小張屠》四【雁兒落】：「聽說罷諕了魂，諕得我半晌如癡爭。」

《洞天玄記》三【朝天子】：「〔道人云：〕呸！甚麼模樣大驚小怪的？〔袁云：〕諕得我癡觔了。〔道人打科〕〔云：〕甚麼癡觔？〔袁云：〕莫打，莫打！且等我說。戰戰兢兢，如臨深淵，如履薄冰。」

癡掙，呆癡貌，即發怔、發呆、失魂落魄的樣子。掙，或作諍、爭，同音通假；或作觔，蓋方言之異。

馳驟

《單鞭奪槊》二【滾繡毬】：「憑著他相貌搊，武藝熟，上陣處只顯的他家馳驟。」

《楚昭公》二【調笑令】：「今日在沙場上面爭馳驟，費無忌你索擔憂。他只待摘了你心肝標了你首，可兀的便肯干休。」

《范張雞黍》三【逍遙樂】：「打的這馬不剌剌風團兒馳驟，百般的抹不過山腰。」

《竹葉舟》二【甜水令】：「俺也曾鳳闕躋攀，龍門踴躍，馬蹄馳驟。」

乘馬疾馳叫做馳驟。《韓非子・外儲說右下》：「造父御四馬，馳驟周旋而恣欲於馬。」漢・劉向《列女傳・節義傳》：「欣悅馳驟。」《後漢書・公孫瓚傳》：「張燕馳驟以告急。」宋・晁補之【水龍吟】詞：「問春何苦悤悤，帶風伴雨如馳驟。」皆其例。引申其義爲英勇，如上舉一、二例是。

赤緊的

吃（喫）緊的　尺緊的

赤緊的，又作吃（喫）緊的、尺緊的。赤、吃（喫）、尺，音近通用。作用有二，含意相近；用法上略有不同，詳見下。

（一）

《梧桐雨》三【撥不斷】：「吃緊的軍隨印轉，將令威嚴，兵權在手，主弱臣強。」

《牆頭馬上》四【幺篇】：「赤緊的陶母熬煎，曾參錯見，太公跋扈。一個兒，一個女，都一時啼哭。」

《虎頭牌》二【石竹子】：「赤緊的元帥令，更狠似帝王宣。」

《西廂記》一本二折【哨遍】：「待颺下教人怎颺？赤緊的情沾了肺腑，意惹了肝腸。」

《秋胡戲妻》一【賺煞】：「赤緊的禁咱愁恨，則索安排下和淚待黃昏。」

《合汗衫》三【醉春風】白：「赤緊的喒手裏無錢呵，可著甚的去買那？」

《誤入桃源》三【上小樓】：「喫緊的理不服人，言不諳典，話不投機。」

《太平樂府》卷六趙彥暉散套【點絳唇・省悟】：「尺緊的紅裙不解嘲風口，以此上青山緊退柔花手。」

赤緊的，猶云當眞的、眞正的、實在的。吃（喫）緊的、尺緊的，音近意同。《金瓶梅》八十三回：「赤緊的因說閑話，把海樣深情一旦差。」亦其例。

（二）

《王粲登樓》二【滾繡毬】：「非是我王仲宣胸次高，赤緊的晏平仲他那度量窄。」

《抱粧盒》二【牧羊關】：「雖不見公庭上遭橫禍，赤緊的盒子裏隱飛災。」

赤緊的，用於上下呼應句中，意爲其實；與前意雖近，而口氣稍有不同。

赤瓦不剌海

《哭存孝》二【牧羊關】：「〔云：〕赤瓦不剌海！〔唱：〕你常好是莽撞也祇候人。」

《虎頭牌》三【得勝令】：「纔打到三十，赤瓦不剌海，你也忒官不威牙爪威。」

《魔合羅》三【幺篇】白：「問不成呵，將你個賽隋何，欺陸賈，挺曹司，翻舊案，赤瓦不剌海猢孫頭，嘗我那明晃晃勢劍銅鍘。

赤，女眞語：你。「瓦不剌海」或作「窪勃辣駭」，敲殺。宋・洪皓《松漠紀聞》「窪勃辣駭」下原注云：「彼云敲殺也」。即打死之意。「赤瓦不剌海」，意謂「你這該打死的」。《麗春堂》二【滿庭芳】：「則你那赤瓦不剌強嘴，兀自說兵機。」此「赤瓦不剌」義同上，疑漏一「海」字。

沖（衝）上

《魯齋郎》三【紅繡鞋】：「〔李四云：〕則被你想殺我也。〔正末衝上，見科。〕〔喝云：〕你兩個待怎麼？」

《救孝子》四：「〔賽盧醫沖上，云：〕恰纔飲酒回來，我看這婦人挑水不曾。」

《昊天塔》四【喜江南】：「〔外扮寇萊公沖上，云：〕老夫萊國公寇準是也。奉聖人的命，並八大王令旨，直至瓦橋關，迎取已故護國大將軍楊繼業並楊延嗣的骨殖。」

沖上，元雜劇術語，指演員匆匆去場或突然出場，略與現代地方劇裏的演員在鑼經「急急風」裏出場相似。沖，一作衝，同音通用。

沖末

《漢宮秋》楔子：〔沖末扮番王引部落上〕

《救風塵》：〔沖末扮周舍上〕

《金錢記》一：〔沖末扮王府尹領張千上〕

《陳州糶米》楔：〔沖末扮范學士領祗候上〕

沖末，元劇角色名。元劇中扮演正面人物的男演員，一般均稱「末」，相當於明代以後戲劇裏的「生」角。末，有正末、副末、外末、小末之分。沖末，在劇中最先登場，但不一定是劇中主要人物。「沖」含有開始的意思。沖末多扮男角，有時也可扮女角。

重羅麵

《蝴蝶夢》三【叨叨令】：「叫化的些殘湯剩飯，那裏有重羅麵？」

重羅麵，謂細麵；重羅，是用籮篩幾次的意思。晉・束晳《餅賦》：「重羅之麪，塵飛雪白」。

抽頭

抽首

《蔣神靈應》一【尾聲】白：「他日若有差遲，莫道苻融不曾勸諫也。收拾獻策呈言意，且做抽頭緘口人。」

《東窗事犯》三【拙魯速】：「臣將抽頭不抽頭，向殺人處便攢頭。」

《陶朱公范蠡歸湖》四【慶東原】：「往常時我便輔國，今日抽頭。」

《城南柳》楔【仙呂賞花時】：「誇豔冶，逞風流，結上些鶯朋燕友，可索及早裏便抽頭。」

《詞林摘艷》卷三梨園黑老五散套【粉蝶兒・從東隴風動松呼】：「那家他把荚芭居，抽首就躊躇。」

抽頭，猶縮頭，謂不參預其事，如上舉諸例是也。頭，一作首，意同。

召集博徒，伺其勝負，在博資內抽取若干分之一，亦謂之抽頭。抽頭之家，俗稱囊家，又曰頭家。在各種交易中，抽取若干份額、回扣、傭金，都名爲抽頭。清・金學詩《牧豬閒話》謂唐時已有此語，謂之乞頭。這是另一意，與所引元曲之意不同。

㨨殺

謅札　謅吒　㨨扎

《黑旋風》一【倘秀才】：「我著那捕盜官軍摸不著我影，忒㨨殺，好相爭，我和他鬭迎。」

《後庭花》三【風入松】：「覷了王慶呵慌張勢煞，這漢就裏決謅札。」

《紅梨花》一【鵲踏枝】：「迸定個脂膾不良鼻凹，醜嘴臉渾如蠟渣，直恁般性格兒謅吒。」

《兩世姻緣》三【拙魯速】：「你賣弄你那㨨扎，你若是指一指，該萬剮。」

㨨殺（chōu shā），又作謅札（zōu zhā）、謅吒（zōu zhā）、㨨扎。意謂威風、兇狠、頑劣。㨨、謅疊韻，札、吒、扎音同，與殺亦疊韻，義並同。

㧐搜

鄒搜　㧐颼

㧐搜：一謂固執、剛愎、呆板；二謂猙獰、兇惡、兇狠；三謂魯莽、勇敢。

（一）

《董西廂》卷四【中呂調·古輪臺】：「手抵牙兒，喟然長嘆：『奈何慈母性㧐搜，應難歡偶！』」

《李逵負荊》一【賞花時】：「〔王林云：〕你不知道，我自嫁我的女孩兒，爲此著惱。〔正末唱：〕哎！你箇呆老子，暢好是忒㧐搜。〔云：〕比似你這般煩惱，休嫁他不的。」

《岳飛破虜東窗記》三十九【風入松】：「秦檜，你到如今尚不肯順受，何必要苦㧐搜？」

《元人小令集》失名《失題》二十之五：「心惡又偏毒最狠，性㧐搜少喜多嗔。」

以上「㧐搜」各例，是從思想、性格而言，意爲固執、剛愎、呆板。作如此解者，有時也單作「㑳」或「㑳」、「㑇」字，諸字均音紂（zhòu），與「㧐」爲疊韻，意通，可參見「㑳」字條（一）。

（二）

《董西廂》卷二【雙調·文如錦】：「細端詳，見法聰生得㧐搜相：刁厥精神，蹺蹊模樣；牛腳闊，虎腰長。」

又同書同卷【黃鍾宮·喜遷鶯纏令】：「盡是沒意頭㧐搜男女。覷賊軍，約半萬，如無物。」

《劉知遠諸宮調》二【歇指調·耍三臺】：「陌斤（聽）得人高叫，諕殺夫妻兩口，打扮身分別樣，生得斂（臉）道邹（鄒）搜。」

《襄陽會》三【上小樓】白：「豹頭環眼逞㧐搜，人似猛虎馬如虯；拏住曹章親殺壞，報了徐州失敗讐。」

《楚昭公》二【天淨沙】：「俺只道他兩個都一般狀貌㧐搜，都一般武藝滑熟。」

《爭報恩》三【越調鬬鵪鶉】:「我只聽的一下鼓，一下鑼，撮枷稍的公吏搊搜，打道子的巡軍每叶和。」

《太平樂府》卷三無名氏小令【柳城曲・風月擔】:「保兒心雄糾糾，㒂（撅）丁臉冷搊颼。」

以上各例，是從相貌上說，意爲猙獰、兇惡、兇狠；或作鄒搜、搊颼，與「搊搜」音近意同。或單作一「搊」字，意亦同。如《單鞭奪槊》二【滾繡毬】:「憑著他相貌搊，武藝熟，上陣處只顯的他家馳驟」，是也。

（三）

《單鞭奪槊》二【上小樓】:「〔詩云：〕老三做事忒搊搜，差去爭鋒不自由；如今只學烏龜法，得縮頭時且縮頭。」

《降桑椹》三、白：「半垓劣缺搊搜漢，俺這裏殺死敵軍誓不埋。」

嬗「搊搜」，是從行動上言，意爲魯莽、勇敢。明雜劇《魚兒佛》四【駐馬聽】:「狠搊搜環護靈虛殿」，亦此意也。

愁布袋

《趙氏孤兒》二【紅芍藥】白：「平白地將著這愁布袋連累你老宰輔。」

《抱粧盒》二【牧羊關】:「我抱定這粧盒子，便是揣著箇愁布袋。」

愁布袋，喻禍根、愁種，比譬形象，元、明劇中習用語。明雜劇《魚兒佛》二【柳葉兒】:「你兀自把愁布袋不丟開」，亦其一例。

愁戚戚

愁慽慽　愁凄凄

《澠池會》四【雙調新水令】:「又不爲居廟廊愁戚戚，治家國鬢蕭蕭。」

《羅李郎》二【南呂一枝花】:「這些時悶懨懨心不歡，愁戚戚情不樂。」

《雲窗夢》三【堯民歌】:「早忘了意懸懸、愁戚戚、悶騰騰。」

《死葬鴛鴦塚》【感皇恩】:「子落的骨捱捱、愁慽慽、病懨懨。」

《詞林摘艷》卷九宋方壺散套【醉花陰・雪浪銀濤大江迥】:「愁凄凄有如痴掙。」

愁戚戚，謂憂愁之深。戚戚，憂懼貌；《論語・述而》：「小人常戚戚。」戚戚，或作慽慽、凄凄，音義並同，用作狀詞，形容憂愁的程度。或作愁慼慼，如明人施君美《幽閨記》二十五：「世慌慌，愁慼慼，淚汪汪」。今語或轉用爲「愁蹙蹙」，如云「老大娘愁蹙蹙地說」（見徐光耀《平原烈火》）。

酬志

酧志　志酬

《裴度還帶》四【慶東原】：「酧志了白玉帶、紫朝服、茶褐傘、黃金印。」

《東牆記》五【駐馬聽】：「十載心堅，酬志了金屋銀屏紫府仙。」

《西廂記》一本二折【二煞】：「縱然酬得今生志，著甚支吾此夜長？」

《合同文字》二【滾繡毬】：「終有日際會風雲，不枉了嚴親教訓能酬志。」

《鎖魔鏡》三【古竹馬】：「顯志酬這場征鬭，殺妖魔千死千休。」

酬志，謂如願以償，即達到了志願。又作酧志、倒作志酬，義並同。酧，酬之俗字，見明・張自烈《正字通》。

躊躕

躊躇　惆㦬

《魯齋郎》三【紅繡鞋】：「他兩個眉來眼去，不由我不暗暗躊躕。」

《五侯宴》一【尾聲】：「我指望待將傍的孩兒十四五，與人家作婢爲奴，自躊躕，堪恨這個無徒！」

《蝴蝶夢》二【南呂一枝花】：「把三個未發跡小秀士，生扭做吃勘問死囚徒。空教我意下惆㦬，把不定心驚懼，赤緊的賊兒膽底虛，教我把罪犯私下招承，不比那小去處宮司孔目。」

《伍員吹簫》二【南呂一枝花】：「仔細躊躇，俺父兄多身故，他又把咱家一命圖。」

《七里灘》二【紫花兒】：「子細惆㦬，覩了些成敗興亡閱了些今古，浪淘盡千古風流人物。昨日個虎踞在咸陽，今日早鹿走姑蘇。」

《賺蒯通》一【賺煞尾】：「倒是俺散袒逍遙一願足，再休題玉帶金魚，細躊躇，究竟何如？」

《盛世新聲》未集【越調斗鵪鶉・流水高山】：「自躊蹰，將幾般兒煩惱收拾聚。感時懷古，舊榮新辱，都裝入酒葫蘆。」

躊蹰，一作躊躇、惆㤓，意謂思量、考慮，與一般解作猶豫、自得貌（如躊躇滿志）意別。韓愈《符讀書城南》：「思義有相奪，作詩勸躊躇」，亦其例也。

醜

《竇娥冤》一【一半兒】：「則見他一半兒徘徊，一半兒醜。」

《謝天香》三【滚繡毬】：「那裏爲些些賭賽絕了交契，小小輸贏醜了面皮，道我不精細。」

例一，醜，猶云害羞。竇娥的婆婆討債不遂，領著張驢兒父子回家成親，故當竇娥問她時，她不好意思直說，就顯出吞吞吐吐害羞的樣子。

例二，醜，有破或傷之意；「醜了面皮」，即破了情面、傷了感情，亦即翻臉的意思。

醜生

畜生

《西廂記》五本四折【得勝令】：「那一箇賊畜生行嫉妬，走將來老夫人行廝間阻。」

《魔合羅》四【窮河西】：「哎！老醜生，無端忒下的。」

《連環計》三【煞尾】白：「夫人，你可怎生到呂布宅裏去，莫非這畜生敢來調戲你麼？」

《雲窗夢》三【鬭鵪鶉】：「恨則恨馮魁那箇醜生，買轉俺劣柳青。」

《神奴兒》二【罵玉郎】：「哎！你箇小醜生，世不曾有這般自由性。」

北語「畜生」一詞無正音，呼牛馬爲醜生，故醜生即畜生。對人而言，爲辱罵意。《後漢書・劉寬傳》：「客不堪之，罵曰：『畜產！』」畜產，即畜生也。《隋書・陳夫人傳》云：「夫人泫然曰：『太子無禮！』上恚曰：『畜生何足付大事耶？』」元・陶宗儀《輟耕錄》和尚家門有「禿醜生」條，均可證。

杻械（chǒu xiè）

《酷寒亭》四【喬牌兒】：「誰救你爹爹脫杻械？」

《陳州糶米》四【駐馬聽】：「今遭杻械，也是你五行福謝，做了半生災。」

杻械，指刑具，即手銬腳鐐之類。《舊唐書·刑法志》：「死罪校而加杻。」又云：「又繫囚之具，有枷、杻、鉗、鏁，皆有長短廣狹之制。」按「杻」，北音呼同「紂」，《元曲選》音釋：「杻音丑。」清·梁同書《直語補證》云：「驢後絡以橫木，俗名紂棍。《考工記》：「輈人緧其牛後。緧者轡絡之屬，一名馬紂。」紂爲古義，後寫作杻。杜甫《草堂》詩云：「眼前列杻械，背後吹笙竽。」《明史·楊言傳》：「諍臣如郭楠輩，反施杻械之刑。」均可證。

瞅問（chǒu wèn）

偢問　愀問　秋問　揪問　問偢

《謝天香》三【醉太平】白：「這四句詩中大意，道我娶他做小夫人，到我家中三年，也不瞅不問；豈知我的意思！」

《竇娥冤》一【油葫蘆】：「撇的俺婆婦每都把空房守，端的箇有誰問，有誰偢？」

《哭存孝》二【採茶歌】：「你怎生便將人不愀問？」

《西廂記》二本一折【賺煞】：「諸僧眾各逃生，眾家眷誰偢問？」

《老生兒》四【碧玉簫】：「怕不關親，怎將俺不瞅問？」

《度柳翠》一【那吒令】：「若不是月正明，柳也，你可有誰偢問？」

《元人小令集》趙顯宏《別思》四之四：「切切悲悲有誰秋問？」

《詞林摘艷》卷一陳大聲小令【駐雲飛·麗情】：「怕到黃昏，香盡熏爐，獨自誰揪問？」

瞅問，謂理睬、過問。《元曲選》音釋：「瞅，音揪。」或作偢問、愀問、秋問、揪問，或倒作問偢，義並同。按瞅同偢、愀形近而誤；秋、揪音近借用。或作采問，如《金瓶梅》第五回：「武大只是幾遍氣得發昏，又沒人來采問。」采，當是「睬」字的省寫。

出來的

《薦福碑》一【金盞兒】：「出來的越頑愚，忒乖疎，便有文宣王哲劍難拘束。」

《誶范叔》一【鵲踏枝】：「但有些箇好穿著，好靴腳，出來的苫眼鋪眉，一箇箇納胯那腰。」

《昊天塔》二【三煞】白：「他那裏有五百眾上堂僧，出來的一個個都會輪鎗弄棒。」

《來生債》二【中呂粉蝶兒】：「有一等寒儉的泛泛之徒，他出來的不誠心，無實行，一個個強文假醋。」

《誤入桃源》一【後庭花】：「出來的一品職，千鍾祿，那裏有《六韜書》、《三略法》，他都是井中蛙，妄稱尊大。」

《雍熙樂府》卷五散套【點絳唇・桃源景】：「有幾箇達時務知音子弟人？出來的實村。」

出來的，元、明時口語，意爲一般、多數。在上舉各例中，「出來」和「每（們）」（如例一）、「一個個」（如二至四例）、「都」（如例五）分別相照應，就是指多數的明證。例六的意思是：識趣知音的嫖客沒有幾個，而俗不可耐的則是多數，正所謂「出來的實村」也。

元刊《小張屠》一【鵲踏枝】：「帶頭面插金裝，穿綾羅好衣裳，出來的毀遍尊親，罵遍街坊。」

出身

出身：一指人之來歷、身分；二指仕進。

（一）

《氣英布》一、白：「俺漢王自亭長出身，起兵豐沛，只重武士，不貴文臣。」

《灰闌記》二【山坡羊】白：原來是個娼妓出身，便也不是個好的了。」

上舉「出身」，舊指人們的早期經歷或家庭職業，猶今云本人或家庭的階級成分。《水滸》第十三回：「原是本縣打鐵出身。」《三國演義》第五十二回：「原來二人都是桂陽嶺山鄉獵戶出身。」皆其例。

（二）

《魯齋郎》一、白：「想俺這爲吏的，多不存公道，熬的出身，非同容易也呵。」

《貶黃州》一、白：「自出身以來，深蒙時相王荊公擡舉，見任御史之職。」

《范張雞黍》一【鵲踏枝】：「本待要借路兒苟圖一箇出身，他每現如今都齊了行不用別人。」

以上「出身」各例，謂仕進。科舉時代，按照考試成績名次予以及第、出身或同出身等名稱。《新唐書・選舉志》：「唐制，取士之科，多因隋舊。……寶應二年，禮部侍郎楊綰上疏言：進士科起於隋大業中，……每問，經十條、對策三道，皆通爲上第，吏部官之；經義通八，策通二爲中第，與出身；下第，罷歸。」《宋史・選舉志》：「考第之制，凡五等：一、二等曰及第，三等曰出身，四等、五等曰同出身。」元・馬端臨《文獻通考・選舉考・舉士》：「又第其可進者，屬之吏部，部不及二百人，謂之出身。」此制自隋唐建科舉制度以來迄於清末，相沿不廢。此本爲入仕之階梯，故官吏仕進之途，亦統言出身。

出落

出落著　出落的　出落得

出落：一謂顯示；二謂賣弄；三謂只落得；四指青年男女體貌的發育越來越漂亮；五謂抖落，即揮霍；六謂勾引。

（一）

《青衫淚》一【混江龍】：「想著這半生花月，知他是幾處樓臺？經板似粉頭排日喚，落葉似官身吊名差。〔帶云：〕俺這老母呵！〔唱：〕更怎當他銀堆裏捨命，錢眼裏安身，掛席般出落著孩兒賣。」

《紫雲庭》一【天下樂】：「教我打迭起那暖和出落著冷，滿臉兒半指霜，通身兒一塊冰。

《張生煮海》一【六幺序】：「表訴那絃中語，出落著指下功，勝檀槽慢撥輕攏。」

《太平樂府》卷八鍾繼先散套【一枝花．自序醜齋】：「有時節軟烏紗抓箚起鑽天髻，乾皁靴出落著簌地衣。」

《陽春白雪》後集三劉時中散套【端正好．上高監司】：「爭奈何人心不古，出落著馬牛襟裾。」

《元人小令集》失名《失題》二十之十三：「襖兒碎，裙兒爛，一身上破綻，出落著俺娘慳。」

《樂府群珠》卷三周仲彬小令【折桂令．二色鞋兒】：「裙底鴛鴦，出落雌雄。」

《詞林摘艷》卷一張鳴蔭小令【水仙子．富樂】：「靠前來說與你杓頹，出落著金銀珠翠，拽塌了花紅酒禮。」

上舉「出落」各例，意爲顯示出。「著」、「的」、「得」爲語尾助詞，無義。

（二）

元刊本《魔合羅》一【金盞兒】：「不朗朗搖響蛇皮鼓，我出門觀覷，好出落，快鋪謀，有拴頭鑞釵子，壓鬢骨頭梳，有乞巧泥媳婦，消夜悶葫蘆。」

《樂府群玉》卷二喬夢符小令【清江引．笑靨兒】：「擡疊起臉上愁，出落腮邊俏。」

上舉之例，意爲賣弄；賣弄雖也是一種顯示，但較之（一）所列各例則富有主觀意識性。

（三）

《麗春堂》三【綿搭絮】：「秋草人情即漸疎，出落的滿地江湖，我可也釣賢不釣愚。」

《兩世姻緣》四【得勝令】：「那裏是寄心事丹青幀，則是個等身圖煙月牌，出落在長街，猶古自還不徹風流債。」

《太平樂府》卷八顧君澤散套【願成雙．憶別】：「科場不第，出落著個三不歸。」

上舉「出落」，猶言只落得。

（四）

《西廂記》四本二折【紫花兒序】：「別樣的都休，試把你裙帶兒拴，紐門兒扣，比著你舊時肥瘦，出落得精神，別樣的風流。」

上例「出落」，是指男女在青春發育期，精神越來越煥發，體貌越來越漂亮。或作出脫、出跳、出挑、出退。明・凌蒙初注《西廂》云：「猶今言出脫也，元曲有『出退得全別』，自是出落意。」《紅樓夢》第十六回：「寶玉細看那黛玉時，越發出落的超逸了。」亦其例。

（五）

《東堂老》二【煞尾】：「你有一日出落得家業精，把解典處本利停，房舍又無，米糧又罄。」

上例，謂抖落，即揮霍。

（六）

《翫江亭》二【隔尾】：「幾曾見子弟舍里新添了個八仙隊？不爭你在這裏，俺門前立地，著人道出落著你箇先生少可有二十嘴。」

上例，謂勾引。

雛兒

《曲江池》一【那吒令】白：「妹子也，他還是個子弟？是個雛兒？」

雛兒，原指幼禽，謂鳥之幼兒生長到能自啄食者曰雛。《爾雅・釋鳥》：「生噣，雛。」《說文》：「雛，雞子也。」段注：「引申之爲凡鳥子細小之稱。」舊時因多用來比喻年輕而沒有閱歷的人，無名氏《墨娥小錄》：「年少，雛」。《曲江池》例是指公子哥兒。《西遊記》第三十二回：「那魔是幾年之魔？那怪是幾年之怪？還是個把勢？還是個雛兒？」是指小妖怪。《紅樓夢》：「不知是那個庵裏的雛兒」，是指小尼姑。《儒林外史》：「那來賓樓有個雛兒叫做聘娘」，是指幼妓。現在此語還在用，如楊朔《三千里江山》：「眞是個雛兒！就是膽小，沒經過風浪。」

處分（chǔ fèn）

處分：一謂開導、教育、囑咐；二謂命令、指示；三謂處罰、責備、處置。

（一）

《竇娥冤》楔、白：「婆婆，端雲孩兒該打呵，看小生面則罵幾句；當罵呵，則處分幾句。」

《老生兒》楔、白：「婆婆，小梅這妮子，老夫恰纔不道來，有甚的惱著你，應罵時節，你也則自處分咱。」

《酷寒亭》一【賺煞尾】白：「大姐，孩兒癡頑，待打時你罵幾句，待罵時你處分咱。」

上例「處分」，謂開導、教育、囑咐。敦煌變文《維摩詰經菩薩品變文甲》：「牟尼這日發慈言，處分他家語再三。」又《降魔變文》：「當日處分家中，遂使開其庫藏。」劉禹錫《和令狐相公聞思帝鄉有感》詩：「當初造曲者為誰，說得思鄉戀闕時。滄海西頭舊丞相，停杯處分不須吹。」白居易《過敷水》詩：「垂鞭欲渡羅敷水，處分鳴騶且緩驅。」宋・楊萬里《晚興》詩：「處分新霜且留菊，辟差寒日早開梅。」

（二）

《後庭花》一【醉中天】：「我奉著廉訪夫人處分，留不到一更將盡，則登時將你來送了三魂。」

《三奪槊》三【沉醉東風】：「滅了六十四處煙塵，剗地信佞語讒言損害人，因此上別了西府秦王處分。」

《周公攝政》二【普天樂】：「百官每聽處分，一齊的忙呼噪。」

上例「處分」，謂命令、指示；與（一）意義略相近。《舊唐書・尉遲敬德傳》：「敬德奏請降手敕，令諸軍兵並受秦王處分，於是內外遂定。」敦煌變文《張維深變文》：「尚書乃處分諸將，盡令臥鼓倒戈，人馬銜枚。」《新編五代周史平話》卷上：「咱得郭爺爺處分，俟克京城日，聽諸軍旬日剽掠。」皆其例。

（三）

《西廂記》三本三折【清江引】：「〔紅云：〕張生，你來這裏有甚麼勾當？〔旦云：〕搶到夫人那裏去！〔紅云：〕到夫人那裏，怕壞了他行止。我與姐姐處分他一場。張生，你過來跪著！」

《老生兒》二【滾繡毬】白：「婆婆，你和引張先行，引孫這廝不學好，老夫還要處分他哩。」

《舉案齊眉》二【笑歌賞】:「莫不是老相公近新來有什麼別處分,你你你只管裏這等不鄧鄧含嗔忿。」

《梧桐葉》一【賺煞】:「低首無言聽處分。」

上例「處分」,謂處罰、責備、處置。《孔雀東南飛》:「處分適兄意,那得自任專?」《晉書・杜預傳》:「處分既定,乃啓請伐吳之期。」敦煌變文《父母恩重經變文》:「父母忽然處分,輒莫應對二親。」此詞沿用至今,如官吏違法失職,國家予以制裁,亦曰處分。

處(chù)

處,讀去聲,用作名詞,指時間或地點;用作語氣詞,相當於呵、呢。

(一)

《救風塵》一【遊四門】:「喫飯處,把匙頭挑了筋共皮;出門去,提領系,整衣袂,戴插頭面整梳篦。」

《漢宮秋》二【牧羊關】:「太平時、賣你宰相功勞,有事處、把俺佳人遞流。」

《西廂記》三本三折、白:「今夜晚妝處比每日較別,我看他到其間怎的瞞我?」

《敬德不伏老》四【甜水令】:「我閑居時老弱恁羸,廝殺處身輕體健。」

以上各「處」字,表示時間,作用略同於時間名詞;其中《漢宮秋》、《敬德不伏老》兩例,「處」與「時」爲互文,對意益顯。唐・元稹《鄂州寓館嚴澗宅》詩:「何時最是思君處,月入斜窗曉寺鐘。」「思君處」,思君時也。宋・柳永【雨霖鈴】詞:「都門帳飲無緒,方留戀處,蘭舟催發。」「留戀處」留戀時也。

(二)

《救風塵》一【幺篇】:「〔安秀實云:〕這等呵,我上朝求官應舉去罷。〔正旦云:〕你且休去,我有用你處哩。」

《西廂記》一本一折【天下樂】白:「小二哥,你來,我問你:這裏有甚麼閒散心處?宮觀、寺院、勝境、福地皆可。」

《生金閣》一【後庭花】：「我我我這面不搽，頭不梳，那那那有甚的中意處？」

《射柳捶丸》四【七弟兄】：「武將每一箇箇有機謀，施逞那武藝高強處。」

上舉「處」字，指地方、所在，是現在一般的用法。

（三）

《拜月亭》二【鬥蝦蟆】白：「父親不知，本人於您孩兒有恩處。」

《裴度還帶》楔、白：「你何不謁托公子處，但得些滋潤，可不夠你父賠贓也？」

《牆頭馬上》四【石榴花】：「你道我不識親疏，雖然是眼中沒的珍珠處，也須知略辨個賢愚。」

《遇上皇》二【菩薩梁州】：「不想二百長錢買了命處，勝似紙天書。」

以上各「處」字，均爲語氣詞，相當現代漢語的「呵」、「呢」之類。敦煌詞【鳳歸雲徧】：「倚牖無言垂血淚，闇作（祝）三光，萬般無奈處！一爐香盡又更添香。」蘇軾【蝶戀花】詞：「憑仗飛魂招楚些，我思君處君思我。」皆其例。

揣（chuāi）

揣與

揣：一謂藏；二謂懷孕；三謂強加或捏造。

（一）

《誶范叔》四【川撥棹】：「這東西，去年時你備的，我與你揣在懷裏，放在跟底，請先生服毒自喫，俺這裏別無甚好飯食。」

《西廂記》四本一折【後庭花】：「春羅元瑩白，早見紅香點嫩色。〔旦云：〕羞人答答的，看做甚麼！〔末：〕燈下偷睛覷，胸前著肉揣。暢奇哉，渾身通泰，不知春從何處來。」

《破窰記》四【梅花酒】：「麻鞋破腳難擡，布衫破手難揣。」

《救孝子》三【紅繡鞋】：「您揣明鏡懸秋月，照肝膽察實虛，與俺那平人每好生做主。」

《殺狗勸夫》二【三煞】：「你懷揣著鴉青料鈔尋相識。」

《陳州糶米》三【梁州第七】：「騎著馬，揣著牌。」

把東西藏在衣服裏叫「揣」。此用法宋已有之，如《警世通言·萬秀娘仇報山亭兒》：「約莫沒人見，把那見錢懷中便搋」，是也。搋即揣，音意同。此語現在仍沿用，如孫犁《白洋淀》：「把信揣在懷裏」。

（二）

《救風塵》四：「〔周舍云：〕倒著他道兒了。將馬來，我趕將他去。〔小二云：〕馬揣駒了。〔周舍云：〕鞁騾子。〔小二云：〕騾子漏蹄。」

揣，猶云懷孕，是藏的引申義。今豫北民歌有云：「小乖乖，娘揣揣，揣大了颺場扛布袋（指農村打場後收糧入庫的工作），娶個媳婦好自在，得個孫，叫奶奶。」是知這種用法，現在仍然保留著。

（三）

孔文卿《東窗事犯》四【煞尾·後庭花】

《黃粱夢》二【幺篇】：「誰教你貪心兒愛他不義財，今日個脱空須敗，惡支煞將這等罪名揣。」

《西廂記》五本四折【落梅花】：「硬揣箇衛尚書家女孩兒爲了眷屬，曾見他影兒的也教滅門絕户。」

《灰闌記》一【寄生草】：「他道我只姦夫背地常來往，他道我會支吾對面舌頭強，不爭將濫名兒揣在我跟前。」

《倩女離魂》四【側磚兒】：「不甫能盼得音書至，倒揣與我箇悶弓兒。」

《殺狗勸夫》楔【仙呂賞花時】：「平白地揣與個罪名當。」

揣，或作揣與，是強加、揑造之意。

揣巴（chuāi·ba）

《燕青博魚》一【大石調六國朝】：「我揣巴些殘湯剩水，打疊起浪酒閒茶。」

揣巴，元代俗語，今北京土話中仍習用，謂胡亂地、不加節制地往嘴裏塞（sāi），意思近乎咊。朱居易解作「盼望」（見《元劇俗語方言例釋》），誤。

搋（chuāi）

《青衫淚》一【醉扶歸】：「俺娘吃不的葷腥教酒肉搋，待覓厭飫的新黃菜，他手裏怎容得這幾個酸寒秀才。」

《廣韻》：「搋，以拳加物也。」字亦作扠（chă）。北人和麵叫搋，亦即以拳施於物的意思；應讀陰平聲。在比喻用力裝下去時，如「教酒肉搋」，則呼如上聲。

或用如「揣」，謂把東西藏起，如《警世通言・萬秀娘仇報山亭兒》：「約莫沒人見，把那見錢懷中便搋。」

揣（chuài）

揣，讀去聲：一謂揪、扯、拉；二謂掙扎；三謂虛弱；四謂逼迫。

（一）

《誶范叔》二【菩薩梁州】：「〔須賈云：〕他回去了，敢是怕我貽累他哩。左右，揣那匹夫過來！〔祗從云〕：范睢已打死了也。〔須賈云：〕哦！他死了，休道打殺一箇，打殺了十箇也無事。」

《賺蒯通》四：「〔蕭相云：〕令人與我將蒯徹揣近前來。〔祗候云：〕理會的。〔正末云：〕小官蒯徹，今日到來，眼見的無那活的人也呵！」

《樂府群珠》卷四曾瑞卿小令【迎仙客・風情】：「施計策，硬栽排，把明皇沒涮地揣過來。」

上舉各「揣」字，謂揪、扯、拉，意近「揌」字，可參「揌」字條。

（二）

《董西廂》卷二【大石調・紅羅襖】：「苦苦的與他當，強強地與他熬，似狡兔逢鷹鼠見貓。待伊揣幾合，贏些方便，便宜廝虢。」

揣，爲「掙揣」之省詞，意爲掙扎。

（三）

《西廂記》四本三折【五煞】：「到京師服水土，趁程途節飲食，順時自保揣身體。」

揣，爲「囊揣」之省詞，指身體虛弱，不健康。金聖歎本《西廂記》，以「揣」字難解，改「揣身體」爲「千金體」，誤。

（四）

《後庭花》一【油葫蘆】：「我只道噇酒吃肉央的人困，元來是殺人害命揣的咱緊。」

揣，逼迫之意。

踹（chuài）

踹：一謂用足踏；二謂用手推、搡、扯、拉、拽。

（一）

《楚昭公》一、白：「伍相國智勇無雙，馬到處誰敢相當？將郢城踹爲平地，取湛盧重返吳邦。」

《忍字記》一【鵲踏枝】：「你穩情取滾出山門，踹上青霄。」

《燕青博魚》二【醉扶歸】白：「把這兩箇筐子，要做什麼？左右，與我踹碎了。」

又同劇三【叫聲】白：「穿的那衣服，拖天掃地的，一腳踹著，不險些兒絆倒了。」

《老生兒》三【紫花兒序】：「你也再休踹我劉門，我今也靠不著你個張郎。」

《瀟湘雨》四【醉太平】：「我翠鸞呵，生刺刺硬踹入武陵源。」

《神奴兒》二、白：「著石板蓋上，再墊上些土兒，踹一踹，便有誰知道？」

踹，意同踏。《元曲選》音釋：「踹、抽拐切。」現在北方話還有此用法，如說：「用力踹他幾腳。」

（二）

《李逵負荊》四【沉醉東風】白：「小僂儸，將李山兒踹下聚義堂，斬首報來！」

踹，謂推、搡、扯、拉、拽，意同叉、採、揣（chuài），可參看各條。現代漢語「踹」字多用爲踢或破壞之意，如云：「咱們踹開門進去瞧瞧」，「踹開門」，即踢開門；又如說：「一宗買賣被人給踹了」，「被人踹」，即被人破壞。

穿著

串幛　串仗　穿張

《誶范叔》一【鵲踏枝】：「但有些箇好穿著，好靴腳，出來的苫眼鋪眉，一箇箇納胯那腰。」

脈望館鈔校本《曲江池》一【後庭花煞】：「我見他俊龐兒堪品題，串幛的更整齊。」

《玉壺春》二、白：「做子弟的有十個母兒：一家門，二生像，三吐談，四串仗，五溫和，六省傍，七博覽，八歌唱，九枕席，十伴當」。

《太平樂府》卷九睢景臣散套【般涉調哨遍・高祖還鄉】：「一般穿著，一樣粧梳。」

戲文《宦門子弟錯立身》十二：「你課牙比不得杜善甫，串仗卻似鄭元和。」

《東平府》三【越調斗鵪鶉】：「我如今變了姓名，改了穿張。」

穿著，指衣著、穿戴。或作串幛、串仗、穿張，都是「穿著」的音轉。明鈔本元劇中於戲文之後，附載演員服裝等物名稱，名曰「穿關」，可參證。字亦作「串杖」，如《清平山堂話本・刎頸鴛鴦會》：「九要串杖新鮮。」（《通言》作「穿著」）

穿換

《揚州夢》一【鵲踏枝】白：「我與大姐穿換一盃，大姐，換了這杯酒飲過者。」

穿換，謂相互掉換。此語今日仍沿用，如周立波《暴風驟雨》：「如今他分個執毛子馬不高興，我那青騍馬跟她串換，她又不中意。」串換猶穿換。

傳示

《董西廂》卷四【雙調・御街行】：「也不打草不勾思，先序幾句俺傳示。」

又同書卷八【中呂調・賺】：「誰知後來更何曾夢見箇人傳示。」

《五侯宴》三【啄木兒尾聲】：「你是必傳示與那李嗣源。」

《倩女離魂》四【竹枝歌】:「著妹妹目下恨難支，把哥哥閒傳示。」

《揚州夢》四【水仙子】白:「某奉聖人的命，因牧之貪花戀酒，本當謫罰，姑念他才識過人，不拘細行，赦其罪責。如今小官親來傳示與他。」

《鴛鴦被》一【柳葉兒】:「你著我和誰傳示？只落得清減了臉上胭脂。」

《詞林摘艷》卷一無名氏小令【美櫻桃・閨情】:「魚沉鴈杳絕傳示，朝朝望，暮暮思，何時得見那人兒。」

又同書同卷無名氏小令【竹枝歌帶側磚兒】:「姊妹一時間不尋思，說幾句閑傳示，到罵我做小妮子，搕搕都擺做了紙條兒。」

傳示，謂傳留以示人也，包括告語、傳達、遺書等，作複動詞或名詞用。隋・顏之推《顏氏家訓・風操》:「聊記錄以傳示子孫。」唐・韓愈《詠雪贈張籍》詩:「莫煩相屬和，傳示及提孩。」明雜劇《花前一笑》四【元和令】:「十分情參不透九分詞，索與我細細的傳示。」清・孔尚任《桃花扇・閒話》:「我小舖中要編成唱本，傳示四方，叫萬人景仰。」等等，皆其例。

傳奉

《陳摶高臥》四【雙調新水令】:「〔色旦上侍直云:〕妾等官裏送來，與先生作傳奉，願侍枕席之懽。」

《漁樵閑話》四【水仙子】白:「昨日聽得一件事，一個傳奉官人的娘子，有身孕三年不生。」

傳奉，意義略同供奉，原指以技藝伺候皇帝的人；後來用法較泛。《明史・梁芳傳》:「取中旨授官，累數千人，名傳奉官。」又《李孜省傳》:「憲宗踐位，甫踰月，即命中官傳旨，用工人爲文思院副使，自後相繼不絕。一傳旨姓名至百十人，時謂之傳奉官。」明・黃瑜《雙槐歲鈔》卷九「六臣忠讜」條:「以錄呈異書爲名，夤緣傳旨與官。已官者輒加超擢，不擇儒吏兵民工賈囚奴，至有脫白除太常卿者，名曰傳奉官，多至數千人。」又「簡除保舉」條:「早朝後，君臣不復相見，故中宮傳奉，人以爲恥。」到明代已作正式官稱。

傳槽病

《金線池》三【二煞】:「看破你傳槽病，搵著手分開雲雨，騰的似線斷風箏。」

《曲江池》三【堯民歌】:「他便天生、天生愛鈔精，爭甚虔婆每一個個傳槽病。」

《鴛鴦被》三【調笑令】:「如今這秀才家，一個個了害傳槽病，從今後女孩兒每休惹他這酸丁。」

牲畜同槽而食，疫病相傳，謂之傳槽病。這裏用來咒罵用情不專的嫖客和錢迷心竅的虔婆，就像牲口一樣患著傳槽病。有人則把傳槽解釋爲：牲口不安分吃自己槽裏的食，卻要從這個槽吃到那一個槽，恐未當。

床相

《紫雲庭》四【梅花酒】:「張（帳）房中舊名望，到今日怎遮藏，打扮的死床相。」

床相，謂裝相，裝模作樣也。床是「裝」字的訛誤。

噇（chuáng）

咻　哐

《青衫淚》三【沽美酒】:「把似噇不的少喫，則被你殃煞我喫敲賊。」

《李逵負荊》二【滾繡毬】白:「你看這廝，到山下去噇了多少酒，醉的來似喘不殺的老鼠一般，知他支支的說甚麼哩。」

《殺狗勸夫》二【六煞】:「我便噇了你這一鐘酒，當下霑些醉。」

《衣襖車》二【牧羊關】白:「我閉了這板闥，噇飯去也。」

《賺蒯通》一、白:「咻的又醉又飽，整整儻（躺）了半個月。」

《謝金吾》三、白:「這早晚，衙內還在那裏咻酒，如今也該睡了。」

《詞林摘艷》卷八宮大用散套【一枝花・天不生仲尼】:「汨羅江楚三閭，軃嘍嘍咻的醉也。」

《陽春白雪》後集三劉時中散套【端正好・上高監司】:「鵝腸苦菜連根煮，荻筍蘆蒿帶葉哐，則留下杞柳株樟。」

不加節制的大吃大喝，叫做噇。宋・丁度等《集韻・四江》:「噇，本作饞，食無廉也。」「食無廉」，即貪吃無節制之意。或作哝、咗，音義並同。此語唐已見之，如寒山詩云:「背後噇魚肉，人前念佛陀」。五代・孫光憲《北夢瑣言》卷十李昌符《詠婢僕》詩:「不論秋菊與春花，個個能噇空肚腸。」宋・李昉等《太平廣記》:「殷安嘗謔其子爲宰相曰：汝肥頭大面，不識古今，噇食無意智，不作宰相而何？」《西遊記》第四十七回:「呆子（八戒）不論米飯面飯，果品閑食，只情一撈，亂噇口裏。」皆其例。現在北人口語中也還有這類話。

搶（chuǎng）

《莊周夢》一【寄生草】:「我著你半霎搶入迷魂洞。」

《西遊記》五本第十七齣【油葫蘆】:「他是一個少年郎，誰著他不明白搶傪入我花羅網。」

《樂府群珠》卷四張雲莊小令【普天樂・隱居謾興】:「捕得金鱗船頭賣，怎肯直搶入千丈塵埃。」

搶，或作闖，猝然進入之意。《集韻》、《韻會》、《正韻》均謂「搶」，楚兩切，並倉上聲，突也。《水滸》第一回:「太尉定睛看時，山邊竹籐裏，簌簌地響，搶出一條吊桶大小，雪花也似蛇來。」《警世通言・崔衙內白鷂招妖》:「正說之間，林子裏搶出十餘個人來。」意並同。

吹噓

《曲江池》四、白:「夫人，小官已爲朽木死灰，若非你拯救吹噓，安能到此？」

《趙禮讓肥》四【太平令】:「我只道保奏的是當朝鄧禹，卻原來是馬武一力吹噓。」

《梧桐葉》二【倘秀才】:「敢勞你吹噓力，相尋他飄蕩的那兒夫，是必與離人做主。」

吹噓，吹拂，謂以言語贊揚，從旁相助。揚雄《方言》第十二:「吹，扇，助也。」郭璞注:「吹噓，扇拂，相佐助也。」即稱揚、贊揚之意。杜甫《贈獻納使起居田舍人澄》詩:「揚雄更有《河東賦》，唯待吹噓送上天。」今多指不切實際的稱讚或自吹自誇；是貶詞，與古義略有區別。

垂手

《彩筆情辭》五關漢卿散套【南呂一枝花・不伏老】:「我也會唱《鷓鴣》，舞《垂手》，會打圍，會蹴踘，會圍棋，會雙六。」

垂手，是一種舞蹈名。唐・段安節《樂府雜錄・舞工》:「舞者，樂之容也，有大垂手、小垂手，或如驚鴻，或如飛燕。」明・胡震亨《唐音癸籤》卷十四「舞曲」條提到《垂手羅》時下注云:「古舞曲有大垂手、小垂手，此其遺也。」

捶丸（chuí wán）

《百花亭》二【上小樓】:「折莫是捶丸氣毬，圍棊雙陸，頂鍼續麻，折白道字，買快探鬮，錦箏搊，白苧謳，清濁節奏，知音達律，磕牙聲嗽。」

《慶賞端陽》一【醉扶歸】白:「你敢和我捶丸射柳，比試武藝麼？」

捶，擊；丸，球；捶丸，即以棒擊球的游戲，盛行於宋、金、元時代。元人宁志老有《丸經》二卷，謂爲戰國遺制，宋徽宗、金章宗皆愛此戲。球場有基有窩。基謂置球起擊之處，窩謂球所落處。球的打法，據《金史・禮志八》云:「擊球，各乘所常習馬，持鞠杖，長丈餘，其端如偃月。分其眾爲兩隊，共爭擊一球。先於球場南立雙垣，置板，下開一孔爲門，而加網爲囊，能奪得鞠擊入網囊者爲勝。球狀如小拳，以輕韌木枵（xiāo）其中而朱之。」

春山

《西廂記》四本二折【紫花兒序】:「俺小姐這些時春山低翠，秋水凝眸。」

《雲窗夢》一【寄生草】:「俏的教蛾眉畫出春山淺。」

《詞林摘艷》卷六史直夫散套【端正好・題情】:「櫻桃一點唇，春山八字眉。」

《廣正譜》元好問殘曲【雙調新水令】:「春山兩葉愁眉縱。」

春山，指眼眉。春山黛青，舊時詩人多用來形容婦女的眉色。陸游妾作【生查子】詞:「不合畫春山，依舊留愁住。」張山【菩薩蠻】詞:「彈到斷腸時，春山眉黛低。」《清平山堂話本》皆其例。

宋·陳元靚《綺談市語·身體門》:「眉:春山、春鋒。」是知眼眉又有春鋒之稱。

春盛擔子

春盛擔兒　春盛盒擔

《老生兒》三、白:「我將著這春盛擔子,紅乾臘肉,同著社長上墳去來。」

《生金閣》一、白:「下次小的每,安排些紅乾臘肉,春盛擔子,鵓兒小鷂,粘竿彈弓,花腿閒漢,多鞁幾匹從馬,郊外打獵走一遭去。」

《玉壺春》一【寄生草】白:「梅香,你看那萬紫千紅,遊人甚廣,俺來到這花深去處,將那春盛擔兒,放在一壁,俺慢慢的賞翫咱。」

《蕭淑蘭》一、白:「手下人,收拾春盛盒擔,往山頭走一遭去!」

春盛擔子,即到野外踏青遊春或野祭時所攜帶的盛著肴饌果品的擔子。明·徐咸《西園雜記》上:「肴饌之具曰春盤,果菜之品曰春盛,又曰春槅,曰春擎。」明·楊愼《藝林伐山》卷十五「鬭飣」條:「《食經》:五色小餅,作花卉禽獸珍寶形,按抑成之。盒中累積,名曰鬭飣。今人猶云飣果盒、飣春盛是也。俗書作餖飣,非也。」「春盛」,即春盛擔子,或作春盛擔兒,春盛擔盒。或又作「春盛食罍」,如《清平山堂話本·風月瑞仙亭》:「打點春盛食罍燈籠,我今夜與你賞月散悶」,是也。子、兒用爲名詞語尾,無義。

春風門下客

《㑳梅香》四【鴈兒落】:「呀!惱了這春風門下客。」

《兩世姻緣》四【沽美酒】:「搖椿廝挺春風門下客,更怕甚宋弘事不諧?」

春風門下客,指女壻。

啜賺

啜哄

《西廂記》五本一折【浪里來煞】:「臨行時啜賺人的巧舌頭,指歸期約定九月九,不覺的過了小春時候。」

《青衫淚》二，白：「妾身裴興奴，自從白侍郎別後，盡著老虔婆百般啜哄，我再不肯接客求食。」

《酷寒亭》四【鴛鴦煞】：「〔詞云：〕……非是我甘心為盜，故意來啜賺哥哥。」

《魔合羅》四【道和】：「忒𧿶蹊，教俺教俺難根緝，教俺教俺𨈲干槃，使心機，啜賺出是和非。」

《㑳梅香》一【天下樂】：「不是我主意兒別，啜賺的早晚行。」

《殺狗勸夫》四【石榴花】：「只待要興心啜賺俺潑家私。」

啜賺（chuò zhuàn），一作啜哄，謂哄弄、哄騙、誘誑。又作知賺、智賺、脫賺，參見「知賺」條。

《元曲選》音釋：「啜，昌說切，賺音湛。」

綽見

《後庭花》三【雙調新水令】：「莫說百姓人家，便是官宦賢達，綽見了包龍圖影兒也怕。」

《三戰呂布》二【尾聲】：「到來日不剌剌馬打過交頭，我著他綽見這箇張飛，撲碌碌著那廝望風兒走。」

《灰闌記》三【刮地風】：「綽見了容顏敢是他？莫不我淚眼昏花？再凝睛仔細觀瞻罷，卻原來正是無差。」

《翫江亭》三【尾聲】：「我教你綽見我這龐兒望風兒似走。」

《打韓通》楔【賞花時】：「若見了那無徒的逆賊，我著他綽見我走如飛。」

綽見，謂望見。

綽皮

麬皮　麬脾

脈望館鈔校本《救風塵》一【鵲踏枝】：「俺說是賣虛脾，他可得逞狂為。一個個敗壞人倫，不辨賢愚，出來一個個綽皮。」

《元人小令集》失名【失題】：「哎！麬皮！待揪撏你呵，又怕損了我指甲。」

《詞林摘艷》卷一蘭楚芳小令【折桂令・相思】:「嫩者屬村，村方學俊，俊也成賊。殢亞仙元和㪍脾，趕蘇卿雙漸杓頽。那箇爲魁？恨殺王魁，笑殺馮魁。」

綽（chuò）皮，謂不正經、無賴。或作㪍皮、㪍脾，音近義同。今四川把青年流氓稱做綽哥、綽妹，與元曲用法相近。

綽楔（xiè）

綽削

《劉知遠諸宮調》一【仙呂調・尾】:「門安綽削免差徭。」

《黃粱夢》三【玉翼蟬煞】:「門無綽楔，洞無鎖鑰。」

《鐵拐李》二【二煞】:「那時節保香名，到省内。除雜役，在官中。立綽楔，在門前。」

《范張雞黍》三【金菊香】:「〔（正末）祝云：〕將公之德，薦舉君前，門安綽楔，墓頂加官。」

《盛世新聲》【大石六國朝・風吹羊角】:「門無綽削，洞無鎖鑰。」

古時樹立在官員家門前以表示身份或旌表的牌子，謂之「綽楔」；或倒作「楔綽」，清・彭孫貽《彭氏舊聞錄》云:「兵火後廟獨巍然，楔綽尚存」，是也。《元曲選》音釋:「楔音屑。」又作削（xuē），音近義同。關於樹立「綽楔」的規模、作用和條件，《新五代史・李自倫傳》記之頗詳，云:「其量地之宜，高其外門，門安綽楔。左右建臺高一丈二尺，廣狹方正稱焉。圬以白而赤其四角。使不孝不義者見之，可以悛心而易行焉。」《明史・烈女傳》:「次亦樹坊表、烏頭綽楔，照耀井閭。」明・田藝蘅《留青日扎摘抄》卷二:「五品以上許作烏頭大門，即綽楔門也。」

吳鼎芳《唐嘉會妻》詩:「煌煌樹綽楔，巍巍建靈祠」，亦其一例。

綽鏇

《黑旋風》一【二煞】:「上馬處就與他執鞭墜鐙，吃酒處就與他綽鏇提觥。」

鏇（xuàn），溫酒器，俗稱酒川子，篩酒之用，通常以錫爲之。「綽」與「提」互文，當是拿、提之意。《貨郎旦》四【三轉】:「諸般綽開，花紅布擺。」

《牆頭馬上》二【隔尾】：「我推粘翠靨遮宮額，怕綽起羅裙露繡鞋。」兩例也是拿、提的意思，並可證。徐嘉瑞釋爲提壺，近是。

詞因

《救孝子》二【二煞】：「不爭將這屍傷彩畫成圖本，則合把屍狀詞因依例申。」

《勘頭巾》二、白：「告甚麼，說你那詞因來。」

《魔合羅》二【尾】白：「你是原告，說你那詞因來。」

又同劇三：「〔府尹云：〕兀那女囚……你有不盡的言詞，從實說來，我與你做主咱。〔旦云：〕小婦人無有詞因。〔府尹云：〕既他囚人口裏無有詞因，則管問他怎麼？將筆來，我判個斬字，押出市曹，殺壞了者！」

《神奴兒》四【雙調新水調】白：「兀那廝，說你那詞因。」

詞因，謂訟詞、訴狀、案情因由。《還牢末》楔子：「你怎生打死人來？說你那根因。」此「根因」即「詞因」之意。

跐（cǐ）

《雙赴夢》一【天下樂】：「緊跐定葵花鐙。」

《玉鏡臺》二【牧羊關】：「幾時得使性氣由他跐，惡心煩自在蹬。」

《柳耆卿詩酒翫江樓》【後庭花】：「腳跐著船磬口，晃一晃一命休。」

《詞林摘艷》卷六白仁甫散套【端正好・秋香亭上正歡濃】：「緊跐定玻璃鴛甃，天生下駝腰柳不攬龍舟，恰便似玉女觀泉弄溫柔。」

《莊子・秋水篇》：「彼方跐黃泉而登大皇。」釋文：「蹋（tà）也，蹈也，履也，音此。」《文選・左思〈蜀都賦〉》：「將抗足以跐之。」李善注：「躡（niè）也。」向注：「將舉足而踏之。」總之，跐有踏、蹈、躡、履、蹋等意，實則一也。俗讀如采。又讀跴（cài），或書爲踹（chuài），意並同。

上述詞義，明清仍習用，如：《水滸》第二十二回：「宋江仰著臉，只顧踏將去，正跐在火鍁柄上」；《紅樓夢》第三十六回：「跐著那角門的門檻子」，是也。

從良

放良

從良，即贖身獲得自由，不再爲奴之謂；有一般奴僕（包括男女）從良和妓女從良之分。

（一）

《五侯宴》一【尾聲】:「哎，兒也：你尋些箇口啣錢，贖買您娘那一紙從良書。」

《西廂記》一本二折【幺篇】:「我將小姐央，夫人怏，他不令許放，我親自寫與從良。」

《酷寒亭》三、白:「謝俺那侍長見我生受多年，與了我一紙從良文書。」

又同劇同折【南呂一枝花】:「我是個從良自在人。」

《羅李郎》二【梧桐樹】白:「侯興伏侍多年了，與他一張從良的文書。」

《來生債》二【幺篇】白:「喒家中奴僕使數的，每人與他一紙兒從良文書。」

明・閔遇五謂:「古法放出奴婢等齊民爲從良。」王季思注《西廂》謂此語「失之」，恐非，仍以閔說爲當。《太平御覽》卷三十三:「袁山松《後漢書》:『韓卓，字子助，陳留人，臘日奴竊食祭其母。卓義其心，即日免之。』注：免，從良也。」於此可見一般奴僕從良的事實不但存在，而且由來已久。又作「放良」，意同。《元史・兵志四》:「而打捕鷹房人戶，多取析居、放良及漏籍孛蘭奚、還俗僧道，與凡曠役無賴者及招收亡宋舊役等戶爲之。」元・陶宗儀《輟耕錄》卷十七亦云:「亦有自願納財以求脫免奴籍，則主署執憑付之，名曰放良。」

（二）

《玉壺春》四【落梅風】白:「多謝相公，妾情願從良改正。」

《曲江池》一【賺煞】:「雖然那愛鈔的虔婆，他可也難恕免；爭奈我心堅石穿，準備著從良棄賤。」

古時妓女，隸屬於樂籍，脫離樂籍嫁人，謂之從良。妓女從良，較一般奴僕從良爲時稍晚。

促掐

促恰

《生金閣》三【牧羊關】白：「我打你箇促掐的弟子孩兒！」

《降桑椹》二【醋葫蘆】白：「這小蔡兒最促掐。」

《竹葉舟》四【滾繡毬】白：「師父，你既肯度脫弟子成仙了道，怎生又要把我掉在大江之中，險喪性命，你好促掐也！」

《桃花女》三【普天樂】白：「桃花女，你好促恰也！」

促掐，意謂刻薄、陰狠、作弄、戲耍。現代方言中還有這個詞，意義近於北方話的缺德。又作促狹，如《紅樓夢》第二十一回：「死促狹小娼婦兒，一定浪上人的火來，他又跑了。」又第八十一回：「這是誰這麼促狹？唬了我們一跳。」按掐、恰、狹，音近義並同。

簇合

簇合沙

《梧桐雨》三【撥不斷】：「語喧嘩，鬧交雜，六軍不進屯戈甲，把箇馬嵬坡簇合沙，又待做甚麼？」

《爭報恩》三【紫花兒序】：「兩下裏一齊都簇合，可又早巳時交過。」

簇合，謂聚攏、包圍；沙，用作語尾，無義。

簇新（cù xīn）

《劉弘嫁婢》一【油葫蘆】：「人家一領簇新的衣，你去那典場上，你便從頭的覷。呀！這廝便寫做甚麼原展污了的舊衣服。」

同劇一【油葫蘆】白：「是人家那簇新做出來的衣服，帶兒也不曾綴，袵兒也不曾疊的倒哩。」

俗謂極新曰簇新。劉宋・劉義慶《世說新語・賞譽》：「謝震西道：敬仁文學鏃鏃，無能不新。」震西，謂謝尚；敬仁，王脩字。按：鏃鏃，有挺出之意，鏃、簇字通，世因謂極新曰簇新。或曰：「簇新，本謂簇聚新的東西。」並引五代蜀主孟昶夫人花蕊夫人《宮詞》：「廚船進食簇時新」句爲例證，而斷言「後轉用爲全新、極新的意思」（見修訂稿《辭海》語詞分冊），恐未確，因《世說》早於花蕊夫人的《宮詞》數百年也。

《桃花扇・罵筵》:「簇新新帽，烏襯袍紅。」《官場現形記》第十九回：「見他二人穿的都是簇新袍褂。」據此，知清代仍沿用此語。一作斬新，今語轉爲嶄新。

蹴踘（cù jú）

《曲江池》一【混江龍】:「你看那王孫蹴踘，仕女鞦韆，畫屧踏殘紅杏雨，絳裙拂散綠楊煙。」

《金錢記》一【那吒令】:「寬綽綽翠亭邊蹴踘場，笑呷呷粉牆外鞦韆架。」

《百花亭》一、白:「只見香車寶馬，仕女王孫，蹴踘鞦韆，管絃鼓樂，好不富貴也呵！」

蹴踘，用腳踢毬；原爲古代習武的游戲，後來多做爲一種娛樂性的游戲。《漢書・藝文志》「蹴踘」二十五篇，師古曰:「鞠，以韋爲之，實以物，蹴蹋之以爲戲也。蹴鞠，陳力之事，故附於兵法焉。蹴，音子六反。鞠，音巨六反。」唐代以後，俗聲訛謂鞠爲毬字，遂一變而爲蹴毬。據明・胡震亨《唐音癸籤》卷十四「散樂」條:「唐變古蹴踘戲爲蹴毬，其法植兩修竹，高數丈，絡網於上爲門，以度毬，毬工分左右朋，以角勝負。」猶今之足球然。蹴踘，又作蹴鞠、蹋踘、躢鞠、蹴球，義並同。

攛

攛：一謂擲；二謂跑、奔；三謂昇起、冒起；四謂煮、燒；五謂編造、創作。

（一）

《任風子》二【滾繡毬】:「把那廝輕輕擡舉，滴溜撲攛下街衢。」

《燕青博魚》一【尾聲】:「我一隻手揪住那廝黃頭髮，一隻手把腰脚牢掐，我可敢滴溜撲活攛那廝在馬直下。」

《合汗衫》三、白:「我陳虎只因看上了李玉娥，將他丈夫攛在黃河裏淬死了。」

《翫江亭》一【混江龍】白:「小人攛下腳踏板，請娘子上岸。」

《馮玉蘭》四、白：「船攏了岸也，將跳板攛下，請爺登岸。」

上舉各「攛」字，《集韻》、《韻會》、《正韻》：竝取亂切，音爨，擲也。北方話叫做扔。引申爲「推」。《京本通俗小說・馮玉梅團圓》：「將老王屍首攛入澗中。」《水滸》第三十七回：「撲通地攛下江裏。」皆其例。

（二）

《蕭淑蘭》四【喜遷鶯】：來往官媒，一剗地錦繡攢，人亂攛，親屬交錯，羅綺彌漫。」

上舉「攛」字，謂跑、奔；與「竄」字意相近。《宣和遺事》貞集：「是時曹勉自河北攛歸。」二拍《青樓市探人踪，紅花場假鬼鬧》：「後邊張興攛出來道」，皆其例。

（三）

《西遊記》五本二十齣【出隊子】：「猶勝似上元驛夜半火威寬，博望坡秋深火焰攛，赤壁山冬初火力完。」

又同劇同本同齣：【神仗兒】「奏天庭仍把諸佛喚，著火再休攛。」

攛，謂火焰昇起、冒出。

（四）

《陽春白雪》前集三馬東籬小令【壽陽曲】：「一鍋滾水冷定也，再攛紅幾時得熱？」

攛，謂煮、燒。疑爲「爨」字的通假。

（五）

《太平樂府》卷九睢玄明散套【耍孩兒・詠鼓】：「曾聽的子弟每街頭上有幾篇新曲相攛。」

攛，謂編造、創作。

攛卷

《陳母教子》一【混江龍】白：「自到帝都闕下，攛過文華手卷，日不移影，應對百篇，得了頭名狀元。」

《瀟湘雨》二、白：「目下有一舉子，姓崔名通字甸士，攛過卷子，擬他第一，只是我還未曾覆試。」

《金錢記》一、白：「今因小弟韓飛卿攛過卷子，未曾除授。此人則是貪戀酒色，無如奈何。」

《倩女離魂》三、白：「小官王文舉，自到都下，攛過卷子，小官日不移影，應對萬言，聖人大喜，賜小官狀元及第。」

攛卷，謂交卷。此處之「攛」，與上文「攛」字條（一）義相近，曰擲、曰交，均以手釋物之意，可參看。

攛掇（cuān・duo）

攛斷　攛調　攛頓

攛掇，或作攛斷、攛調、攛頓，意爲：一謂慫恿、促成、勸誘；二謂催逼；三謂樂器演奏的術語；四謂張羅；五謂搬弄、抛擲。

（一）

《竇娥冤》四【雙調新水令】：「則被這霧鎖雲埋，攛掇的鬼魂快。」

《秋胡戲妻》三【上小樓】：「你待要諧比翼，你也曾聽杜宇，他那裏口口聲聲，攛掇先生不如歸去。」

《西廂記》三本二折【四邊靜】：「攛斷得上竿，掇了梯兒看。」

《灰闌記》一【天下樂】：「〔搽旦攛調科，云：〕員外打的好，似這等辱門敗户的賤人，要他何用？則該打死他罷！」

《太平樂府》卷六朱庭玉散套《祆神急・閨思》：「把似喚將春去，爭如攛頓取那人來。」

同書卷一張小山小令【蟾宮曲・幽居次韻】：「攛頓著小丫鬟，舞元宵迓鼓。」

攛掇，謂慫恿、促成、勸誘。宋・史彌寧《啼鵑》詩：「春歸怪見難留駐，攛掇元來卻是他。」朱熹《答陳同甫書》：「告老兄且莫相攛掇。」其「攛掇」云云，皆此意。此語現在仍使用，見魯迅《社戲》。掇，或作斷、調、頓。魯東人呼攛爲撮。

（二）

《董西廂》卷二【正宮・甘草子纏令】：「遂喚幾箇小僂儸，傳令教攛掇。」

《氣英布》一【賺煞】：「你休將咱廝摧逼，相攛掇。」

《黃桂娘秋夜竹窗雨》【天下樂】：「暢好是花謝的疾，春去的緊，攛斷了人生有限身。」

《陽春白雪》前集二劉時中小令【湘妃怨】：「曉來風雨催春事，把鶯花攛斷死。」

同書前集三張小山小令【清江引】：「杜鵑幾聲煙樹暖，風雨相攛斷。」

以上爲催逼意，近乎慫恿，但程度上不完全相同。慫恿尚容人考慮，催逼已成必然之勢。攛掇、攛斷，音近意同。《太和正音譜》丹丘先生小令【天上謠】：「日月走東西，烏兔搬昏晝，把光陰攛斷的疾。」句意亦同。

（三）

《梧桐雨》二【紅繡鞋】：「〔高力士云：〕陛下，酒進三爵，請娘娘登盤演一回霓裳之舞。〔正末云：〕依卿奏者。〔正旦做舞〕〔眾樂攛掇科〕」

《藍采和》三【滾繡毬】：「從今後我獨自個，休想我做過活，再不去喬粧扮打拍攛掇，再不去戲臺上信口開合。」

《紫雲庭》一【混江龍】：「你覷波，比及攛斷那唱叫，先索打拍那精神。」

《太平樂府》卷九高安道散套【哨遍·淡行院】：「攛斷的昏撒多，主張的自吸嗇。」

《樂府新聲》下無名氏小令【一錠銀】：「傀儡棚當時火伴，鼓兒笛兒休攛斷。」

《雍熙樂府》卷五散套【點絳唇·悟眞如】：「花下迎逢，柳邊陪奉。笙歌送，鼓板聲中，攛斷醒南柯夢。」

攛掇，或作攛斷，這裏是用作古典戲曲樂器演奏上的專門術語。如南戲《張協狀元》：「力齊鼓兒饒個攛掇，末泥色饒個踏場」，後接「眾動樂器」，就是「攛掇」的運用。北曲雜劇《梧桐雨》、《藍采和》和諸宮調《紫雲庭》也同樣借音樂演奏來盡力烘托演唱的效果。而高安道【哨遍】套中的【七煞】和【六煞】，都不是上述演唱形式的攛斷，似爲「喝破子」或「打訛」後所採用的，其目的則是爲增強舞蹈的氣氛。於此可見，「攛掇」的運用，範圍很廣。

（四）

《桃花女》二、白：「兄弟，你也知我在周公家傭工三十多年了，豈無些主人情分？便是我曉得他要求親的意思，也該替他攛掇。」

上舉之例，意爲張羅，近於北方話的拾掇。《桃花扇》六【一枝花】小旦白：「妾身不得奉陪，替官人打扮新婦，攛掇喜酒罷。」「攛掇喜酒」，即張羅喜酒之意也。

（五）

《張生煮海》一【寄生草】：「咿呀呀，偏似那織金梭攛斷錦機聲；滴溜溜舒春織亂撒珍珠迸。」

攛斷，搬弄、拋擲之意。此意宋詞中已見之。如史達祖【慶清朝】云：「賦得送春詩了，夏帷攛斷綠陰成」，詞意是說，草木的綠陰，搬弄佈置而成了夏日的帷幄。

此外，攛斷尚有間斷、倒斷一義，如：《西遊記》五本第二十齣【四門子】：「宵衣旰食無攛斷。」

攛梭

攛椽　躥椽

《董西廂》卷二【大石調・紅羅襖】：「盤得兩箇氣一似攛椽，欲逋逃，又恐怕諸軍笑。」

《單鞭奪槊》四【黃鍾醉花陰】：「兩隻腳驀嶺登山快撚，走的我一口氣似攛椽。」

《任風子》一【金盞兒】：「一箇拳來先躲過，似放過一躥椽。」

《黃粱夢》四【倘秀才】：「咱人百歲光陰有幾何，端的日月去似攛梭。」

《存孝打虎》四【喜遷鶯】白：「五花營中來往有如攛梭。」

《神奴兒》二【梁州第七】：「待飛騰，則恨我肋下沒稍翎，教我便來來去去腳似攛梭。」

《獨角牛》四【梅花酒】：「劉千見拳，來到跟前，火似放過條躥椽，出虛影到他胸前。」

梭，紡織工具。攛梭，比喻往復迅速之詞。正寫是攛梭。以形近「梭」訛為「椽」；以音近「攛」訛為「蠶」。或作攛椶，如元・王惲詩：「幹當江南有許多，往還冠蓋似攛椶」，是也。一說：謂形容勞累、吃力、氣喘，似誤。

攢典

《陳州糶米》一【油葫蘆】：「則這攢典哥哥休強挺，你可敢教我親自秤？」

管理糧倉的小官吏，稱為攢典。這裏是對斗子的尊稱。《元史・百官志五》：「豐裕倉……攢典一員。」同書《食貨志》：「倉官攢典斛角人等，飛鈔作弊，並置諸法。」又同書《選舉志三》：「諸倉庫攢典有關，於各部籍記典吏內發補。」《西園雜記》下：「刑部尚書張子麟，眞定藁城人，父名欽，初為倉攢典。」《清會典・吏部》：「四曰攢典。」注：「首領官，佐貳官，雜職官之吏，皆曰攢典。」

攢眉

眉攢

《氣英布》二【隔尾】：「瞋目攢眉側耳聽。」

《猿聽經》三【紅繡鞋】白：「側聞尊宿建大法旛，不憚遠來，求依淨社；攢眉蹙額，固非嗜酒之淵明；舉手敲推，頗類苦吟之賈島。」

《蔣神靈應》二【尾聲】白：「輸了的似那無喪之痛，嗟嘆哀憐，速速的膽戰，緊緊的眉攢。」

攢眉，謂心有不快而眉攢蹙不舒也。漢・蔡琰《胡笳十八拍》：「攢眉向月兮撫雅琴。」劉宋・周續之《廬山記》：「遠師勉令陶潛入蓮社，淵明攢眉而去。」是知漢末以來即有此語。現代話叫做皺眉頭。明・檞園居士雜劇《丹桂鈿合》二折：「莫要眉攢，且自心寬。」倒作眉攢，是為諧韻，意同。

攢蹄

《調風月》二【二煞】：「獨自向銀蟾底，則道是孤鴻伴影，幾時吃四馬攢蹄？」

《圯橋進履》一【朝天子】白：「我如今喚他一聲善哥，他便抿耳攢蹄，伏伏在地。」

《謝金吾》二、白：「廝琅琅弓上箭，撲剌剌馬攢蹄。」

攢，聚也。清・陳森《品花寶鑑》第三回有「攢三聚五」語，攢、聚互文可證。攢蹄，指馬急奔時，騰空跳躍，四蹄收攏在一起的樣子。韓愈《贈張僕射》詩：「分曹決勝應前定，百馬攢蹄近相映。」蘇軾《韓幹馬十四匹》詩：「二馬並驅攢八蹄。」皆以形容馬行迅疾、蹄如併集也。

《調風月》例中的「四馬攢蹄」，則含有酒足飯飽、吃得痛快之意；是當時女眞族一熟語。燕燕說「幾時吃四馬攢蹄」是表示與小千戶婚宴無望的意思。此語在東北滿族中，現在仍流行。王季思在《〈詐妮子調風月〉寫定本說明》中說，疑「指金元時貴婦人乘坐的駟馬香車」，誤。

爨（cuàn）

《太平樂府》卷九杜善夫散套【耍孩兒・莊家不識勾闌】：「念了會詩共詞，說了會賦與歌，無差錯。唇天口地無高下，巧語花語記許多。臨絕末，道了低頭撮腳，爨罷將幺撥。」

唐、宋時期戲劇中，有所謂爨弄。爨，就是在正劇演出前加演的歌舞。例如元・陶宗儀《輟耕錄》所記宋時事，云：「宋徽宗時見爨國人來朝，衣裝鞋履巾裹，傅粉墨。舉動如此，使優人效之以爲戲。」

催趲

《三戰呂布》一、白：「請你來別無甚事，今月各處糧草都來了，止有青州糧草未完，你不避驅馳，一來催趲糧草，二來怕有那山間林下，隱跡埋名的英雄好漢，就招安將他來。」

《豫讓吞炭》二【滾繡毬】白：「俺這裏催趲積水，刻日破城成功。」

《貨郎旦》三、白：「我死後，你去催趲窩脫銀，就跟尋你那父親去咱。」又白：「不敢久停久住，催趲窩脫銀走一遭去。父親也，只被你痛殺我也！」

催趲（zǎn），催促、督促之意。《朱子文集》：「著力催趲功夫，則渠已行有日矣。」清・翟灝《通俗編・行事・催趲》：「按朱子與鄭子上又有趲得課程語，一本作催趲，訛。」《清文獻通考・國用考・漕運》：「其到淮以後，漕督察驗催趲，抵通交納。」是宋語猶然。

摧挫

摧銼

摧挫：一謂悔恨；二謂折磨。

（一）

《董西廂》卷三【越調・尾】：「自摧挫，管只爲這一頓饅頭送了我。」

《西廂記》二本三折【幺篇】：「一杯悶酒尊前過，低首無言自摧挫。」

上舉「摧挫」，悔恨之意；「自摧挫」，即自怨自艾也。

（二）

《桃花女》二【呆骨朵】：「哎！你個彭大公纔得消磨難，倒著我桃花女平白地遭摧挫。」

《爭報恩》三【調笑令】：「你刀尖兒抹的他皮膚破，到官司百般摧挫。」

《謝金吾》二【尾聲】：「怕只怕王樞密的刻薄，百般的將你個楊六郎摧挫。」

元本《琵琶記》十七【三換頭】：「名繮利鎖，先自將人摧銼。」

摧挫，一作摧銼，謂折磨、摧殘。《後漢書・馮異傳》：「異輒摧挫之。」梁・蕭鈞《山中楚辭》六首之一：「愍晨夜之摧挫，感春秋之欲暮。」敦煌變文《維摩詰經菩薩品變文甲》：「目健連里巷談經，儲遭摧挫。」蘇轍《次韻子瞻病中大雪》詩：「空把乘峽船，行意被摧剉。」「摧剉」猶「摧挫」也。

村

村：一謂鄙陋、傖俗；二用作詈詞，義近劣、歹、壞；三謂粗野；四謂焦急；五謂外行；六猶言糟踏。

（一）

《董西廂》卷一【越調・雪裏梅】：「折莫老的、小的、俏的、村的，滿壇裏熱荒。」

又同書卷七【雙調·文如錦】:「身分即村,衣服兒忒捻。」

《調風月》一【村里迓古】:「見他語言兒裁排得淹潤。怕不待言詞硬,性格村,他怎比尋常世人。」

《西廂記》一本四折【甜水令】:「老的、小的、村的、俏的,沒顛沒倒。」

《東堂老》一、詩云:「村入骨頭挑不出,俏從胎裏帶將來。」

《雲窗夢》一【那吒令】:「那等村的,肚皮裏無一聯半聯;那等村的,酒席上不言語強言;那等村的,俺跟前無錢說有錢,村的是徹膽村,動不動村舫現,甚的是品竹調絃?」

又同劇一【鵲踏枝】白:「俏的、村的,可怎生說?」

又同劇一【寄生草】:「你問我兩件事,聽俺取一句言:俏的教柳腰舞困東風軟,俏的教蛾眉畫出春山淺,俏的教鶯喉歌送行雲遠,俏的教半槭土築就楚陽臺,村的教一把火燒了韓王殿。」

又同劇二【醉太平】:「馮魁是村,倒有金銀;俏雙生他是讀書人,天教他受窘。」

以上各「村」字,謂鄙陋、傖俗。「村」與「俏」字,多相對照,尤可爲證;多就外表形象而言。唐·劉肅《隋唐嘉話》中:「薛萬徹尙丹陽公主,太宗嘗謂人曰:『薛駙馬村氣。』主羞之,不與同席數月。」「村氣」即傖俗氣也。宋·唐庚《圓蛤》詩:「我居固已陋,爾鳴良亦村。」這裏「村」與「陋」對照,則村爲傖俗之意甚明。村之所以作如是解者,據宋·程大昌《續演繁露》云:「古無村名,今之村,即古之鄙也。凡地在郊外,則名之曰鄙,言質樸無文也。隋世乃有村名。唐令在田野者爲村,故世之鄙陋者,人因以村目之。」

（二）

《魯齋郎》一【金盞兒】白:「這箇村弟子孩兒無禮,我家墳院裏打過彈子來。你敢是不知我的名兒?」

《後庭花》一【天下樂】:「我罵你個遭瘟。〔王慶做回頭科,云:〕兀那廝做甚麼?〔正末唱:〕哥也,你可也喚甚麼村?我將這快刀兒把你來挑斷那脊筋。」

《岳陽樓》三【倘秀才】:「哎!村物事,潑東西,怎到得那裏?」

《殺狗勸夫》一【油葫蘆】：「他罵道：『孫二窮廝煞是村！』」

《劉行首》二【倘秀才】：「你怎生纔出家來，可又早迷了正道？村性格，劣心苗。」

《來生債》一【天下樂】詩云：「無錢，君子受熬煎；有錢，村漢顯英賢。

上舉「村」字，用爲詈辭，意與劣、歹、壞等字相近。按一、二、四各例，都是咒罵口氣；其它各例「村」與「撥」、「村」與「劣」、「村漢」與「君子」，都相對照，其意益明。蘇軾《答王鞏》詩云：「連車載酒來，不飲外酒嫌其村。」「嫌其村」，嫌其劣也。

（三）

《金線池》一【醉扶歸】：「〔正旦云：〕母親，你只管與孩兒撇性怎的？〔卜兒云：〕我老人家如今性子淳善了，若發起村來，怕不筋都敲斷你的！」

《燕青博魚》二【後庭花】：「我割捨的發會村，怒吽吽使會狠，便做道佛世尊，這回家也怎的忍？」

《西廂記》五本三折【幺篇】：「訕觔，發村，使狠，甚的是軟款、溫存？」

又同劇三【梅花酒】：「你看我發回村，惱犯魔君，撞著喪門。」

以上「村」字，爲粗野意；發村，現在北方話叫做撒野。張相以爲「村」與「狠」互文，斷言「村」即「狠」的意思。聯繫上下曲文而通觀之，似有未安。

（四）

《太平樂府》卷二吳西逸小令【壽陽曲・四時】：「折梅花不傳心上人，村煞我隴頭春信。」

元本《琵琶記》十二：「虛設，江空水寒魚不食，笑滿船空載明月。下絲綸不愁無處，笑伊村殺。」

村，急也；「村殺（煞）」，焦急之甚，猶如說急死人。宋・楊萬里《贈閤皀山嬾雲道士》詩：「閤皀峰頭半朵雲，化爲道士到吾門，問渠眞箇如雲嬾，爲許隨風處處村。」「處處村」，處處奔忙也。上與「嬾」字反襯見意。

（五）

《望江亭》三【紫花兒序】:「〔衙內云：〕難的小娘子如此般用意！怎敢著小娘子切鱠，俗了手！李稍，拏了去，與我姜辣煎爓了來。〔李稍云：〕大人，不要他切就村了。」

村，謂外行，當爲「野」的引申意。

（六）

脈望館鈔校本《望江亭》三【紫花兒序】白：「怎敢著小娘子來切鱠，村了手！」（臧晉叔《元曲選》本村作俗）

村，用作動詞，猶言糟蹋、玷污。

此外，村，亦與「干（乾）」互文，白白度過、空過之意。如：《西遊記》五本第十七齣【金盞兒】白：「又是箇柳下惠顏叔子，焦則麼那村柳舍，叫則麼那唔顏郎，你整村了三十載，他干過了二十霜。」

村務

《岳陽樓》三【倘秀才】:「村務事，潑東西，怎到得那裏？」

又同劇四【沉醉東風】:「是我綰角兒宿緣伴侶，垂髫時兒女妻夫，是我的媳婦兒潑男女，尚古自參不透野花村務。」

《生金閣》一【油葫蘆】:「遠迢迢遇不著箇窮親故，急煎煎覓不見箇荒村務。」

《桃花女》一【天下樂】:「伯伯也，俺這裏止不過是村務酒。」

《村樂堂》一【上馬嬌】:「我將這錦鯉兜，網索收，就著這村務酒初熟，恰歸來半醉黃昏後。」

村務，謂村落。務，原作「隖」，梁・庾信《杏花》詩：「依稀映村隖」是也。「村務酒」，猶言村酒。一說：務，酒務簡稱，原是宋代造酒、賣酒、收酒稅的機關，一般用作酒店代稱。村務，即鄉村酒店。

村沙

村桑　沙村

村沙，又作村桑，又倒作沙村。用作貶詞，有粗暴、粗俗、惡劣、醜陋、愚蠢等義；用作褒詞，謂威風氣概，但此用法較少見。

（一）

《羅李郎》四【梅花酒】：「這哥哥恁地狠，沒些兒淹潤，一剗地沙村，倒把人尋趁。」

元刊本《博望燒屯》三【得勝令】：「去時節村桑，恨不得一跳三千丈，今日你著忙。」

《楚金仙月夜杜鵑啼》【雙調梅花酒】：「沒面目性村桑，全不肯好商量。」（亦見於《北調廣正譜》十七。）

《李逵負荊》二【一煞】白：「〔宋江云：〕你看黑牛這村沙樣勢那！〔正末唱：〕休怪我村沙樣勢，平地上起孤堆。」

《劉知遠諸宮調》十一【仙呂調・戀香衾】：「叫喊語言喬身分，但舉動萬般村桑。」

上舉數例，意爲粗暴、粗野、莽撞、兇惡。元・燕南芝庵《唱論》所謂：「有唱得雄壯的，失之村沙」，是也。周貽白謂：「村沙，指粗野。」村沙，又倒作沙村，又作村桑，義並同。

（二）

《董西廂》卷七【中呂調・牧羊關】：「不稔色，村沙段：鶻鴒乾澹，向日頭玃兒般眼；吃蝨子猴猻兒般臉。」

《看錢奴》一【六幺序】：「每日在長街市上把青驄跨，只待要弄柳拈花，馬兒上扭捏著身子兒詐，做出那般般樣勢，種種村沙。」

《青衫淚》三【川撥棹】：「喫得來眼腦迷希，口角涎垂，覷不得村沙樣勢。」

《兩世姻緣》一【油葫蘆】：「情知那村沙怎做的玉天仙，那裏有野鴛鴦眼禿刷的在黃金殿？」

《樂府群玉》三鍾醜齋小令【醉太平】：「風流貧最好，村沙富難交。」（「村沙」與「風流」對照。）

以上各例，意爲醜態、劣相、傖俗。

（三）

《青衫淚》四【紅芍藥】：「那廝分不的兩部鳴蛙，所事村沙。」

《霍光鬼諫》一【後庭花】:「據這廝每村沙莽撞,念不的書兩行,開不的弓一張。」

《延安府》一【寄生草】:「哎,你箇無運智的光子忒村沙,有甚麼不明白冤枉咱行訴。」

以上各例,意爲愚蠢、糊塗、無能。

(四)

《昊天塔》二【二煞】:「我呵,顯出些扶碑的手段,舉鼎的村沙。」

上例用爲褒詞,意爲威風、氣概。

村胄

村紂　紂村

《楚金仙月夜杜鵑啼》【後庭花】:「暢好是沒來由,女孩兒家村胄。」

《太平樂府》卷七周仲彬散套【鬬鵪鶉・詠小卿】:「今日小生做箇盟甫,改正那村紂的馮魁,疏駁那俊雅的通叔。」

同書卷九無名氏散套【耍孩兒・拘刷行院】:「待呼小卿不姓蘇,待喚月仙不姓周,你桂英性子實村紂。」

《雍熙樂府》卷六散套【粉蝶兒・離思】:「若是個村紂的和你兩個乍相逢,他把你那半世兒清名送。」

同書卷十無名氏散套【一枝花・離情】:「甘不過輕狂子弟,難禁受村紂勤兒。」

《樂府群珠》卷二無名氏小令【玉嬌枝・閨情】:「恰便似封陟般崛強紂村。」

村謂粗野,胄爲執拗的合音。今北人把執拗不順從人意叫胄(也叫犟),骨節不靈活也叫胄,例如說:「今兒我的骼膊發胄。」村胄是說既粗野,又執拗。又作村紂,又倒作紂村。村胄(紂)二字可連用,又可分用。胄、紂用音通用。

《劉知遠諸宮調》三【高平調・賀新郎】:「言語紂,舉動村。」明人雜劇《東平府》二:「看這扶犁叟多村胄,紛紛怒氣怎生收。」意並同。

村廝

村材

《董西廂》卷八【南呂宮・瑤臺月】：「歡喜煞這兩箇也，乾撞殺鄭恒那村廝。」

《曲江池》一【混江龍】白：「你與那村廝兩個作伴，與他說甚麼的是？」

《鐵拐李》四【迎仙客】：「哎！沒上下村材，怎不把岳孔目哥哥拜？」

《殺狗勸夫》一【混江龍】白：「這個村廝又來了。」

村廝，詈辭，謂粗魯、傖俗、莽撞的傢伙。一作村材，意同。參見「村」字條。

村村棒棒

村棒棒

元刊本《薛仁貴》三【幺】：「子是你合皺眉，古都著嘴，全不似昨來村村棒棒，叫天吖地。」

《氣英布》三【剔銀燈】：「喒則道舌剌剌言十妄九，村棒棒呼幺喝六。」

《凍蘇秦》三【絮蝦蟆】：「百般粧模作樣，訕笑寒酸麵魎，甚勾當？來來往往，張張狂狂，村村棒棒。」

《蘇小卿月夜販茶船》【耍孩兒】：「覷不的喬鋪苫，看了他村村棒棒，怎和他等等潛潛？」

村村棒棒，省作村棒棒，意爲匆急忙迫。

存坐

坐存

《魯齋郎》三【幺篇】白：「我在這裏，怎生存坐？舅子，我將家緣家計，都分付與你兩口兒，每月齋糧道服，休少了我的，我往華山出家去也。」

《曲江池》四【鴈兒落】：「俺如今有過活，你兀自難存坐，哎！你個卑田院老教頭。」

《紅梨花》三【煞尾】:「〔詩云:〕我不別仁兄不爲過，只爲後花園裏難存坐，萬一紅梨花下那人來，可不與李家孩兒湊兩個。」

《敬德不伏老》一【油葫蘆】:「〔李道宗云:〕這酒該我飲，該我簪花。〔尉唱:〕這廝們走將來上首頭坐，全無些謙遜，惱得咱便不登登按不住心頭忿。〔李:〕一杯酒吃了便罷，甚麼上首頭、下首頭?〔尉唱:〕我怕你上首頭那勢凶，下首頭怎坐存?」

《馮玉蘭》一【後庭花】:「猛聽得響擦擦似有人，早諕得我急煎煎怎坐存，按不定可丕丕心兒跳，搵不乾汗淋淋溼滿巾。」

存坐，謂過活、存身;爲叶韻倒作「坐存」，意同。

存活

存活:一謂生活、生存;二謂處置。《元曲選》音釋:「活音和。」

(一)

《黃粱夢》四【滾繡毬】:「你夢兒裏見了麼?心兒裏省得麼?這一覺睡早經了二十年兵火，覺來也依舊存活。」

《曲江池》四【七弟兄】:「你敢是恨我、怨我，甚存活?想你來迎新送舊多胡做，到今日窮身潑命怎收科?」

《賺蒯通》三【禿廝兒】:「白日裏叫吖吖，信口自嘲歌;到晚來向羊圈裏且存活、消磨。」

《貨郎旦》一【仙呂點絳唇】:「你把解庫存活，草堂工課，都躭閣，終日波波，白日休空過。」

清・佚名《補天記》十四【雁過來・前腔】白:「那時雖有荊州，恐難存活。」

上舉「存活」，謂生活、生存。《後漢書・蓋勳傳》:「先出家糧以率眾，存活者千餘人。」杜甫(或題元結)《舂陵行》:「奈何重驅逐，不使存活爲?」據此，知漢代已有此語。

(二)

《氣英布》一【賺煞】:「赤緊的做媳婦先惡了公婆，怎存活?」

《降桑椹》三【幺篇】白：「兀那廝，你是那裏人？姓甚名誰？說的是，我自有箇存活；若說的不是呵，小僂儸打下澗泉水，磨的刀鋒利，某親自下手也。」

存活，謂處置。意轉爲應付，如：《西遊記》五本第十九齣【道和】：「鐵棒來抽身便躲，戒刀著怎地存活？」

除以上釋義外，還有作陪伴講的，如《董西廂》卷六：「問鶯鶯更夜如何背遊私地，有誰存活？」有的當搭救講，如《新編五代梁史平話》卷上：「耶耶，你存活咱每，他日厚報恩德。」等等，不備舉。

存濟

《董西廂》卷五【仙呂調·六幺實催】「情懷轉轉難存濟，勞心如醉。也不吟詩課賦，只恁昏昏睡。」

《冤家債主》二【商調集賢賓】：「閃的箇老業人不存不濟。」

《青衫淚》三【七弟兄】：「從早至晚夕，知他在那裏？喒是甚夫妻，撇得我孤孤另另難存濟。」

《薦福碑》四【得勝令】：「其實驅逼的我無存濟，誰知可元來運通也有發跡。」

《隔江鬬智》二【迎仙客】：「你看那地方寬，民富貴，端的是錦繡城池，無福的難存濟。」

《殺狗勸夫》二【正宮端正好】：「不停閒雪兒緊，風兒急，這場冷著我無存濟。」

《馬陵道》三【步步嬌】：「想當初在雲夢山中把天書習，定道是取將相能容易，誰知有這日，生把俺七尺長軀打滅的無存濟。」

《王粲登樓》三【中呂粉蝶兒】：「不爭你死喪之威，越閃得我不存不濟。」

《百花亭》三【逍遙樂】：「方信道風月無功三不歸，剗的著俺不存不濟。」

存濟，在不同的例句中，表現有生存、過活、安頓、措置、辦法、著落等義。上舉一至四例爲生存、過活意，例五意爲安頓、措置，例六意爲辦法，七至九例意爲著落。按安頓、措置、辦法、著落皆爲生存、過活的引申意，各意均相近，而又微有區别。「不存不濟」，即無存濟之意，是把「存濟」二字分開用的一種修辭結構，猶如不伶不俐（見《後庭花》第四折）、不寧不耐（見《蝴蝶夢》第四折）、沒查沒利（見《西廂記》二本三折）、廝收廝拾（見《拜月亭》第一折），等等。歐陽修《論澧州端木乞不宣示外廷箚子》:「州縣皇皇，何以存濟？」「何以存濟」，何以生活也。秦觀【促拍滿路花】詞：「未知安否，一向無消息。不似尋常憶，憶後教人片時存濟不得。」「存濟不得」，即謂身心安頓不得也。

撮補

撮哺　撮捧

《伍員吹簫》三、白：「俺眾人撮哺著，你打那廝。」

又同劇三【醉春風】白：「這廝好説著不聽，後生們撮哺著，我將他搶出去。」

《灰闌記》三【節節高】白：「兄弟，你撮哺著，我拿那姦夫姦婦去也！」

《開詔救忠》四【落梅風】白：「你不下手，等甚？我撮補你。」

《單戰呂布》一【尾聲】白：「你兩個若撮補他，也不是人養的。」

《五龍朝聖》三、白：「去也，你倒好自在性兒！偷了別人的東西也，虧了我們撮補你也，請我們一請，怕怎麼？」

撮補，一作撮哺，意爲協助、相幫。這個用法比較普遍，上舉諸例是也。但有時也作照料或伴隨、陪同講。前者如《神奴兒》二【隔尾】:「我將你懷兒裏撮哺似心肝兒般敬，眼前覷當似在手掌兒擎。」後者如《紫泥宣》四、白：「阿媽，俺兩個來了也，你敢要往那個山裏耍子去，著我們撮補你去，是也不是？」

朱居易釋云：「撮哺，吃喝。啜餔的借音。」（見《元劇俗語方言例釋》）非。

撮藥

攢藥

《趙氏孤兒》三【駐馬聽】白：「元帥，小人是個草澤醫士，撮藥尚然腕弱。怎生行的杖？」

《東牆記》四【絡絲娘】：「〔卜云：〕老身怎肯少了藥貲？〔淨云：〕我便攢藥。」

撮藥，謂藥鋪中照方配藥，猶今云抓藥。或作攢藥，意同。《水滸》第二回：「我有個醫心痛的方，叫莊客去縣裏撮藥與你老母親吃」，亦其一例。清·翟灝《通俗編·藝術》：「《史記·倉公傳》：『菑川王美人懷子不乳，竟以莨菪藥一撮，以酒飲之，施乳。』按：今醫家量藥曰撮，本此。」

撮合山

《調風月》四【雙調新水令】：「撇得我鰥寡孤獨，那的是撮合山養身處？」

《張生煮海》三【尾聲】：「須將俺撮合山的媒人重重賞。」

《李逵負荊》二【滾繡毬】：「走不了你箇撮合山師父唐三藏，更和這新女壻郎君，哎！你箇柳盜跖，看那個便宜？」

《鴛鴦被》三【耍三臺】：「當初是那撮合山的姑姑，送了這望夫石的玉英。」

《百花亭》一【金盞兒】：「只索央及你撮合山花博士，休使俺沒亂煞，做了鬼隨邪。」

撮合山，指說合、促成男女婚姻的人，即媒人的別稱，宋元時習用語。《京本通俗小說·西山一窟鬼》：「元來那婆子是個撮合山，專靠做媒爲生。」《水滸》第二十四回：「乾娘，你既是撮合山，也與我做頭媒，說頭好親事，我自重重謝你。」皆其例。

撮鹽入火

《西廂記》三本二折【滿庭芳】白：「待去呵，小姐性兒撮鹽入火。」

脈望館鈔校本《盆兒鬼》三【小桃紅】白：「盆罐趙說小路兒上有鬼。誰不知道，我是不怕鬼的張撇古，我的性兒撮鹽入火。」（臧晉叔《元曲選》本作「撮鹽入水」，誤。）

撮鹽入火，立即爆炸，因以喻性急、暴烈。《殺狗記》七：「奈我官人心性急，似撮鹽入火內。」《水滸》第十三回：「爲是他性急，撮鹽入火，爲國家面上只要爭氣，當先廝殺，以此人都叫做急先鋒。」《西遊記》第五十九回：

「那羅剎聽見『孫悟空』三字，便似撮鹽入火，火上澆油，骨都都紅生臉上，惡狠狠怒發心頭。」皆其例也。

撮鹽入水

《竇娥冤》四【得勝令】:「〔魂旦上，云:〕張驢兒，這藥不是你合的，是那個合的?〔張驢兒做怕科，云:〕有鬼有鬼，撮鹽入水，太上老君，急急如律令，勅。」

《兒女團圓》二、白:「呀!眞個有鬼，我拏出我這捩鼻木來!有鬼有鬼，撮鹽入水。」

撮鹽入水，很快溶化，以喻事物之立刻消失。這可能是當時對付「鬼邪」的一種迷信方式，意思是叫「鬼邪」立刻消失。

矬矮（cuó ǎi）

《梧桐雨》楔、白:「陛下，這人又矬矮，又會舞旋，留著解悶倒好。」

矬矮，謂肥胖而矮小;明・楊愼《俗言》:「京師俚語，目形容短矮曰蓫。《文選》有『蓫脆』之語，《唐書・王伾傳》:『形容蓫陋。』《通鑑音義》作七和切。」《水滸》第三十三回倒作「矮矬」，如云:「宋江矮矬」。現在口語中還有這種用法。

措大

醋大

《董西廂》卷一【中呂調・香風合纏令】:「不道措大連心要退身，卻把箇門兒亞。」

《西廂記》三本三折【離亭宴帶歇指煞】:「彊風情措大，晴乾了尤雲滯雨心，悔過了竊玉偷香膽，刪抹了倚翠偎紅話。」

《緋衣夢》二【感皇恩】:「他本是措大儒流，少不的號令街頭。」

《誤入桃源》一【醉中天】:「我兩個本東莊措大。」

《救孝子》一【天下樂】:「得志呵做高官，不得志呵爲措大。」

《詞林摘艷》卷八元李羅御史散套【一枝花・辭官】:「更有那東莊裏醋大，他們都摑著手歌豐稔。」（亦見於《盛世新聲》【南呂一枝花・風吹散楚岫雲】。）

措大，原作醋大，猶云窮酸，是對讀書人或官員的一種輕蔑的稱呼。唐代已有此譃稱。唐・高彥休《闕史》「吐突承瓘地毛」條云:「……方出安上門，逢二秀士自貢院迴，笑相謂曰：東廣坤毳（今按：此爲隱語，意指吐突承瓘家中地上長毛的怪異。承瓘時爲左軍中尉，東廣即左軍的代詞，坤毳爲地毛的代詞），可以爲異矣。甥馳告曰：醋大知之久矣，且易其名呼矣。……」原注云:「中官謂南班，無貴賤皆呼醋大。」李商隱《雜纂》云:「鴉似措大，饑寒則吟。」《唐詩紀事・崔鉉》:「宣宗謂侍臣曰：崔鉉眞貴人，裴休眞措大。」《五代史・漢世家》:「旻怒曰:『老措大，勿妄沮吾軍！』」《宋史・杜衍傳》:「衍食於家，惟一麵一飯，曰:『某本一措大耳。』」明・謝在杭《五雜俎・物》三:「今人以秀才爲措大，措，醋也，蓋取寒酸之味。」明・胡應麟《莊嶽委談》:「世謂秀才爲措大，元人以秀才爲細酸。」均可爲證。

又一說：明・陳維儒《枕譚》:「今人不知措大之說，李濟翁載四說，其一以士人貧居新鄭之野，以驢負醋馱而名之。又曰：鄭有醋溝，士人多居其州溝之東，以甲乙名族，故曰醋大，皆自鄭地起也。濟翁以爲皆謬，曰謂其能舉措大事而已。」茲錄之以備參。

措支剌

錯支剌

《調風月》四【得勝令】:「燕燕不是石頭鐫鐵頭做，教我死臨侵身無措，錯支剌心受苦。」

《西廂記》二本三折【雁兒落】:「荊棘剌怎動那！死沒騰無回豁！措支剌不對答！軟兀剌難存坐！」

措支剌，喻慌張失態之狀；亦作錯支剌。支剌，語助詞，無義。錯、措，同音通用。明雜劇《破風詩》三【滾繡毬】:「我錯支剌進亡無門。」又同劇三【脫布衫】:「措支剌獨強性緊。」亦其例。

答(da)應

答應，一謂回答、應對；二謂支應、伺候、服事；三謂稱謂；四謂承諾。

(一)

《裴度還帶》二【感皇恩】:「怎聽他假文談、胡答應、強支持。」

《昊天塔》四【步步嬌】:「我連問道你兩三聲，怎沒半句兒將咱來答應？」

《漁樵記》一【勝葫蘆】白:「那禮節上便不省的，倘遇著人說起詩詞歌賦來，怎生答應？」

答應，謂回答、應對；這種用法，到現在還普遍應用。

(二)

脈望館鈔校本【望江亭】二、白:「老漢最慇懃，答應在白門。謹遵老母命，持言見大人。」

《黃鶴樓》二【叨叨令】白:「伴哥兒，一箇官人來也，你向前答應答應。」

又同劇三折、白:「兀那樓下有聰明伶俐的，著一箇上樓去答應元帥。」

《雲窗夢》四【沉醉東風】白:「我今日招壻，您眾人在意答應者。」

《神奴兒》四【雙調新水令】白:「你都在司房裏趓著，廳上喚哩，我答應去。」

答應，謂支應、伺候、服事。以上各例，作動詞用。亦有作名詞者，如明代御前近侍太監有答應、長隨諸稱；清代宮女有常在、答應之號，清・王士禛《池北偶談》:「內庫柱上有嘉靖間一帖，寫《答應焦桂花傳》。」清・梁章鉅《稱謂錄・列宮・常在答應》:「案:《會典》有此二稱，位在貴人之下。蓋未有爵秩，僅供使令，猶前漢之家人子，後漢之宮人采女，是也。《明史》御前近侍太監有答應、長隨諸稱，今以爲宮女之稱耳。」《清國行政法汎論・皇室・立皇后》備考:「按:清朝後宮，別置女官，一曰皇貴妃，二曰貴妃，三曰妃，四曰嬪，五曰貴人，六曰答應，七曰常在。」

（三）

《倩女離魂》四【四門子】:「是這等門廝當户廝撐，怎教咱做妹妹哥哥答應？」

答應，謂稱謂，係（一）義之引申。

（四）

《裴度還帶》四、白:「你知道好日多同麼？恰纔七、八十處説親的哩，我都不答應，我來這裏來。」

答應，謂承諾，亦（一）義之引申。又如:《詞林摘艷》卷四誠齋散套【點絳唇・嬌豔名娃】:「甜話兒答應人，實心兒相待他，做得箇乾風情全是假。」亦謂以甜話兒相承諾，而實際是哄騙。今仍有此說，如云「再三懇求才答應。」

答剌（dā・la）

搭剌　剌搭　剌達　剌答　剌塔

《黄粱夢》三【六國朝】:「這一個早直挺了軀殼，那一個又答剌了手腳。」

《兩事姻緣》一【天下樂】:「覷不的那抓揪，鬏髻偏，便似那披荷葉搭剌著個褐袖肩。」

《太平樂府》卷九曾褐夫散套【哨遍・羊訴冤】:「我如今剌搭著兩箇蔫耳朵。」

《盛世新聲》【大石調六國朝風吹羊角】:「軟兀剌的身軀倒，我則見剌達的手腳。」

答剌，下垂貌；又作搭剌，更倒作剌搭、剌達，音義並同。明・沈榜《宛署雜記》：卷十七「民風二」「物之下垂曰嗒喇。」現在北京話還有這個詞，一般寫作耷拉或搭拉。如《西遊記》第三十九回：「搭拉兩個耳，一尾掃帚長。」

又答剌，謂酒，如《詞林摘艷》卷三：「奥剌朱獨盤中堆著米哈，奥剌雞讀壺中放著答剌」，是也。米哈是羊肉，答剌是酒，皆蒙古語；上例中之「答剌」爲「答剌孫」之省譯，與下垂義之「答剌」無關，參見「打剌孫」條。

答孩

打頦　打孩　答合

《董西廂》卷一【雙調・慶宣和】:「悶答孩地倚著箇枕頭兒，悄一似害的。」

《後庭花》四【剔銀燈】:「聽説道荊棘列半日，猛覷覷了呆打頦一會。」

《梧桐雨》四【倘秀才】:「悶打頦和衣臥倒。」

《西廂記》四本一折【混江龍】:「則索呆答孩倚定門兒待。」

又同劇四本四折【清江引】:「呆答孩店房兒沒話説，悶對如年夜。」

《陽春白雪》後集五王伯成散套【鬬鵪鶉・醉扶歸】:「無語無言悶答孩。」

《太平樂府》卷三呂止庵【天淨沙・爲董針姑作】:「呆答孩搭伏定繡床。」

《詞林摘艷》卷一劉庭信【折桂令・憶別】:「呆答孩閉口藏舌。」

《硃砂擔》二【牧羊關】:「諕的我呆打頦空張著口，驚急力，怕擡頭。」

《沖漠子》三【滾繡毬】:「越教你呆打孩心緒慵勞。」(一本作「答孩」。)

答孩、打頦、打孩，是異形同音的語助詞，猶如現在的「呀咳」，用來形容悶和呆的，如云悶答孩、悶打頦、呆答孩、呆打頦、呆打孩，等等。答、打同音，讀陽平。孩，讀陰平，音如咍。一說：答孩、打頦、打孩，都是抬頦的借用，抬頦，本是抬起下巴，表示莊嚴的樣子，引申爲面部沒有表情。此說尚待考。

搭扶

搭伏　搭伏定　塔伏定

《竇娥冤》四【得勝令】:「今日箇搭伏定攝魂臺，一靈兒怨哀哀。」

《竹塢聽琴》二【紅繡鞋】:「我恰纔搭伏定芙蓉𡣝架，恰合眼夢見他家，覺來也依舊隔天涯。」

《連環計》二【隔尾】:「我見他手纖纖搭扶著丁香樹兒喘。」

《馮玉蘭》一【賺煞】:「百般的盼不到曉雞鳴，強搭伏這鮫綃䩞。」

《元人小令集》呂止庵《爲董針姑作》四之四:「呆打孩塔伏定繡牀。」

搭扶，用手支頭、靠在桌子或床鋪等物上休息之意。搭，一作塔；扶，一作伏：音近意並同。

搭䕶（dā huò）

《生金閣》三【牧羊關】白:「孩兒，吃下這杯酒去，又與你添了一件綿搭䕶麼？」

搭䕶，謂襖子。清·翟灝《通俗編》:「俗謂皮衣之表裏具而長者曰搭䕶。與鄭思肖詩所謂『騣笠氈靴搭護衣，金牌駿馬走如飛』者頗合。清·王士禎《居易錄》言搭護，半臂衫也，起於隋時，內官服之，則名同而實異矣。」

褡膊（dā·bo）

搭膊　褡䙏　搭包　搭褳　搭連　荅連

《黑旋風》一【滾繡毬】白:「雖然更了名，改了姓，你這般茜紅巾、腥衲襖、乾紅褡膊、腿繃護膝、八荅麻鞋，恰便似那煙薰的子路、墨染的金剛。

《李逵負荊》一、白:「你這老人家，這衣服怎麼破了？把我這紅絹褡膊與你補這破處。」

《燕青博魚》楔【仙呂端正好】:「則我這白氊帽半搶風，則我這破搭膊落可的權遮雨，誰曾住半霎兒程途？」

《殺狗勸夫》二【五煞】:「將一條舊褡䙏扯做了旗角。」

《唐三藏西天取經·餞送郊關開覺路》【混江龍】:〔雜扮眾吹手：各戴校尉帽，穿架衣，繫搭包，持樂器奏樂科。〕

《馮玉蘭》一【混江龍】白:「兀那前頭的車上，掉了我的搭褳，我拾起來者。」

《雌木蘭》一【幺】:「〔木收拾器械介〕〔眾看介云：〕……有些針兒線兒，也安在你搭連裏了。」

《詞林摘艷》卷十散套【鬬鵪鶉·滿長空雲齊天開】:「鴈雞鵲滿答連，鴉鵝雀掛又前。」

褡膊，或作搭膊、褡褳、搭包、搭褳、搭連、答連，音近意並同，都是指一種長方形的布袋，中間開口，兩端可盛錢物，繫在衣外作腰巾，也可手提或肩負。《明史·輿服志三》:「教坊司冠服，洪武三年定。樂藝青巾卍字頂巾，繫紅綠褡褳。」

答賀（dá·he）

答荷

《薦福碑》一、詩云:「段段田苗接遠村，太公莊上戲兒孫;莊農只得鋤鉋力，答賀天公雨露恩。」

《趙禮讓肥》四【掛玉鉤】白:「左右，將那禮物過來，白米一斛，金銀一秤，衣服一套，權送將軍，做答賀之禮。」

《飛刀對箭》四【掛玉鉤】:「喒可索答荷天公雨露恩。」

答賀，猶言答謝，謂受天恩而表示感謝。賀，一作荷，義同。

打鳳

打鳳撈（牢）龍

《竇娥冤》二【南呂一枝花】:「說一會不明白打鳳的機關，使了些調虛囂撈龍的見識。」

《單刀會》三【鬬鵪鶉】:「安排下打鳳牢龍」，准準著天羅地網。」

《風光好》三、詩云:「安排打鳳牢龍計，引起殢雲殢雨心。」

《揚州夢》二【幺篇】:「怎承望曉來悞入桃源洞，又則怕公孫弘打鳳牢龍。」

《昊天塔》一【青哥兒】:「你若是有心呵，可憐見我遍體金鎗不耐風，也不須打鳳撈龍，別選元戎。」

《連環計》二【黃鍾尾】:「到明朝安排下鴻門擺設重瞳宴，準備著打鳳機關呂后筵。」

打鳳，意為安排圈套，使人中計，墮入其中。「打鳳」與「撈（牢）龍」連文，為元劇中習用語。也可以分開用，如例一。

打火

《黑旋風》楔【越調金蕉葉】白：「官人每，打了火過去。」

《金鳳釵》三【賀新郎】：「我有錢時做甚教伊索打火房錢該二百？」

《黃粱夢》一、白：「兀那打火的婆婆，央你做飯與我吃。行人貪道路，你快些兒！」

《西廂記》四本四折【得勝令】白：「天明也！咱早行一程兒，前面打火去。」

《羅李郎》三【金菊香】：「恰離了招商打火店門兒，早來到物穰人稠土市子。」

《西遊記》六本二十一、白：「孫悟空，我與龍君沙豬慢行，你先去，尋箇打火做宿處。」

旅途中做飯曰打火，供旅客吃飯的店鋪叫做打火店。

打滅

《玉壺春》四【水仙子】：「俺只道玉壺春打滅再休題，險做了運退雷轟薦福碑。」

《瀟湘雨》二【牧羊關】：「我則道他不肯棄糟糠婦，他原來別尋了個女嬌姿，只待要打滅了這窮妻子。」

《兒女團圓》二、白：「若得一個女兒，便打滅休題著。」

《凍蘇秦》一【賺煞尾】：「打滅了腹中饑，掙閻了身邊冷，謝長者將咱厚贈，免的我流落窮途涕淚零。」

打滅，謂拋棄、消滅。

打當

打當：一謂收拾、準備、安排；二指醫術不高明的江湖醫生。

（一）

《任風子》三【幺篇】白：「要往人口裏過度的茶飯，打當的乾淨。」

《西廂記》一本二折【中呂粉蝶兒】：「雖不能勾竊玉偷香，且將這盼行雲眼睛兒打當。」

《趙氏孤兒》五【滾繡毬】：「我可也不索慌，不索忙，早把手腳兒十分打當，看那廝怎做提防？」

《西遊記》一本一齣【仙呂賞花時】白：「算命買卦，合有一拳財分，有箇好媳婦分，不知這姻緣在那裏，打當下船，看有甚人來？」

打當，有收拾、準備、安排等義。即空觀本《西廂記》注：「徐士範曰：『打當，猶云打迭。』」閔遇五《五劇箋疑》曰：「打當，猶云準備。」毛西河論定本《西廂記》注云：「打當，猶云打點，當、點轉音。」按當與迭、點，皆雙聲通轉。「打當」一詞，宋已有之，如楊萬里《初涼與次公子共讀書冊》詩：「暑嬾歸投簟，涼生打當書。」「打當書」，即準備讀書之意。又《清平山堂話本・快嘴李翠蓮記》：「公婆性兒又莽撞，只道媳婦不打當。」「不打當」，不收拾不準備也。

（二）

《拜月亭》二【梁州】：「怕不大傾心吐膽、盡筋竭力，把個牙推請，則怕小處盡是打當。」

《岳陽樓》三【滾繡毬】：「我穿著領布懶衣，不吃煙火食，淡則淡淡中有味，又不是坐崖頭打當牙椎。」

《秋胡戲妻》二【滾繡毬】：「赤緊的當村裏都是些打當的牙槌。」

《劉弘嫁婢》二【普天樂】：「他背地裏使心機，尋箇打當的牙搥。」

上舉「打當」，指賣草藥行醫的江湖醫生，多指醫術很差的冒牌醫生。當，疑爲「鐺」之假借字，即草藥郎中（醫生）走街串巷時，手中所擊的一種金屬片。

打當，除上述二意外，舊時謂送人財物，取得方便，亦曰打當，如《宋史・高昌傳》云：「凡二日，至都囉囉族，漢使過者，遺以財貨，謂之打當。」有時亦指做公的、衙役之類，如《清平山堂話本・曹伯明錯勘贓記》：「州尹交（教）打當拖番在地，打了二十下，打得皮開肉綻，鮮血淋淋，伯明不肯招認。」有時也作勝過或當作解釋，如明・湯顯祖《牡丹亭・遇母》：「這樣奇緣，這樣奇緣，打當了輪迴一遍」，是也。以上三例之義，元曲中尚未見，連類而及，姑附於此，以見其全。

打訛

《竹葉舟》四【滾繡毬】:「俺若不是打這訛，怎生著眾仙眞收這科？」

《太平樂府》卷九高安道散套【哨遍·淡行院】:「喝破子把腔兒莽誕，打訛的將納老胡颩。」

《詞林摘艷》卷六薛昂夫散套【端正好·高隱】:「聽張𠻬古唱會詞，看村哥打會訛。」

囮，《廣韻》、《集韻》五禾切，《韻會》、《正韻》吾禾切，竝音訛。《說文》:「譯也，率鳥者繫生鳥以來之，名曰囮。」徐鍇曰:「譯者，傳四夷及鳥獸之語，囮者，誘禽鳥也，即今鳥媒也。」這裏的「打訛」，疑爲哄騙、設圈套之意。胡忌注《淡行院》散曲云:「打訛或即是打和，『訛』、『和』音近，『打和』則常見，亦爲應唱節次之一」（見《宋金雜劇考》。）

打聽

《鐵拐李》二【倘秀才】:「你是必打聽著山妻，照顧著豚犬。」

「打聽」與「照顧」對舉，即照顧之意，與一般作探問解者異。劇中岳壽臨終時，向他朋友孫福托妻寄子，故如此云云。

打坐

打一坐　打參

《魯齋郎》四【甜水令】:「常則是日夜宿山阿，有人相問，靜裏工夫，煉形打坐，笑指那落葉辭柯。」

《忍字記》三、白:「今被我佛點化，著此人看經念佛，參禪打坐。」

又同劇同折、白:「我師父法旨，教你參禪打坐。」

《張生煮海》三、白:「老僧石佛寺長老是也。正在禪床打坐，則見東海龍王，遣人來說道:有一秀才，不知他將甚般物件，煮的海水滾沸。」

《圯橋進履》一、白:「被我寧心打一坐，無語悲悲大笑喧。」

《西廂記》二本楔子【滾繡毬】:「非是我貪，不是我敢，知他怎生喚做打參，大踏步直殺出虎窟龍潭。」

打坐：僧、道修煉參道時，盤腿、疊掌、閉目，謂之打坐或打一坐；也叫打參。按：凡集禪門之人，爲坐禪說法念誦，謂之參。參，交參之義，謂眾類之參會也。故詰旦昇堂曰早參，日暮念誦曰晚參，非時說法曰小參。

打拍

打拍：一謂打起、提起、振作；二指唱曲時拍板眼。

（一）

《金線池》一【金盞兒】：「揉開汪淚眼，打拍老精神。」

《蝴蝶夢》四【沽美酒】：「我將這老精神強打拍。」

《紫雲庭》一【混江龍】：「你覷波，比及攛斷那唱叫，先索打拍那精神。」

《羅李郎》四【胡十八】：「恰過了六市，來到三門，揉開我這汪淚眼，打拍我這老精神。」

打拍，謂打起、提起、振作。「打拍老精神」，就是說把原來萎靡不振的精神，重新振作起來。

（二）

《董西廂》卷一【仙呂調·風吹荷葉】：「打拍不知箇高下，誰曾慣對人唱他說他？」

《藍采和》三【滾繡毬】：「再不去喬粧扮打拍攛掇，再不去戲臺上信口開合。」

又同劇四【川撥棹】：「待著我擂鼓吹笛，打拍收拾。」

打拍，指唱曲時拍板眼、打拍子。宋·灌圃耐得翁《都城紀勝·瓦舍眾伎》：「嘌唱，謂上鼓面唱令曲小調。……若不上鼓面，祇敲盞者，謂之打拍。」或作使拍，如戲文《張協狀元》二：「使拍超烘非樂事」，是也。「使」有「用」意，用拍即打拍。

打羅

《來生債》一【幺篇】：〔淨扮磨博士打羅唱科，云：〕牛兒你不走，我就打下來了。」又磨博士云：「喚我做甚麼？誤了我打羅也。」

《詞林摘艷》卷一劉庭信【寨兒令・戒漂蕩】：「著你打羅的脚趔趄，推磨的不寧帖，生壓的風月擔兒折。」

打羅，即篩籮，用篩子篩麪粉。南人以足打籮，北人呼爲羅磨。五代蜀・何光遠《鑑戒錄》卷十：「篩羅漸入麄中細，只這麄中細也無」，是也。

打諢（dǎ hùn）

《生金閣》四【雙調新水令】白：「這廝還要打諢，你要去吃蒸餅，兀的你手裏現拿著箇饅頭哩。」

《盆兒鬼》四【滾繡毬】白：「還打諢哩，你恰纔不來呵，諕的俺一柄臉倒焦黃似茶色也。」

《合同文字》三【滿庭芳】白：「社長你不知他是詐騙人的，故來我家裏打諢。」

《藍采和》一【仙呂點絳唇】：「俺將這古本相傳，路歧體面，習行院，打諢通禪，窮薄藝知深淺。」

清・佚名《補天記》22【節節高・前腔】：「（淨眾打諢公。）」

以滑稽語言相戲謔曰打諢。《遼史・伶官傳》：「太子笑曰：『打諢的不是黃幡綽。』羅衣輕應聲曰：『行兵底亦不是。』」宋・灌圃耐得翁《都城紀勝・瓦舍眾伎》：「副末色打諢。」宋・王直方《王直方詩話》：「山谷云：『作詩正如雜劇，初時佈置，臨了須打諢，方是出場。」清・翟灝《通俗編・言笑・打諢》：「《道山清話》：劉貢父言：每見介甫《字說》，便待打諢。」在戲曲中，用滑稽的動作和語言來逗趣助興稱爲插科打諢。

打諢，亦稱使砌，見《張協狀元》一：「苦會插科使砌。」亦作打砌，見《董西廂》卷三【高平調・木蘭花】：「法師笑道：『休打砌！』」按：砌，也是諢的意思。迭用則曰渾砌，如《張協狀元》二：「諳諢砌，酬酢仗歌謠。」（參考錢南揚《元本〈琵琶記〉校注》。）

打掙

打撐

《金線池》三【上小樓】：「但酒醒硬打掙；強詞奪正，則除是醉時節酒淘眞性。」

《勘頭巾》四【梅花酒】:「因此上葫蘆提逞機變，強打掙做質辨。」

《灰闌記》三【喜遷鶯】白:「兀那婦人，你打掙些，轉過這山坡去，我著你坐一會再走。」

《神奴兒》三【紅繡鞋】:「你也不索硬打掙去街坊上幺喝，神奴兒死屍骸只在這水溝裏埋伏。」

《雍熙樂府》卷三散套【端正好・學唱紫芝歌】:「便是個慣打掙的身軀，也走的困乏了。」

同書卷二十小令【雁兒落兼得勝令】:「早是不能行，那更鬢星星，鏡裏常嗟嘆，人前強打撑。」

打掙，謂掙扎、振作，與「打拍」(一)義意近，今西南方言中還有這種用法。一作打撑，音近義同。也偶有作打掃用的，如《金鳳釵》三【隔尾】白:「我道你不是受貧的人，我還打掙頭間房你安下。」

打哄

打閧

《董西廂》卷四【雙調・尾】:「紅娘，我對你不是打閧，你且試聽一弄，休道你姐姐，遮莫是石頭人也心動。」

又同書卷六【雙調・尾】:「法聰笑道:『休打閧！不敢問利息輕重，這本錢幾年得用？』」

《陳摶高臥》一【醉中天】:「你是五霸諸侯命，一品大臣名，乾打哄胡廝噥過了半生。」

《三戰呂布》三、白:「奉元帥將令，領著人馬，趁打哄耍耍子兒，走一遭去來。」

《桃花女》四【雙調新水令】:「則問你爲甚麼腰橫利斧出城東，怎生的我跟前還來打哄？」

《博望燒屯》四【剔銀燈】:「非是我廳堦前賣弄，你眾將休要打閧，若猜著眾將休驚恐。」

打哄，或作打閧，意謂開玩笑、哄騙、胡鬧；與現在北京話「起哄」之意相近。此語宋已有之，如《朱子語錄》:「居肆亦有不成事，如閒坐打閧過日底」，是也。《水滸》第六十一回：「盧俊義分付道：『小乙在家，凡事向前，不可出去三瓦兩舍打鬨。』又同書第六十六回：「子弟們鬧鬧嚷嚷，都在樓上打鬨賞燈。」語意均同。

打點

打底

打點：一謂準備、安排、收拾；二謂用錢賄賂，托人關照；三謂查點；四謂振作。

（一）

《謝天香》四【中呂粉蝶兒】：「打底乾南定粉，把薔薇露和就。」

《金鳳釵》三【罵玉郎】：「早還轉波粗茶淡飯黃虀菜，你暢好能打點會安排。」

《岳陽樓》楔、白：「我如今不賣茶了，在這岳陽樓下賣酒，我今日打點些按酒去。」

《桃花女》一、白：「你伏侍我多年，只今日放你回去，打點送終之具。」

又同劇楔、白：「你那孩兒定無活的人也，你快回家打點復三去。」

《陳州糶米》四、白：「外郎，你與我將各項文卷打點停當，等僉押者！〔外郎云：〕你與我這文卷，教我打點停當，我又不識字，我那裏曉的？」

《馮玉蘭》一、白：「我把這行李一一收拾下了，將這車輛打點的停當。」

上舉各例，意謂準備、安排、收拾。《京本通俗小說・菩薩蠻》：「都管領鈞旨，自去關支銀兩，買辦什物，打點完備。」二拍《李將軍錯認舅，劉氏女詭認夫》：「僕人道：『大戶人家家眷，打點遠避而過。』」《紅樓夢》第七十七回：「我纔把他的衣裳各物已打點下了。」語意俱同。打點，一作打底，點、底雙聲通用。」

（二）

《灰闌記》一【賺煞】白：「你可去衙門打點，把官司上下，布置停當，趁你手裏完成這樁事，我好和你做長遠夫妻也。」

《村樂堂》四、白：「告的相公得知，止有薊州申將一紙，王六斤合毒藥用金打點那箇文書來，人犯還未到哩。」

舊時，用金錢進行賄賂，托人關照，謂之打點。

（三）

《勘頭巾》三【掛金索】白：「那人道：我多時不曾打點罪人。問張千道，這個是甚麼賊，他回是偷馬的、剪綹的。問到我跟前，這個是甚麼賊，那入娘的平白揣與我個名兒叫做潑皮賊。」

上舉之例，意謂查點。《勘頭巾》第二折趙令史說：「我這向不曾查點這囚犯。」前後對照，語意正同，可爲證。

（四）

《虎頭牌》二【離亭宴煞】詩云：「我如今把守去夾山寨口，打點著老精神時常抖擻。」

這裏的「打點」，謂振作。

打看

打一看

《合汗衫》三【普天樂】白：「這官人，好和那張孝友孩兒廝似也。仔細打看，全是我那孩兒。」

《王粲登樓》二【倘秀才】：「〔詩云〕：王粲生的硬，拜著全不應，定睛打一看，腰裏有梃棍。」

《陳州糶米》楔：「〔詩云〕：踏著梯子打一看，原來是塊青白石。」

打看，或作打一看，即看的意思。打爲助詞，與某些動詞結合成一個詞，表示動作正在進行之意。《宣和遺事》亨集：「則見香案上一聲響亮，打一看時，有一卷文書在上。」《清平山堂話本·西湖三塔記》：「老媽打一看道：『叔叔多時不見，今日爲何到此？』」《水滸》第二回：「打一看時，認得是獵戶摽兔李吉。」等等，皆其例。

打揑（dǎ niē）

《望江亭》三【紫花兒序】：「俺則是一撒網，一蓑衣，一箬笠，先圖些打揑。」

打揑，謂生活費用。朱居易釋爲「交易、買賣」（見《元劇俗語方言例釋》），王季思等解爲「錢財」（見《元雜劇選注》），意均近。但何所取義，仍待考。

打捱

打捱：一謂硬幹、勉強、掙扎；二謂拖延。

（一）

《西廂記》五本三折【幺篇】：「硬打捱強爲眷姻，不覷事強諧秦晉。」

《金鳳釵》三【鬭蝦蟆】：「店家不下單客，我做保人知在。一更三點左則，千方百計打捱，冷冷清清禁街，潛潛等等門外。」

《詞林摘艷》卷一張鳴善小令【普天樂・詠世】：「老證候正遭逢，業身軀無安插，見一朝有一朝打捱，捱一夜受一夜波查。」

以上各例意爲硬幹、勉強、掙扎。與「打拍」、「打掙」意近。

（二）

楊梓《霍光鬼諫》一【六幺序】：「休那裏俄延歲月，打捱時光。」

上舉之例，「打捱」與「俄延」互文爲意。《長生殿・見月》：「一時半霎，也難打捱」，也是俄延（即拖延）的意思。

打慘

慘

《董西廂》卷四【中呂調・鶻打兔】：「打慘了多時，癡呆了半晌。」

《拜月亭》一【醉扶歸】：〔猛見末〕〔打慘害羞科〕

《霍光鬼諫》四【駐馬聽】白：「（等駕打慘科，云了。）」

脈望館鈔校本《曲江池》三【青哥兒】：「〔卜打慘云：〕你休拿刀弄杖的，我肯了，我肯了。」

同劇三：「〔末又拿刀要殺卜科，卜又慘：〕肯了，肯了，今番肯肯兒地了。」

打慘，謂驚怔、發呆；例一「打慘」和「癡呆」互文，可證。簡作慘。

打散

《太平樂府》卷九高安道散套【哨遍・淡行院】:「打散的隊子排，待將回數收；搽灰抹土胡僝僽。」

打散，為北曲雜劇體制之一，猶如今之曲藝、雜技之類。《水滸》第五十一回:「每日有那一般打散，或是戲舞，或是吹彈，或是歌唱，賺得那人山人海價看。」可見是很吸引人的。近人孫楷第《也是園古今雜劇考・品題》云:「蓋扮雜劇至末折尾聲止，正劇雖完，而當場之藝猶未結束，觀者猶未去也。至打散訖而承應之事始畢。打散乃正劇之後散段，其事實為送正劇而作者」，甚是。元代以打散著稱者有魏道道。元・夏庭芝《青樓集》「魏道道」條:「勾欄內獨舞《鷓鴣》四篇打散，自國初以來，無能繼者。」元刊本《紫雲庭》四折劇末的套曲【鷓鴣天】和詩，蓋即打散時歌舞的運用。

除此，還有散福的意思，即祭鬼神之後，把酒菜分給大家來吃，例如《儒林外史》第二十回:「先捧到牛布衣柩前奠了酒，拜了幾拜，便拿到後邊與眾人打散。」

打攙

打摻　攙

《救孝子》四:「〔令史打攙云:〕西軍莊人氏，哥哥楊興祖，兄弟楊謝祖，哥哥當軍去了，他調戲他嫂嫂、不肯，他殺了他嫂嫂也。〔王翛然云:〕誰問你來？兀那小廝！你說。〔楊謝祖云:〕西軍莊人氏。……〔王翛然云:〕……著他口中啣著板子，弔下來便打。兀那小廝你說。〔楊謝祖云:〕小人是西軍莊人氏。〔令史又攙科〕」

《霍光鬼諫》四【駐馬聽】:〔做入宮科〕〔做燈後立住等駕打摻科〕

在別人講話時，打岔、插嘴，即有意作題外的問答語，把話頭轉到別處，謂之打攙。打攙，簡作攙，或作打摻。攙（chān）、摻，音義並同。

打落

《竹塢聽琴》四、白:「元來如此，我若不害心疼，等我來打落他一個沒面皮纔好。」

《灰闌記》一【天下樂】白：「妹子，你不曾忘了一句兒也，打落的我勾了，你則是賫發我去者。」

又同劇四【掛玉鉤】白：「你背後常說我似觀音一般，今日卻打落的我成不得個人。」

《符金錠》四【太平令】：「都則爲韓松暴虐，將平人姻緣打落。」

打落，通謂傒落、嘲笑，現在口語中仍有這種說法。例四是指拆散的意思。

打睃

《老生兒》二【幺篇】白：「多謝了父親，引孫，你打睃著，十三把鑰匙都在我手裏也。」

《西遊記》四本十五齣【中呂朝天子】白：「哥哥，你怎得知道？你問我？怎知就裏？且莫要左右打睃，則這一箇手帕兒是何人的？」

《對玉梳》二【醉太平】：「你與我打睃，有甚不瞧科？」

《詞林摘艷》卷一張鳴善小令【普天樂・詠世】：「打睃這波面色兒黃，撲撒這波皮膚皺。」

又同書卷九陳大聲散套【醉花陰・楊柳橫塘淡煙鎖】：「散一會心，打一會睃，要認的周郎是我。」

打睃，謂細看。睃（suō），斜著眼睛看。或分開用，如「打一會睃」，意同。

打喝

《藍采和》二【尾聲】：「打喝處動樂聲，戲臺上呼我樂名。」

打喝，即打和，六十種曲本《琵琶記》十七：「我唱你打和」。喝爲和的同音假借字。和，念去聲，以聲相應也，眾人和唱，即打和之意。宋・孟元老《東京夢華錄》卷九「宰執親王宗室百官入內上壽」條：「參軍色執竹竿拂子，念致語口號，諸雜劇色打和，再作語，勾合大曲舞。」又云：「雜劇人皆打和畢，樂作，群舞合唱，且歌且唱。」

打疊

打迭　打揲

《董西廂》卷三【大石調・洞仙歌】:「道得一聲『好將息』,早收拾琴囊,打疊文字。」

《魯齋郎》三【紅繡鞋】:「怕不待打迭起千憂百慮,怎支吾這短嘆長吁。」

元刊《替殺妻》二【正宮端正好】:「撇罷了腹中愁,則今打迭起心頭悶。」

《梧桐雨》四【正宮端正好】:「這半年來白髮添多少?怎打疊愁容貌!」

《燕青博魚》一【大石調六國朝】:「我揣巴些殘湯剩水,打疊起浪酒閒茶。」

《西廂記》三本三折【折桂令】:「打疊起嗟呀,畢罷了牽挂,收拾了憂愁,準備著撐達。」

《㑳梅香》三【青山口】:教你收拾書箱,打迭行裝,便赴科場。」

《揚州夢》一【油葫蘆】:「打迭起翰林中猛性子挺,拽扎起太學內體樣兒㑳。」

《太平樂府》卷七沙正卿散套【鬭鵪鶉・閨情】:「付能打揲起傷春,誰承望捱不過暮秋。」

打疊,或作打迭、打揲。疊、迭、揲同音通用。意謂收拾、料理,意近「打當」、「打點」。清・劉獻廷《廣陽雜記》:「而今預事曰打疊。」唐・韓偓《偶見》詩:「打疊紅箋書恨字。」(按《全唐詩》打作小。)宋・劉昌詩《蘆浦筆記》:「收拾爲打疊。」吳曾《能改齋漫錄》卷二:「打揲字,趙參政《概聞見錄》云:『須當打揲,先往排辦。』東坡《與潘彥明書》云:『雪堂如要偃息,且與打揲相伴。』」是知唐宋已有此語。或又作打貼,如明・湯顯祖《牡丹亭・冥判》:「敢大金家早晚來無狀,打貼起砲箭旗槍。」或又作抬疊,如喬夢符小令【清江引・笑靨兒】:「抬疊起臉上愁,出落腮邊俏。」

打熬

打敖

打熬：一謂掙扎、支持、忍耐；二謂鍛煉、磨練。

（一）

《救風塵》二【後庭花】白：「我那女孩兒那裏打熬得過！大姐，你可怎生的救他一救？」

《合汗衫》一【混江龍】白：「身上單寒，肚中又饑餒，怎麼打熬的過！」

《還牢末》二【雙鴈兒】：「不隄防哥哥驀來到；哥哥你休躁暴，孩兒雖打熬。」

《馬陵道》二【煞尾】：「攢住眉頭懶轉眸，咬定牙兒且忍羞，打熬著足上浸浸血水流。」

《張協狀元》戲文二十四：「〔末：〕想必出路打敖慣了。〔丑：〕不是。小子忍餓得法，纔肚饑時，緊縛了腰，一番腰緊，便噯一噯。噯！」

打熬，謂掙扎、支持、忍耐；與煎熬意近。熬，一作敖，同音假借。今用爲名詞，謂艱難困苦，如云：「不管情況怎樣嚴重，不論什麼打熬壓到我們頭上，我們都經得起。」（見杜鵬程《保衛延安》。）

（二）

《西廂記》二本楔子【耍孩兒】：「我從來駁駁劣劣，世不曾忑忑忐忐，打熬成不厭天生敢。」

《漁樵記》一【仙呂點絳唇】：「誤殺我者也之乎，打熬成這一付窮皮骨。」

《獨角牛》一【那吒令】：「我可便打熬成，我敢則是溫習就，憑著我這武藝滑熟。」

《詞林摘艷》卷一無名氏小令【殿前歡・醉歸】：「十年前一秀才，黃虀菜，打敖作文章伯，江湖氣槩，風月情懷。」

打熬，謂鍛煉、磨練。《水滸》第十四回：「終日只是打熬筋骨。」同書第二回：「只說史進回到莊上，每日只是打熬氣力。」皆其例。

打十三

《魔合羅》楔【幺篇】詩云：「你若無事到他家裏去，我一準拏來打十三。」

宋代刑法，杖刑分五等，最輕的是打十三下。清·焦循《劇說》卷二云：「《琵琶》白中有『打十三』之說，元人常用之，本宋制：徒刑有五，徒一年杖脊十三；杖刑有五，杖六十者，折臀杖十三。」後來泛稱打人爲打十三；簡作十三，意同。《張協狀元》戲文：「門子打十三。」元本《琵琶記》二十一【金錢花】白：「拿那廝來背起打十三。」《醒世恒言·鬧樊樓多情周勝仙》：「又不是八棒十三的罪過」等皆是。

打雙陸

打馬

《麗春堂》一【賺煞】白：「我與四丞相不射箭，和他打雙陸。」

《東堂老》三【中呂粉蝶兒】：「出來的撥琵琶，打雙陸，把家緣不顧。」

《翫江亭》一、白：「平日之間，好打雙陸、下象棋、拆牌道字、頂眞續麻，無所不通。」

《百花亭》一【金盞兒】白：「他便是風流王煥，據此生世上聰明，今時獨步。圍棊遞相，打馬投壺，……端的個天下風流，無出其右。」

《太平樂府》卷九無名氏散套【耍孩兒·拘刷行院】：「不會投壺打馬，則慣撥麥看牛。」

《盛世新聲》【南呂一枝花·心懷雨露恩】：「行樂時柳營內調絲弄竹，消閑時花陰外打馬藏鬮。」

雙陸，是古代一種棋名。打雙陸，即玩雙陸的意思。玩法是：在一個木製盤子上，左右各畫十二路，叫做梁；用木頭做成三寸多長，上細下粗，形如棒槌的棋子，叫做馬，黑白各十五枚。兩人對下，用兩粒或三粒骰子，擲彩而行；白馬從右到左，黑馬從左到右，先走到對方的，就算得勝。因之打雙陸，也稱打馬。《資治通鑑·梁紀》：「太清三年，嘗與繹雙六，食子未下。」注：「雙六，亦博之一名，《續事始》云：『陳思王製雙六，局置骰子二，唐末有葉子之戲，遂加至六。』《戰國策》曰：『博之所以貴梟者，便則食，不便則止，可以食子而未下者，擬議其便否也。』」唐·劉肅《大唐新語》卷十二「勸勵第二十五」條：「俗云：『雙陸無休勢』，余以爲仕宦亦無休勢，各宜勉之。」《清平山堂話本·快嘴李翠蓮記》：「雙六象棋通六藝。」據此，知雙陸之戲，早已有之，玩法是逐漸發展和完善起來的。

陸、六同音，義同。

打關節

《謝天香》二【賀新郎】白：「怎麼在我行打關節那？」

《燕青博魚》四【折桂令】：「你待要使用金銀，打通關節，救拔囚牢。」

《三奪槊》四【呆骨朵】：「這的又打不得關節，立不得證見。」

關節，指暗中向官吏行賄，請託，以達到某種目的，謂之關節。元·陶宗儀《輟耕錄》卷八「關節梯媒」條：「《杜陽雜編》云：『元載寵姬薛瑤英，善爲巧媚，載惑之。瓊英之父曰宗本，兄曰從義，與趙娟相遞出入，以搆賄賂，號爲關節。趙娟本歧王愛妾，後出爲薛氏妻，生瑤英三人，更與中書主吏卓倩等爲腹心，而宗本輩以事告者，載未不頷之，天下齎寶貨求大官，無不恃載權勢，指薛卓爲梯媒。』又李肇《國史補》總敘進士科云：『造請權要，謂之關節。』牛軻《牛羊日曆》云：『由是輕薄奔走，揚鞭馳騖，以關節緊慢爲甲乙。』以此推之，則諺所謂打關節，有梯媒者，不爲無祖矣。」明·胡震亨《唐音癸籤》卷十八：「凡造請權要，謂之關節。」

打搶背

《氣英布》四：「〔正末扮探子執旗打搶背上，云：〕這一場好廝殺也呵！」

打搶背，舊劇武技之一，與翻觔斗相類；不同點是：頭向前斜折，以背著地。

打雞窩

《陳州糶米》一：「〔二丑斗子上，詩云：〕我做斗子十多羅，覓些倉米養老婆；也非成擔偷將去，只在斛裏打雞窩。」又白：「休要量滿了，把斛放趄些，打些雞窩兒與他。」

又同劇一【油葫蘆】白：「我量與你米，打個雞窩，再搽了些。」

量米時，使斛裏的米周圍與斛口相平而中間窪下，叫做打雞窩。這是當時官吏和差役尅扣百姓的一種貪污手段。

打㨮拾

《黃鶴樓》二【楚天遙】曰：「官人忙便罷，若閑時，家來教你打幾箇㨮拾。」

《雍熙樂府》卷四散套【村裏迓鼓・仕女圓社氣毬雙關】：「你看他打㨮拾雲外飄，蹬圓光當面繞。」

《太平樂府》卷七關漢卿散套【越調鬬鵪鶉・女校尉】：「有一千來㨮拾，上下泛勻勻的論道兒，直使得個插肩來可戲。」

打㨮拾，謂踢氣毬，爲蹴踘戲之一種解數，其動作近似現在的踢毽子，宋元時頗爲風行。

打剌孫

打剌蘇　打剌酥　答剌孫　答剌蘇

《降桑椹》一【金盞兒】白：「哥也，俺打剌孫多了，您兄弟莎搭八了，俺牙不約兒赤罷。」

《哭存孝》一、白：「撒因答剌孫，見了搶著喫。」

《存孝打虎》二【尾聲】白：「金盞子滿斟著賽銀打剌蘇。」

《小尉遲》二【清江引】：「去買一瓶兒打剌酥吃著耍。」

《射柳捶丸》三：「〔黨項云：〕打剌孫喝上五壺。〔阻孛云：〕莎搭八了不去交戰。」

《詞林摘艷》卷三無名氏散套【哨遍・鷹犬從來無價】：「鹽燒肉鋼簽炭火上叉，答剌蘇俺喫剌。」

打剌孫，蒙古語，指酒。明・火源潔《華夷譯語・飲食門》：「答剌孫：酒。」答剌孫即打剌孫，又作打剌蘇、打剌酥、答剌蘇，這是翻譯用字不同的緣故。

打官防

打關防

《董西廂》卷八【般涉調・哨遍纏令】：「您死後教人打官防，我尋思著甚來由？」

《救孝子》四【太平令】：「則您這公廳上將人問枉，去來波！我與你大人行打一會官防。」

《村樂堂》二【賀新郎】：「若拏賊做箇證見，我著他望穿堂打會關防。」

打官防，謂打官司；官，一作關，音義同。

打阿老

《神奴兒》一【混江龍】：「見孩兒撒旖旎，放嬌癡，心鬧吵，眼乜嬉，打阿老，痛傷悲。」

打阿老，是形容悲痛、哭不成聲的狀態。今北語謂之打抖搐（chōu），即抽抽噎噎之意。《元曲選》音釋：「阿，何哥切。」

打眼目

打眼

《破窰記》一【混江龍】：「小則小，偏和咱廝強，不塵俗模樣，穿著些打眼目衣裳。」

《鐵拐李》二【滾繡毬】：「他與你些打眼目的衣服頭面。」

《女學士三勸後姚婆》【紫花兒序】：「爲些個美甘甘茶飯，打眼的衣服，枉圖，辱父母，擇公婆，揀丈夫。」

《盛世新聲》【寨兒令】：「金銷成打眼目新衣，銅鑄就敲腦袋沉錘。」

打眼目，看得上眼、引人注目之意，意指漂亮。簡作打眼，意同；現代口語中還有此用法。

打悲科

做悲科　打悲歌　打悲阿

《魯齋郎》三【紅繡鞋】:「〔旦與李四打悲科。〕〔李四云:〕娘子,你怎麼到得這裏?」

《蝴蝶夢》二【紅芍藥】:〔做打悲科,唱:〕【菩薩梁州】……

《楚昭公》四【沉醉東風】:「〔半旋打悲科,云:〕您兄弟豈望今日與哥哥相見也!」

《任風子》三【五煞】:「由你待叫吖吖叫到明,哭啼啼哭到黑,打悲歌休想我有還俗意。」

《玉壺春》三【滿庭芳】:「〔旦云:〕……則被你悶殺我也!〔做悲科〕」

《酷寒亭》三【紅芍藥】:「那孩兒靈便口嘍囉,且是會打悲阿。」

打,即做的意思。打悲科,猶做悲科,即表現出極爲悲傷的樣子。打悲歌、打悲阿,意並同。科、歌、阿,皆一音之轉。

打道子

《爭報恩》三【越調鬬鵪鶉】:「我只聽的一下鼓、一下鑼,撮枷稍的公吏搊搜,打道子的巡軍每叶和。」

打道子,謂開路,使行人避開,猶云清道。大官吏出行,實行戒嚴、清道,自古有之,《孟子》所謂「行辟人也」。亦稱呵道、開道,或簡作「打道」,如清·孔尚任《桃花扇·逮社》:「吩咐左右,不必打道,盡著百姓來瞧」,是也。子,名詞語尾,無義。參閱「唱道」條。

打頦歌

打孩歌

《酷寒亭》三【採茶歌】:「僧住將手心兒搓,賽娘把指尖兒呵,凍的他戰篤速打頦歌。」

《太平樂府》卷十八散套【寨兒令·風月擔兒】:「蓋藁薦,打頦歌。」

同書卷三無名氏小令【柳營曲·風月擔】:「轝車前唱挽歌,凍的來打孩歌。」

凍餓到極點時，胃部拘攣發出呃（è）聲（氣逆上冲作聲），四肢顫抖，謂之打頦歌。頦、孩同音通用。頦，或作咳，如《西遊記》第四十八回：「將近天曉，師徒們衾寒枕冷，八戒咳歌打戰睡不得。」

打髀殖

《哭存孝》一【後庭花】：「你餓時節搗肉吃，渴時節喝酪水，閑時節打髀殖，醉時節歪唱起。」

《三戰呂布》一、白：「某正在本處與小廝每打髀殖。」

《伍員吹簫》一、白：「他也是個好漢，常在教場中和小的們打髀殖耍子。」

《九宮八卦陣》一、白：「閑來所事都不做，帳房後頭打髀殖。」

打髀殖，契丹的一種遊戲名稱。《元曲選》音釋：「髀，音妣。」關於它的來源和原始的製作及用途，據《元朝祕史》卷三有「於斡難河冰上打髀石時」一語，注曰：「《元史・太祖本紀》曰：『咩撚篤敦第七子納眞詣押剌伊而部，路逢童子數人，方擊髀石爲戲。』據此，則打髀石，乃漠北舊俗也。《契丹國志》曰：『宋眞宗時，晁迥往契丹賀辰還，言國主皆佩金玉錐，又好以銅及石爲槌以擊兔。』然則髀石乃擊兔所用，以麀鹿之骨角或灌銅而成也。」按：髀石，即髀殖，石、殖音近通用。近代湖北兒童尚有「打碑兒」遊戲。

朱居易解爲「擲骰子」，誤。

打模狀兒

打模樣狀兒　打模樣兒

《黑旋風》二【一半兒】：「我打個模狀兒說，可不道有一半兒朦朧，倒有一半兒切。」

《兒女團圓》二【賀新郎】白：「叔叔，你打與我個模狀兒。」

《勘頭巾》三【幺篇】白：「你說你拿去，假若你拿一個平人來，我又不認的，你打與我個模樣狀兒。」

《魔合羅》四【幺篇】白：「你近前來，我打與你個模樣兒。」

打模狀兒，意謂：比劃個樣子看。又作打模樣狀兒、打模樣兒，意並同。

打乾淨毬兒

《李逵負荊》二【倘秀才】：「打乾淨毬兒，不道的走了你！」

打球本易沾泥土，猶如參預其事，一定脫不了干係。這裏說打乾淨毬兒，是比喻置身事外，與己無關。

打甚麼不緊

打是麼不緊　打甚不緊　打甚麼緊

《竇娥冤》三【鮑老兒】白：「這個就依你，打甚麼不緊？」

《漢宮秋》二、白：「想漢家宮中，無邊宮女，就與俺一個，打甚不緊？」

《金鳳釵》四【沉醉東風】白：「我打甚麼緊？爹爹，我替你死罷。」

《合汗衫》二【紫花兒序】：「〔正末唱：〕元來他將著些價高的行貨，〔帶云：〕錢鈔可打甚麼不緊？」

《陳州糶米》一【村裏迓鼓】白：「把你那性命則當根草，打甚麼不緊！」

又同劇二【呆骨朵】白：「老府尹到陳州走一遭去，打甚麼不緊？」

《神奴兒》楔【仙呂賞花時】：「〔李德義做罵科，云：〕村弟子孩兒，你眼瞎，撞了我打是麼不緊，我兩房頭則覷著這個神奴孩兒，就如珍珠一般。」

元時謂要緊爲打緊。《元典章・工部・船隻》：「海道裏官糧，交運將大都裏來的，最打緊的勾當」，是也。「打甚麼不緊」，即打甚麼緊的意思。「不」字，是以反語見義，起加強氣作用。《詩經》有云：「有周不顯」、「帝命不時」。毛氏訓曰：「不顯，顯也。」「不時，時也。」元曲中不緊作緊，蓋導源於此。或作打是麼不緊、打甚不緊、打甚麼緊，意並同。

打一棒快毬子

《救風塵》三【幺篇】白：「打一棒快毬子，你捨的宋引章，我一發嫁你。」

宋元時毬戲，有棒打、騎在馬上用棒打及足踢等方式。「打一棒快毬子」，是當時打毬的術語，比喻作事痛快，直截了當，能迅速解決問題。

打簸箕的尋趁

《救孝子》二【滾繡毬】：「兒呵，喒子母們緊廝跟，索與他打簸箕的尋趁。」

打簸箕的尋趁，謂團團的跟尋。按「簸箕」，圓形，故以之喻團團轉；尋趁，即尋。

大小

大小，爲估量大小之詞，視上下文語氣側重大或小，引申義爲情況。

（一）

《黑旋風》楔【越調金蕉葉】：「你看他那説話處呵，他做多少丟眉弄色！你看他那行動處呵，做多少家鞋弓襪窄！可怕不打扮得十分像胎，你可敢記著一場天來大小利害。」

《西廂記》五本四折【喬牌兒】白：「若有此事，天不蓋，地不載，害老大小疔瘡！」

《藍采和》四【太平令】：「出來的偌大小年紀；這個道七十，那個道八十，婆婆道九十。」

《飛刀對箭》二、白：「那廝使的是簸箕大小開山斧，我可輪的是雙刃劍。」

上舉「大小」各例，反義詞偏用，視語氣重在大字。「天來大小利害」，即天大利害也；「害老大小疔瘡」，即害老大疔瘡也。《董西廂》卷四：「張兄淫濫如豬狗，若夫人知道，多大小出醜！」明・朱有燉《慶朔堂》四：「腆著個惹大小的腌老。」或作小大，蘇轍《上樞密韓太尉書》：「今觀其文章，寬厚宏博，充乎天地之間，稱其氣之小大。」亦皆偏重在「大」字。

（二）

《蝴蝶夢》二【牧羊關】：「這一個偌大小是老婆子擡舉。」

《西廂記》四本三折【收尾】：「遍人間煩惱塡胸臆，量這些大小車兒如何載得起？」

《獨角牛》二【耍三臺】：「你道他偌來肥胖，你道我恁來大小身材。」

《延安府》三、白：「潁柰此人無禮，量你是箇芥子大小官職，到的那裏！」

《詞林摘艷》卷一蘭楚芳小令【四塊玉・風情】：「斤兩兒飄，家緣兒薄，積壘下些娘大小窩巢。」

以上「大小」各例，反義詞偏用，視語氣重在小字。閔遇五注《西廂》云：「今俗言器物之小者，曰能有許多大小」，甚是；焦循《劇說》謂大小爲多小，凌蒙初謂這些大小爲不多大小，張相謂這些大小車兒爲偌大車兒，均可備一說。此語早見於南北朝，如《南史・王元規傳》：「姻不失親，古人所重，豈敢輒婚非類？量著這大小車，如何載得起」？是也。明・徐渭《雌木蘭》四：年芝蔴大小官兒。」《紅樓夢》第一回：「縮成扇墜大小的可佩可挐。」皆其例。

（三）

《董西廂》卷二【大石調・玉翼蟬】：「嚼碎狼牙，睜察大小。」

大小，本如上述爲估量之辭，這裏引申作情況講；「睜察大小」，即睜眼察看情況也。但此義不多見。

大古

大故　待古　特古　特故　大都　待都　大綱　大剛　大岡　待剛

大古：一謂大概、多半、總之、總算；二謂特別、特意、硬要。

（一）

《梧桐雨》三【胡十八】：「更問甚陛下，大古是知重俺帝王家？」

《秋胡戲妻》二【醉太平】：「爹爹也，大古裏不曾吃那些酒食。」

《霍光鬼諫》二【剔銀燈】：「將一箇親子妹向君王行托獻，大古裏是布衣走上黃金殿。」

《金錢記》二【醉太平】：「大古來布衣走上金鑾殿，可甚麼笙歌引至畫堂前？也是我時乖命蹇！」

《漢宮秋》四【滿庭芳】：「又不是心中愛聽，大古似林風瑟瑟，嵓溜泠泠。」

《豫讓吞炭》三【眉兒彎】：「誰戀你官二品，車駟馬，待古有德行的富貴榮華。」

《藍采和》一【寄生草】：「喫了些吹歌妓女酒和食，待古裏瑤池王母蟠桃宴。」

《楚昭公》三【煞尾】：「俺如今一程程逐去途，一心心懷故土，大都來是一興一敗天之數。」

任訥校本《樂府白雪陽春》後集三貫酸齋小令【金字經】：「楚臺雲歸去，待都來三二朝，閒煞東風碧玉簫。」

《玉鏡臺》一【金盞兒】：「大綱來陰陽偏有準，擇日要端詳。」

《裴度還帶》二【哭皇天】：「大剛來則是我時分命矣。」

《兒女團圓》三【浪裏來煞】：「大剛喒這人生最苦是離別。」

《七里灘》三【滾繡毬】：「待剛來我根前顯耀他帝王的權柄。」

以上諸例，意爲大概、多半、總算、總之。大古，或作待古、大都、待都、大綱、大剛、待剛，音近意並同。唐・韓愈《畫記》：「乃命工人存其大都焉。」李山甫《曲江》詩：「一種是春常富貴，大都爲水也風流。」以上爲大概之意。唐・寒山《詩三百三首》之一：「五言五百篇，七字七十九，三字二十一，都來六百首。」宋・葉紹翁《謁半山祠》詩：「都來二百年間事，燕麥戎葵幾度風？」以上「都來」爲總括之意；與「大都」等意義相近。後綴裏、來、的、喒等字爲語尾助詞，無義；下同。

（二）

《玉鏡臺》四【掛玉鉤】：「我從小裏文章不大古，年老也還有甚詞賦？」

《虎頭牌》四【尾聲】：「只留得你潦倒餘生，便是大古裏�。」

《合汗衫》三【煞尾】：「我今日先認了那個孫蟲兒大古來咻。」

元刊本《薛仁貴》一【醉扶歸】：「薛仁貴箭發無偏曲，手段不尋俗，張士貴拽硬射親卻不大故。」

元刊本《趙氏孤兒》四【石榴花】：「這個老丈丈爲甚遭誅戮？這個穿紅袍的大故心毒。」

《蕭淑蘭》三【殿前歡】：「誰想你睡夢裏也將人冷侵，待古裏掂折了玉簪，摔碎了瑤琴。」

《東堂老》三【蔓青菜】:「諕得他手兒腳兒戰篤速,特古裏我根前你有甚麼怕怖?」

《救風塵》三【倘秀才】:「怎知我嫉妒呵,特故裏破親?」

《殺狗勸夫》一【混江龍】:「不是我特故的把哥哥來恨,他他他不思忖一爺娘骨肉,卻和我做日月參辰。」

《紫雲庭》三【中呂粉蝶兒】:「阿!大岡來意氣相合,今日把我情腸,他肺腑,都混成一個。」

又同劇四【七弟兄】:「他也大岡,你行,也有些情腸。」

《翫江亭》四【七弟兄】:「這廝便指望,大綱要成雙。」

大古,意為特別、特意、硬要。或作大故、待古、特古、特故、大岡、大綱,音近意並同。另又作特骨,如戲文《張協狀元》:「又何苦特骨的要嫁狀元。」按大同太,待、特雙聲;古、故、骨、岡、綱亦雙聲字,皆一聲之轉。

大曲

《金線池》楔【仙呂端正好】:「鄭六遇妖狐,崔韜逢雌虎,那大曲內盡是寒儒。」

《謝天香》三【窮河西】:「怕待學大曲子,我從頭兒唱與你,本記的人前會,掛口兒從今後再休題。」

《陽春白雪》後集五無名氏散套【新水令】:「奏鳳管冰絃,唱大曲梨園。」

大曲,為諸部合奏、歌舞相兼之樂舞曲。宋・陳暘《樂書》云:「優伶常舞大曲,惟一工獨進,但以手袖為容,蹋足為節,然大曲前緩疊不舞,至入破則羯鼓、襄鼓、大鼓與絲竹合作,句拍益急,舞者入場,投節制容,變態百出。」「大曲」之名,據《太平御覽》卷五百五十七,謂始見於漢末蔡邕《女訓》,曰:琴曲,小曲五終則止,大曲三終則止。而詳於《宋書・樂志》。其所以名為大曲者,據郭茂倩說:「諸同曲皆有辭有聲,而大曲又有艷、有趨、有亂。辭者,其歌詩也;聲者,若羊吾夷伊那何之類也。艷在曲之前,趨與亂在曲之後。」(詳見王國維《唐宋大曲考》。)自沈約至於兩宋,皆以遍數多者為大曲。淵源雖異,其意則一。兩宋以前的「大曲」曲辭,即舞蹈時的音樂和唱辭,與戲劇尚無聯係,到趙宋才有敘事體「大曲」的產生,並蔚為一時風尚。其後雜劇與歌舞，採用其樂調，大曲便逐漸在雜劇中發揮其影響與作用。

大走

《董西廂》卷八【中呂調・古輪臺】:「大走入衙門，直上廳來。」

《生金閣》二【紫花兒序】:「豈敢行唐，大走向庭前去問當。」

《王粲登樓》一【那吒令】:「我則待大走上韓元帥將壇，我雖貧呵樂有餘，便賤呵非無憚，可難道脱不的二字饑寒。」

《劉行首》一【混江龍】:「脫離了火院，大走入玄門。」

《爭報恩》四【側磚兒】:「我這裏急慌忙那身起，大走到向他根底」

大走，謂大步走，表示急忙、急切之意。

大勢

《漢宮秋》二【隔尾】白:「如今北番呼韓單于差一使臣前來，説毛延壽將美人圖獻與他，索要昭君娘娘和番，以息刀兵；不然，他大勢南侵，江山不可保矣。」

《伍員吹簫》四【得勝令】白:「我如今要統大勢雄兵，征伐鄭國去也。」

《馬陵道》四、白:「聞得他兵法更勝似那龐涓百倍，俺如今就拜爲軍師，統領大勢雄兵，會合各國大將，與龐涓決戰。」

《小尉遲》一、白:「若贏了那尉遲敬德，那時節，其親統大勢雄兵，直殺過去，覷大唐一鼓而下，有何難哉？」

大勢，有大批、大規模等意，言聲勢浩大也。南宋・彭大雅、徐霆《黑韃事略》:「如大勢軍馬，併力蝟集，則生燒琵琶，決擇一人，以統諸部。」《元朝秘史》卷八:「頃者乃蠻大勢亦敗。」《鐵函心史》:「元虜大勢合圍月餘。」「大勢」云云，義並同。《三國志・魏志・劉放傳》:「威刑既合，大勢以見。」按此謂大局之趨勢。

大會垓（gāi）

《薦福碑》三【耍孩兒】:「正遇著東海龍王大會垓，他共我冤仇大，將這座藥師佛海會，都變做趙太祖凶宅。」

《氣英布》四、詩云:「霸王當日渡江來，一騎烏離百萬開；欲知沛上眞龍起，試看軍前大會垓。」

《兩世姻緣》四【水仙子】:「也曾細柳營中大會垓。」

《賺蒯通》四【駐馬聽】白:「韓信九里山前大會垓，兵權百萬，皆歸掌握，恁時不反，如今乃反，是三愚也。」

《小尉遲》二【迎仙客】:「他曾上甚惡戰場，他曾經甚大會垓，他則是劣馬乍調嫌路窄。」

大會垓，謂大會戰。垓，指垓下，地名。劉邦曾率韓信、彭越、劉賈諸軍圍項羽於垓下，羽敗死。後來古典戲劇小說因謂會戰爲會垓。

大廝八

大四八　大廝家　大廝把　大廝併　大四至

《玉鏡臺》二【菩薩梁州】:「更有場大廝併，月夜高燒絳蠟燈，只愁那煩擾非輕。」

《調風月》三【幺】:「這一場了身不正，怎當那廝大四至鋪排，小夫人名稱？」

《貨郎旦》二【鴛鴦尾煞】:「暢道你父親此地身亡，你是必牢記著這日頭。大廝八做箇週年，分甚麼前和後。」

《百花亭》一【醉扶歸】:「自笑我有那崔護詩才幾些？怎敢便大廝八將涼漿謁。」

《太平樂府》卷九楊立齋散套【哨遍・七煞】:「據小的每瞅大廝八，著幾條畫木作陳蕃榻。謝尊官肯把荒場降，勞貴腳還將賤地來踏。」

《詞林摘艷》卷一張鳴善小令【普天樂・詠世】:「大廝八的燕雀喧，熱廝撲的蜂蝶過。」

《太平樂府》卷六顧君澤散套【點絳唇・四友爭春】:「大斯家包藏得險，友朋每講論得同。」

《雍熙樂府》卷八散套【一枝花・春】：「一箇大四八忙牽金勒馬，一箇俏聲兒回轉畫輪車。」（《詞林摘艷》卷八作「大廝把」。）

以上所舉各例，「大四至」見《元典章・兵部一》，當時可能是萬戶、千戶等世襲軍官的共同稱號；後來轉義為大模大樣、很像樣、有氣派。寫法又演化為大廝八、大四八、大廝家、大廝把、大廝併，音近義並同。宋・曹勳【訴衷情】詞：「賢且廣張四至，我早已優游。」觀此語，似又早於大四至。又，舊時丈量土地，有「四至」（東西南北各至某處）的說法；後轉為廣大、寬闊之意，與劇詞「大四至」意義略近。此詞來源確義，尚待考。

呆屌（diǎo）

《玉壺春》二【隔尾】白：「呆屌唱的好，踏開這屌門。」

呆屌，罵人話，傻屌之意，猶呆鳥。《水滸》第四十回：「楊林笑道：『哥哥，你看我結果那呆鳥。』」《西湖二集》第二十四回：「也有道周必大是個呆鳥，怎生替人頂缸，做這獃事。」皆其例。

呆僗（dāi láo）

《西廂記》一本四折【喬牌兒】：「舉名的班首眞呆僗，覷著法聰頭作金磬敲。」

呆僗，癡愚貌，義猶杓倈；倈、僗雙聲字。明・王伯良曰：「呆僗，方言也，猶言癡呆懵懂之意；古本作勞，音義並同。」明・閔遇五曰：「僗，勞去聲，北方罵人多帶僗字，如云囚僗、饞僗之類，不知何義。」王季思在引證上說後則謂：「按『僗』蓋『獠』字之訛。《青衫淚》劇第四折【幺篇】曲：『怎當那獠姨夫物擡高價。』北人罵南人為『獠』，自隋唐時已然。劉賓客《嘉話錄》，記賈嘉隱對徐勣曰：『胡頭尚為宰相，獠面何廢聰明？』《唐書・褚遂良傳記》：武后斥遂良曰：『何不撲殺此獠？』」王說對閔說的補充，頗有可取，因錄於此。

呆禪（dāi chán）

《莊周夢》二【煞尾】：「猜呆禪，打啞謎，能參透，其中意。」

呆禪，謂隱晦難解的語言或事理，意用「啞謎」。「猜呆禪，打啞謎」，實指一事，不過重言之耳。

呆不騰

呆鄧鄧　呆呆鄧鄧

《燕青博魚》四【攪箏琶】:「爲甚麼乾支剌吐著舌頭，呆不騰瞪著個眼腦。」

《竹葉舟》三【隔尾】:「你莫不是燃犀溫嶠江心裏走，你莫不是鼓瑟湘靈水面上遊，卻教我呆鄧鄧葭蒲邊耐心守。」

《賺蒯通》三【禿廝兒】:「我爲甚的呆鄧鄧把衣裳袒裸，亂蓬蓬把鬢髮婆娑？」

《黃花峪》一【油葫蘆】:「則聽啾啾唧唧聒耳山禽唱，諕的那呆呆鄧鄧的麞鹿赤留出律的撞。」

呆不騰，呆癡貌；不騰，或作鄧鄧，都是「呆」的狀語。或疊語作呆呆鄧鄧，意同。

呆里(裏)撒奸

呆裏奸

《西廂記》三本二折【滿庭芳】:「你休要呆里撒奸，你待要恩情美滿，卻教我骨肉相殘。」

《雍熙樂府》卷五散套【點絳唇·常言俗語】:「見景生情，隨機而變，呆裏撒奸，涎皮賴臉。」

《漁樵閒話》二【上小樓】:「呆裏奸，直裏彎。」

呆里撒奸，謂外裝癡呆，內懷奸詐，即裝瘋賣傻之意。《金瓶梅》第八十六回:「王婆道:『金蓮，你休呆裏撒奸，說長道短！』」亦其例也。簡作呆裏奸，意同。

歹鬬

夕鬬

歹鬬:一謂兇狠毒辣；二謂惹氣、鬬爭。

(一)

《燕青博魚》二【後庭花】:「調動我這三尺攔關臂，努起一千條歹鬬觔。」

《玉壺春》三【鮑老兒】：「冷臉似冬凌塊，夕鬬毛齊眼睛向下排。」

《曲江池》二【南呂一枝花】：「俺娘眼上帶一對乖，心内隱著十分狠，臉上生那歹鬬毛，手内有那握刀紋。」

《漁樵記》二【倘秀才】：「你個好歹鬬的婆娘，好便忒利害。」

以上各例，用爲狀語，意爲兇狠毒辣、兇頑好鬬。夕鬬之夕，爲「歹」字之訛。元・李直夫有《歹鬬娘子勸丈夫》雜劇。

（二）

《單鞭奪槊》二【幺篇】：「雖然他人又強，馬又肥，也拚的和他歹鬬，難道我李世民便落人機彀？」

《黑旋風》一【哨遍】：「但惱著我黑臉的爹爹和他做場的歹鬬，翻過來落可便弔盤的煎餅。」

又同劇四【中呂粉蝶兒】：「酒果做緣由，安排下這場歹鬬。」

《詞林摘艷》卷一無名氏小令【三番玉樓人・閨情】：「暗想他忒情雜，等來家好生歹鬬咱，我將他臉兒上不抓，耳輪上揪罷，我問你昨夜宿誰家？」

上舉「歹鬬」，用作動詞或名詞，意爲惹氣、鬬爭。

歹事頭

《單刀會》二【隔尾】：「惱犯雲長歹事頭，周倉哥哥快爭鬬。」

《救風塵》二【後庭花】：「傳示與休莽戇收心的女，拜上你渾身疼的歹事頭。」

《醉寫赤壁賦》二【哭皇天】：「傳與俺這壞風俗歹事頭：一箇在潮陽路上，一箇在采石渡口。」

《韓翠蘋御水流紅葉》【二煞】：「弄詩章相戲逐，不良才歹事頭，去年間寫兩句詩迤逗。」

歹事頭有數義：一謂不好惹的人，如例一；二謂受苦人、倒霉者，如例二、三；三謂壞家伙，實爲對愛者的暱稱，以反語見意，如例四。

歹事頭，簡作歹事或事歹，「頭」爲名詞語尾，不爲義，如：《新編五代梁史平話》卷上：「交遊的是豪俠強徒，說話的是反叛歹事。」此「歹事」謂歹徒也。《盛世新聲》【仙呂點絳唇・天霽雲開】：「外面兒模樣好，就裏最爲事歹。」此「事歹」謂狠毒也。皆屬於上舉之例一之義。

大（dài）

待

大，同待：一猶將，猶要，打算之意；二用作語助詞。

（一）

元刊本《拜月亭》三【滾繡毬】白：「梅香，安排香卓兒去，我大燒炷夜香咱。」（《外編本》「大」作「要」。）

《調風月》二【四】：「大爭來怎地爭，待悔來怎地悔，怎補得我這有氣分全身體？」

《貶夜郎》二【滾繡毬】：「這酒尋芳踏雪沽，棄琴留劍與；便大教我眼睜睜死生無路，莫不仕途中買我胡突？」

《救風塵》一、白：「他一心待嫁我，我一心待娶他，爭奈他媽兒不肯。」

《合汗衫》二【小桃紅】：「這打玟兒信著誰人話？無事也待離家。你爹娘年紀多高大，怎不想承歡膝下，剗的去問天買卦？」

《兩世姻緣》二、白：「我恰纔待睡一會，是甚麼驚覺我來？」

大，音讀同「待」，用法亦同；猶將、要，打算的意思；多見於古典戲曲小說中；宋詞亦多用之，如柳永【木蘭花・柳枝】詞：「楚王空待學風流，餓損宮腰終不似」，是也。現在方言中仍保存此種用法。

（二）

《拜月亭》二【二煞】：「只願的南京有俺親娘，我寧可獨自孤孀。怕他大抑勒我則（別）尋箇家長，那話兒便休想。」

又同劇同折【三煞】：「男兒，怕你大贖藥時準備春衫當，採食後隄（提）防百物傷。」

元刊本《薛仁貴》一【賺煞尾】：「官裏待報答你那血濺的戰袍紅，草染的紅柳綠。」

《竇娥冤》一【仙呂點絳唇】：「天若是知我由，怕不待和天瘦。」

《金錢記》一【寄生草】：「那姐姐怕不待龐兒俊俏可人憎，知他那眉兒淡了教誰畫。」

《桃花女》楔【仙呂端正好】：「〔卜兒做叫科，云：〕石留住待！〔石留住做應科，云：〕哎！〔卜兒再叫科云：〕石留住待！〔石留住再應科，云：〕哎！……」

《兒女團圓》三【梧葉兒】：「他是個不覩事的喬男女，你便橫枝兒待犯些口舌。」

大，同待，用作語助詞，置於句末或句中；相當於現代漢語中的「呵」字、「啊」字。此用法宋詞中已有之，如何夢桂【沁園春】詞：「問韶光九十，何如今待！」意謂：「試問九十天春光，那如現在呵！」

大夫（dài・fu）

《拜月亭》二【牧羊關】：「這大夫好調理，的是診候的強。」

《降桑椹》二【逍遙樂】白：「俺是箇官士大夫，上他門來看病，消不的他接待接待？就著俺過去！」

大夫，上例指醫生。《京本通俗小說・碾玉觀音上》：「啓請婆婆過對門裱褙鋪裏請璩大夫來說話。」這指的是手工藝者。按：大夫本古之官稱，三代之官，以卿、大夫、士三者爲等級。隋唐至明清爲文散官之稱，如光祿大夫之類。借用官職以尊稱有專門技藝的人，在宋元時代很普遍，甚至稱茶役爲茶博士，稱酒保爲酒博士，等等。究其起因，大抵由於唐末五代以來，官爵泛濫，以官名相濫稱，愈演愈烈，才形成這樣的社會風氣。

帶鞓（tīng）

《昊天塔》四【七弟兄】：「把這廝帶鞓可搭的揝定。」

《硃砂担》三【正宮端正好】：「我將這帶鞓來攙，我把這唐巾按。」

《楚金仙月夜杜鵑啼》【上馬嬌】：「則見他把見識尋，智量搜，推把帶鞓搊。」

帶鞓，皮帶、腰帶。《宋史・輿服志五》：「諸軍將校，並服紅鞓。」元曲中也有指鞋帶的，如《陳摶高臥》一【醉中天】：「教我空踏斷草鞋雙帶鞓。」

待詔

《梧桐雨》四【滾繡毬】:「這待詔手段高，畫的來沒半星兒差錯。」

《漢宮秋》一【醉扶歸】:「我則問那待詔別無話，卻怎麼這顏色不加搽？」

《薦福碑》二【煞尾】:「請一個傳神巧待詔，一幅丹青寫容貌。」

《藍采和》二【鬭蝦蟆】:「待詔他也世情，說著的便決應，畫的十分可磣，怎覷那般行徑？」

待詔，本是官名。漢代，被政府徵辟到京師去作官的人，稱爲「待詔公車」。公孫弘曾以博士待詔金馬門，見《漢書・公孫弘傳》。唐置翰林院，凡文詞、經學之士，下至卜醫技術之流，也都養在裏面，以待皇命詔命，故有畫待詔、醫待詔等稱。唐・張祜《病宮人》詩:「藥餌無徵待詔愁」，是唐代稱醫生爲待詔之證。宋元時對手藝人尊稱爲待詔，亦由此而來。如上舉元劇各例，均指畫待詔。《清平山堂話本・五戒禪師私紅蓮記》:「這清一遂浼人說議親事，將紅蓮女嫁與一個做扇子的劉大（待）詔爲妻。」此「大詔」指工匠。《水滸》第四回:「智深便問道:『兀那待詔，有好鋼鐵嗎？』」此「待詔」指鐵匠。清・梁章鉅《稱謂錄・百工・待詔》:「鑷工稱待詔，元之舊習，古所謂修容，今所謂剃頭也。」但「待詔」一詞，在現代方言中依然使用，如舊時農村中有稱理髮師爲待詔的。

待報

大報　報官囚　抱官囚　暴囚

《緋衣夢》三、白:「那待報囚人有麼？與我拿上廳來！」

《救風塵》二【後庭花】:「逐朝家如暴囚，怕不將性命丟。」

《冤家債主》二【商調集賢賓】:「自分開近併來百事有，這的是爲兒女報官囚。」

《羅李郎》一【混江龍】:「假若便功名成就，算來則是抱官囚。」

《勘頭巾》二【牧羊關】白:「大人，張鼎行至稟牆邊，見一個待報的囚人，稱冤叫屈。」

《魔合羅》三、白:「待報的囚人在那裏？」府尹又白:「則這個是那待報的女囚？」

《東窗事犯》三【聖藥王】：「臣海外收伏了四百州，將凌煙閣番作抱官囚。」

《竹葉舟》二【收江南】：「枉了俺這大羅仙來度脱你個報官囚。」

《勘金環》四【折桂令】白：「今日陞廳，一件王事不曾斷，訟廳上與一箇大報的女囚，抱頭相哭，可是為何？」

待報，謂已判死刑，上報等待批准執行的囚犯。《通鑑》卷二十七《漢紀》：「初，（嚴）延年母從東海來，欲從延年臘，到洛陽，適見報囚。母大驚。」胡注：「顏師古曰：『奏報行決也。』原父曰：『檢尋前後直，謂斷決囚為報耳。非奏得報也。如今有司書囚罪，長吏批准斷，是所謂報也。』」《元史・刑法志三》：「諸謀反事覺，捕治得實，行省不得擅行誅殺，結案待報。」待報，或作大報、報官囚、抱官囚、暴囚，義並同。按，「報囚」二字，在元劇中多用為詈辭，如《冤家債主》等例是也。

戴勝

《謝天香》一、詩云：「寒蛩秋夜忙催織，戴勝春朝苦勸耕；若道民情官不理，須知蟲鳥為何鳴。」

《酷寒亭》楔、詩云：「寒蛩秋夜忙催織，戴勝春朝苦勸耕；若道官民無統屬，不知蟲鳥有何情。」

《紅梨花》一、詩云：「寒蛩秋夜忙催織，戴勝春朝苦勸耕；人若無心治家國，不知蟲鳥有何情。」

戴勝，鳥名，又名戴鵀、戴南、戴鳻，夏北來，冬南去；狀似鵲，頭有冠，五色，如方勝，故名。《爾雅・釋鳥》「戴鵀」注：「鵀（rèn）即頭上勝，今亦呼為戴勝。」《方言》八：「尸鳩，東齊海岱之間，謂之戴鳻，或謂之戴勝。」《禮記・月令》：「季春之月，戴勝降於桑。」唐・韋應物《聽鶯曲》：「伯勞飛過聲跼促，戴勝下時桑田綠。」

耽待

躭待　擔帶

耽待：一謂包含、寬容、關照；二謂擔當、擔承。或作躭待、擔帶，音義並同。

（一）

《牆頭馬上》二【黃鍾尾】：「不是我敢爲非敢做歹，他也有風情有手策，你也會圓成會分解，我也肯過從肯躭待。」

《救孝子》一【憶王孫】：「則他這數年家，將俺寡婦孤兒躭待煞。」

《薛仁貴》二【浪裏來煞】：「我只見麻繩背綁教他難掙閫，著誰來把孩兒耽待？」

《來生債》四：「〔靈兆云：〕你參空禪仔細追求，怎生見眞佛昂然不拜？〔禪師云：〕得悟時拈起放下，拜佛也有何躭待？」

《樂府群珠》卷一張雲莊小令【山坡羊・述懷】：「你便有文才，有錢財，一時間怕不人躭待？」

耽待，謂包含、寬容、關照。又作擔帶，如柯丹丘《荊釵記》六：「要成就小兒姻親，全賴高賢擔帶。」另又作擔待，如明・檞園居士《天桃紈扇》四：「喜得劉公念肯相擔待，偷閒疾走到花街。」此語現在仍通用，如說：「巡長，您多擔待，她小孩子，不懂事。」（見老舍《龍鬚溝》。）

（二）

《董西廂》卷五【大石調・感皇恩】：「張君瑞病懨懨擔帶不去。」

《隔江鬬智》四【沽美酒】：「見君師送酒來，空折殺女裙釵，多虧你決勝成功將相才，與妾身有何擔帶，敢勞動這酬待？」

擔帶，謂擔當、擔承。第一例「擔帶不去」，即擔當不住、受不住的意思。第二例猶言關連、關係。《儒林外史》作「擔戴」，如云：「若有些須怠慢，山人就擔戴不起。」此用法現在也有，如說：「老爺子，你一走，我可擔待不起啊！」（見賈克《大勢所趨》。）

躭饒

擔饒　單饒

《董西廂》卷四【雙調・攪箏琶】：「官人每更做擔饒你，須監守得你幾夜。」

《薦福碑》二【滾繡毬】：「俺兩個一時本是知心友，不想道半路裏番爲刎頸交，他怎肯將我躭饒？」

《西廂記》三本二折【上小樓】：「若不是覷面顏，廝顧盼，擔饒輕慢。」

《老生兒》二【脫布衫】：「今日個散錢呵，您不合閒焦，看我面也合道是躭饒。」

《鐵拐李》一【賺煞尾】：「有人若是但論著，休想道肯擔饒，早停了俸，追了錢，斷罷了。」

《舉案齊眉》四【折桂令】：「且只索做小伏低，從今後望爹爹權把俺躭饒。」

《爭報恩》四【得勝令】白：「姐姐看了俺弟兄的面皮，單饒了你姐夫一個罷！」

《宋元戲文輯佚·風流王煥賀憐憐》【中呂過曲·剔銀燈】：「伏不是權且恕我，有好處單饒折過。」

躭（耽）饒，謂寬恕。或作擔饒、單饒；擔、單均音同借用。

擔負

擔負公徒

《蝴蝶夢》二【鬬蝦蟆】：「二哥活受地獄，疼痛如何擔負？」

同劇二【梁州第七】：「這公事不比尋俗，就中間擔負公徒。」

《劉知遠諸宮調》十二【般涉調·牆頭花】：「三娘微笑，兄嫂自思慮，十二、三年發狠毒，休言道是俺夫妻，佛也應難擔負。」

《董西廂》卷四【仙呂調·繡帶兒】：「這些兒羞懶，怎能擔負？」

肩載曰擔，背載曰負；擔負，謂負荷也。《詩·商頌·玄鳥》：「百祿是荷。」箋：「謂擔負天之多福。」《史記·平準書》：「作者數萬人，千里負擔饋糧。」《漢書·兒寬傳》：「大家牛車，小家擔負。」《魏志·楊阜傳》：「轉運之勞，擔負之苦。」引申爲忍受之意。《黃粱夢》二【逍遙樂】：「休道是濁骨凡胎，便是釋迦佛也惱下蓮臺。」按句中「佛也惱下蓮臺」是歇後語「忍無可忍」之意。與上舉《劉知遠諸宮調》「佛也應難擔負」句例比照，可證擔負爲忍受之意。《蝴蝶夢》中的「擔負公徒」，意爲忍受刑罰。

擔荷

《桃花女》二【伴讀書】：「你休則管裏閒攛掇，休則管裏空擔荷，我如今綠鬢朱顏如花朵。」

擔荷，謂以肩負物也，與上條擔負意同。《管子・小匡》：「負任擔荷，服馬輅馬，以周四方。」《國語・齊語》：「以知其市之賈，負任擔荷。」《楚辭》嚴忌《哀時命》：「負擔荷以丈尺兮。」注：「背曰負，荷曰擔。」曹植《精衛篇》：「緹縈痛父言，荷擔西上書。」引申義爲負責，如《桃花女》劇例是也。《長生殿・冥追》：「只有癡情一點、一點無摧挫，拚向黃泉，牢牢擔荷。」義同。

單注

單註　單主

《雙赴夢》二【梁州】：「單注著東吳國一員驍將，砍折俺西蜀家兩條金梁。這一場苦痛誰承望。」

《後庭花》二【梁州第七】：「他兩個無明夜海角天涯去，單注他合有命，俺合粧孤。」

《襄陽會》三【紅繡鞋】白：「這一陣風不按和炎金朔，是一陣信風，單主著今日午時候，必有軍情事至也。」

《降桑椹》一【混江龍】：「這雪單注著多收五穀，廣贍倉廒。」

《劉行首》三【滿庭芳】：「我度你個小鬼頭冰清玉潔，單注著老妖精祿盡衣絕。」

《存孝打虎》一【寄生草】：「決勝千里辨輸贏，單註著黃巢今日何當敗。」

同劇一【後庭花】：「單註著李鴈門威風大，今日箇黃巨天旺氣衰。」

又同劇二：「〔李克用云〕：此夢怎生單主吉，不主凶？〔周德威云：〕單主今日，日當卓午，得一箇應夢的將軍。」

《連環計》二：「〔正末做再看科，云：〕布上兩頭一個口字，分明是藏著呂布二字。但這布不長九尺，又不長一丈一尺，主何意思，這個卻解不過來。〔蔡邕云：〕有甚難解處？這布足足一丈，單主著董卓數足，早晚死也，若死必在呂布之手。」

單注，特獨注定將要發生什麼事情之意，謂象徵、徵兆、標誌。或作單註、單主，意同。徐嘉瑞據《後庭花》劇，把「單注」釋為「逃亡飄流」，誤。

單倈

擔倈　倈儃

《青衫淚》三、白：「那單倈吃酒去了，不在船上。」

又同劇同折【撥不斷】白：「今日那單倈又吃酒去了。」

又同劇同折【梅花酒】：「〔旦云：〕單倈沉醉睡著，妾隨相公去罷！〔唱：〕……那單倈正昏睡，囫圇課你拿只。」

《太平樂府》卷九高安道散套【哨遍·嗓淡行院】：「跎跛的單腳實村紂，呼喝的擔倈每叫吼，瞧粘的綠老更昏花，把棚的莽壯眞牛。」

同書卷六喬夢符散套〔行香子·題情〕：「不是我將伊調販，早攛斷那倈儃，任從他外人儹。」

元劇中扮演小孩的叫做倈兒，故「倈」字可作人稱。單倈，用為貶詞，即蠢傢伙、笨蛋、惡棍、流氓的意思；與「呆傍」、「杓倈」意近。單倈蓋呆傍之音轉。《太平樂府》作擔倈，又倒作倈儃，音義並同。胡忌注「擔倈」為挑担的人（見《宋金雜劇考》），誤。

淡

啖　澹

淡：一謂飯菜缺少調料及葷食味道不濃；二謂生活平淡，不感興味；三謂素裝。

（一）

《遇上皇》四【七弟兄】：「微臣怎敢把大大官參，我則知苦、澀、酸、渾、淡，清光滑辣任迷貪。」

《岳陽樓》三【滾繡毬】：「我穿著領布懶衣，不吃煙火食、淡則淡，淡中有味。」

《西廂記》二本楔子【滾繡毬】：「這些時吃菜饅頭委實口淡。」

《東坡夢》二【牧羊關】：「雖然是食酸餡、捱淡虀，淡只淡，淡中有味。」

《西廂記》二本楔子【叨叨令】：「酸黃虀爛豆腐休調啖。」

《兩世姻緣》一【醉中天】白：「對門間壁，都有些酸辣氣味，只是俺一家兒淡不刺的。」

飯菜缺少調料及葷食曰淡。一作啖。《史記・劉敬叔孫通列傳》：「攻苦食啖。」裴駰《集解》曰：「徐廣曰：『啖，一作淡。』駰案：如淳曰：『食無茹爲淡。』」故淡、啖古通用。「調啖」，即調味淡而無葷也。

（二）

《紫雲庭》三【迎仙客】：「做這些淡生涯，且熬那窮過活。」

《桃花女》楔【仙呂端正好】白：「我家主人周公，開著卦鋪，……昨日算我隔壁石婆婆的兒子石留住該死，道是不利市，到今蚤日將晌午，方纔著我開鋪面，掛起那大言牌，你道好淡麼！」

《藍采和》四【太平令】：「這廝淡則淡，到（倒）長命百歲。」

《樂府新聲》卷下馬致遠小令【四塊玉】：「儘場兒吃悶酒，即席間發淡科，倒大來閒快活。」

《太平樂府》卷二（張）小山小令【水仙子・掃興】：「淡文章不到紫薇郎，小根腳難登白玉堂。」

生活單調無聊、乏味，亦曰淡。「淡生涯」，即指生計乏味；「好淡」，是說好沒意思；「淡文章」，謂無聊的文章。明・田汝成《西湖志餘》：「杭人言胡說曰扯淡。」宋・楊萬里【水龍吟】詞：「製箇淡詞，呷些薄酒，野花簪帽。」

（三）

《董西廂》卷三【商調・玉抱肚】：「可憎的臉兒堪捻塑，梅粧淺淺宜澹注。」

《望江亭》二【堯民歌】：「你看我淡粧不用畫蛾眉。」

《對玉梳》二【倘秀才】：「無奈何淺粧淡抹，有甚心濃梳豔裹？」

與「濃」相對，素裝曰淡，蘇軾《湖上初雨》：「欲把西湖比西子，淡粧濃抹也相宜」，是也。

總觀上述三意，都和「含某種成份少」的意義相通。廣而伸之，如：「月下曬衣嫌日淡」（見《村樂堂》一折），「日淡」，謂日光薄弱也；「君子之交淡如水」（見《貶黃州》三折），「淡如水」，謂君子之交不過分親熱也；「問甚麼文禮疎言詞淡」（見《盛世新聲》【中呂粉蝶兒】），「言詞淡」，謂交淺不能言深也；「三嬸你這兩日怎麼淡了」（見話本《玉堂春落難逢夫》），「怎麼淡了」，怎麼消瘦之意也；「淡金盤四件」（見《紅樓夢》一百零五回），「淡金」，即金子顏色淺而成份次也。等等，均是。淡，或作澹。

淡屌（dàn diǎo）

《蕭淑蘭》一【醉中天】：「〔梅香云：〕姐姐，這秀才好淡屌麼！〔正旦云：〕好惶恐人也！」

《元曲選》音釋：「屌，彫上聲。」淡屌，張相釋爲「詈辭，亦沒意思義」。聯係上下文看來，蕭淑蘭作爲一個舊時代的女性，以一片志誠心，大膽向張士英求愛，而張則扭扭捏捏，顧慮重重，擺出一副道貌岸然的面孔，絲毫不顧少女的情面，竟予拒絕，眞是冷酷又可惡，豈是一句輕描淡寫的「沒意思」可以解釋得通？我們認爲：徐嘉瑞釋「淡屌」爲「冷酷、可惡」，可從。《風光好》劇中的陶穀對秦弱蘭擺道學先生的架子，秦弱蘭就罵他是「齾著柄冰霜臉人前又狠。」兩相印證，謂「淡屌」即冷酷無情之意，益可信。

淡不淡

《舉案齊眉》三【紫花兒序】：「恰捧著個破不剌椀內，呷了些淡不淡白粥。」

淡不淡，即淡意，「不」字是爲加重語氣，以反語見意，這是元曲的修辭特點。

彈（dàn）

簟 索

彈：一謂牽船之索；二猶今之「蛋」字。

（一）

《瀟湘雨》二：「〔試官云：〕……我再問你會聯詩麼？〔崔甸士云：〕聯得。〔試官云：〕河裏一隻船，岸上八個拽。你聯將來！〔崔甸士云：〕若還斷了彈，八個都吃跌。」

《襄陽會》一：「〔劉琮上，云：〕河裏一隻船，岸上八個拽，若還斷了簞，八個都喫跌。」

《劉弘嫁婢》四【雙調新水令】詩曰：「河裏一隻船，岸上八箇拽，若還斷了索，八箇都喫跌。」

彈，或作簞，索也。宋・周密《齊東野語》卷二十：「每聞舟子呼造帆曰歡，以牽船之索曰彈子，稱使風之帆爲去聲，意謂吳諺耳。……而鐘會呼捉船索曰百文。趙氏注曰：百文者，牽船篾，內地謂之笪，音彈。」簞、笪字同。觀《劉弘嫁婢》逕作「若還斷了索」，則彈之爲索益明。

（二）

《救風塵》二【商調集賢賓】：「一個個眼張狂似漏了網的游魚，一個個嘴盧都似跌了彈的斑鳩。」

《金線池》二【三煞】：「頑涎兒都依舊，我沒福和你那鶯燕蜂蝶爲四友，甘分做跌了彈的斑鳩。」

《緋衣夢》二【梁州】：「俺本是一對兒未成就交頸的鴛鴦，做了那嘴古楞誤事的禽獸，悶的我嘴碌都似跌了彈的斑鳩。」

《陳母教子》二【絮蝦蟆】：「嘴碌都的恰便似跌了彈的斑鳩。」

《百花亭》二【紅繡鞋】：「一個似摘了心的禽獸，一個似攧了彈的斑鳩，這的是前人田土後人收。」

《漁樵記》二折【滾繡毬】白：「投到你做官，直等的炕點頭，人擺尾，老鼠跌腳笑，駱駝上架兒，麻雀抱鵝彈，木伴哥生娃娃，那其間你還不得做官哩！」

《女姑姑》四【紅繡鞋】白：「我如今脫殼化金蟬，肯學蟯蜋推糞彈。」

上舉各「彈」字，猶今「蛋」字，古今寫法不同。古人書「彈」，今人曰「蛋」，其實都是「蜑」字的假借，一取形圓，一取從蟲，著眼點不同故也。一般來說，在明代以前，習用「彈」字，例如：宋・周密《齊東野語》卷十六云：「後入太學爲集正，嘗置酒，揭饌單于爐亭，品目多異。其間有大雛卵者最奇，其大如瓜，切片飣飣大盤中。眾皆駭愕，不知何物。好事者窮詰之。其法乃以鳧彈數十，黃白各聚一器；先以黃入羊胞，蒸熟；復次入大豬胞，以白實之，再蒸而成。」此以「鴨蛋」寫作「鳧彈」。元・楊瑀《山居新語》云：「（其家）藏石子一塊，色青而質麁，大如鵝彈。」此以「鵝蛋」寫作「鵝彈」。不僅眞的禽卵如此寫法，就是面食點心，也以造形如卵，名之曰「彈」，如宋・吳自牧《夢粱錄》卷十六「葷素從食」條及周密《武林舊事》卷六「蒸作從食」條所記宋代臨安市食譜，亦有「鵝彈」一色可證。故明人李實《蜀語》云：「禽卵曰彈，彈字見於《大明會典》：『上林苑雞、鵝、鴨彈若干。』皆用『彈』字，言卵形如彈也。俗用『蛋』字，非。」（以上採許政揚說。）

上列諸例，所云「跌（攧）了彈的斑鳩」，乃是民間流行的諺語，生動地描繪了失意者沮喪懊惱、苦恨、煩怨的情態。

當元

當原

脈望館鈔校本《曲江池》四【清江引】白：「當原一時之失，父子天性豈可有絕？」

《周公攝政》楔、白：「陛下當元本只是弔民伐罪，今來有罪的伐了，有功的賞了。」

當元，猶云當初。巾箱本《琵琶記》二十一：「當元是舊絃，俺彈得慣；這是新絃，俺彈不慣。」又同書三十七：「當元俺父母教我讀書時，知孝義，誰知道反被詩書誤了我。」明・李玉《北詞廣正譜》三：「當元說盡海山盟，一星星，不應口。」皆其例也。按元，始也，凡數之始多曰元，如紀元、元年、元月、元旦。或作當原，音義同。

當今

《氣英布》三【滾繡毬】：「他和喒非故友，枉插手，他怎肯去當今保奏？」

《羅李郎》三【幺篇】:「託賴著一人有慶，兆民賴之；是當今勅賜，保護著玉葉共金枝。」

《抱粧盒》楔、白：「某乃楚王趙德芳，與當今嫡親兄弟。」

《盛世新聲》【雙調新水令・萬萬齊賀大明朝】:「濟世功勞齊獻上，萬萬當今太平表。」

又同書【雙調五供養・窮客程十三換頭】:「萬萬載當今聖壽帝主昌。」

當今，舊時指當時活著的皇帝，《史記》、《漢書》以下書籍中稱爲今上，即「當今」之意。明・陳與郊《昭君出塞》【北沽美酒帶太平令】:「還宮奏當今主上。」清・洪昇《長生殿・獻髮》:「全仗你進規箴，悟當今。」皆其例。

當合

合當

《竇娥冤》四【得勝令】:「那廝亂綱常當合敗。」

《西廂記》二本三折【雙調五供養】:「殷勤呵正禮，欽敬呵當合。」

《調風月》四【阿古令】:「只合當作婢爲奴。」

《玉壺春》一【柳葉兒】白：「姐姐見賜之意，小生合當拜受。」

當合，合當的倒裝語。合，義同當；當合，爲同義複合助動詞，應該如此的意思。《警世通言・三現身包龍圖斷冤》:「包爺次日早堂，喚合當吏書，將這兩句教他解說，無人能識。」此「合當」，爲「合衙當值」的省文，與上舉曲例意別。

當來

當來：一謂將來；二謂原來。

(一)

《董西廂》卷二【黃鍾宮・尾】白：「若當來限盡之後，一性既往，四大狼籍。」

《裴度還帶》一【尾聲】白：「此人非小可，此人當來必然崢嶸有日。」

又同劇三【滾繡毬】白：「據先生如此大量，當來發達於世，豈不壯哉！」

《劉行首》一【後庭花】白：「你往汴梁劉家，托生，當來爲劉行首二十年，還了五世宿債。」

《連環計》二、白：「這老賊當來必死在呂布之手。」

《劉弘嫁婢》楔、白：「這一樁最當緊，你當來乏嗣無兒也。」

以上「當來」，意爲將來。唐宋語已然，如：唐・拾得詩：「不憂當來果，惟知造惡因。」（見《全唐詩》卷八〇七。）敦煌變文《妙法蓮華經妙文》：「只要當來圓佛果，不辭今日受艱辛。」宋・陳師道《別月華殿》詩：「當來第三會，此界卻逢迎。」等等。

（二）

《樂府群珠》卷四馬丹陽眞人小令【迎仙客・嘆世】：「回頭望，上度船，忽然撒手，早認當來面。」

上舉「當來」，謂原來，如：《新編五代唐史平話》卷上：「今河北之干戈甫定，朱溫之凶燄猶存，大王遽即大位，殊非當來弔伐之本意，天下誰不解體乎？」「當來」上與「今」相應，可證。

當直

當值

《黑旋風》一【二煞】白：「孫孔目哥哥到那山上要點燭燒香，回錢了願，都是你與他當值來。」

《薦福碑》三【紅繡鞋】：「多管是角木蛟當直聖親差，把黃河移得至，和東海取將來。」

《勘頭巾》二：「〔令史云：〕今日該誰當直？〔張千云：〕小人當直。」

《神奴兒》楔【仙呂賞花時】白：「你若犯在我那衙門中，該誰當直，馬糞裏污的杖子，一下起你一層皮。

當直，同當値，謂値班、値勤。敦煌變文《大目乾連冥間救母變文》：「向天曹當直。」李商隱《夢令狐學士》：「右銀臺路雪三尺，鳳詔裁成當直歸。」王建《宮詞》之一：「旋推當直美人來。」《京本通俗小說・碾玉觀音下》：「叫兩個當直的轎番，抬一頂轎子。」《清平山堂話本・陰隲積善》：「日教當直王吉，挑著行李，迤邐前進。」《警世通言・萬秀娘仇報山亭兒》：「一個當直喚做同志。」《桃花扇・訪翠》:「好,好,今日是他當値之日。」據此,知此語唐宋迄明清均有之。

引申前意,也當伺候、照顧解釋,如戲文《張協狀元》四十五:「婆一路當直你,厮繫綰,免憂慮」,是也。

當陽

《董西廂》卷一【越調・青山口】:「臨壇揖了眾僧,叩頭禮下當陽。」

《忍字記》三【梅花酒】:「我從來可燒香,他著我禮當陽。」

當陽,指佛。佛教認爲:佛是聖中之聖,王中之王,坐北朝南,故稱當陽。

又古稱天子南面而治爲當陽,故「當陽」亦指皇帝。《左傳》文公四年:「則天子當陽,諸侯用命也。」疏:「陽,謂日也。言天子當日,諸侯當露也。」《宋書・樂志二》:「夫朱門洞啓,當陽之正色也。」《桃花扇・設朝》:「吾怎忍垂旒正冕,受賀當陽。」

當該

《救孝子》四、白:「今日陞廳坐衙,當該令史那裏?〔張千云:〕當該令史安在?〔令史上〕〔見科〕」

《勘頭巾》二:「〔張千云:〕當該何在?〔趙令史上,云:〕自家趙仲先的便是。在這府裏做著個把筆司吏,正在司房裏攢造文書,相公呼喚,須索見咱。」

《魔合羅》三:「〔張千云:〕當該司吏,大人呼喚。〔令史上,云:〕來了!來了!」

《神奴兒》四【雙調新水令】:「〔張千云:〕當該司吏安在?〔外郎上,云:〕來了。」

當該,謂値班,猶當直。明・湯顯祖《牡丹亭・冥判》:「捧的是功曹令史,識字當該。」

當面

《救風塵》四【得勝令】:「〔孤云:〕衙門外誰鬧?拿過來!〔張千拿入科,云:〕告人當面!」

《魔合羅》三：「〔張千云：〕犯婦當面！〔旦跪科〕」

《勘頭巾》二：「〔孤云：〕甚麼人叫冤屈？拿將過來！〔張千云：〕當面！〔旦、王小二跪科〕」

《陳州糶米》四【駐馬聽】：「〔做拏王粉蓮跪科，云：〕王粉蓮當面！」

又同劇四【得勝令】：「〔張千云：〕小懺古當面！〔做拏小懺古跪科〕」

當面，意謂上堂見官。朱居易釋云：「當面，下跪。」（見《元劇俗語方言例釋》。）就其所舉例證而言，雖能解釋得通，但不能一概而論。因爲當面與下跪沒有必然的聯係，例如《救風塵》四【得勝令】、《竇娥冤》四【川撥棹】、《金線池》四【沉醉東風】，公人喝犯人「當面」之後，均未見犯人應聲下跪。再如《竇娥冤》二【隔尾】、《金線池》四【太平令】、《蝴蝶夢》二【牧羊關】，在犯人下跪之前，公人均未喝令「當面」。再如《陳州糶米》四【駐馬聽】、《蝴蝶夢》二【梁州第七】，都是犯人已下跪之後，公人才喊的「當面」，均可證朱說不確。

當門戶

《蝴蝶夢》二【菩薩梁州】：「大哥孝順識親疏，二哥留下著當門戶，第三個哥哥休言語，你償命正合去，常言道『三人同行小的苦』，再不須大叫高呼。」

當門戶，謂主持家務。晉・傅玄《豫章行苦相篇》：「男兒當門戶，墮地自留神。」唐・杜甫《負薪行》：「土風坐男使女立，男當門戶女出入。」唐・張籍《築城詞》：「家家養男當門戶，今日作君城下土。」皆其例。亦作持門戶，如漢樂府古辭《隴西行》：「健婦持門戶，亦勝一丈夫。」

當（dàng）

蕩

《燕青博魚》一【六國朝】：「你做甚麼眼睜睜當翻人了。」

《三戰呂布》一【那吒令】：「不剌剌把赤兔馬來當翻。」

又同劇三【尾聲】：「不剌剌便蕩翻赤兔追風騎。」

《怒斬關平》三【鬬鵪鶉】白：「我道是誰，原來是那官道傍邊蕩倒那小孩兒的父親。父親，不干您孩兒事，是那馬犇劣，您孩兒因報喜信，蕩倒他來。」

當，謂衝撞。今北人口語多讀如湯（tāng）。《宋書・顏師伯傳》：「單騎出盪。」又同書《孔顗傳》：「每戰以刀楯直盪。」《樂府詩集・隴上歌》：「丈八蛇矛左右盤，十盪十決無當前。」亦戰鬬時衝擊義。按：當、蕩、盪，音義並同。

當甚（dàng shén）

當甚麼　當是麼

《董西廂》卷七【正宮・脱布衫】：「幾番待撇了不藉，思量來當甚廝憋？」

同書同卷【雙調・文如錦】：「他別求了婦，你只管守志吵，當甚貞烈？」

《西廂記》二三折【折桂令】：「病染沉痾，斷然難活，則被你送了人呵，當甚麼嘍囉？」

《詞林摘艷》卷七高栻散套【集賢賓・倚幃屏數聲長嘆息】：「雖然你送了人，當是麼便宜？」（《雍熙樂府》卷十四載此曲作「算甚麼」。）

當甚，謂算甚，表疑問，即不以爲然之意；或做當甚麼、當是麼，即算甚麼之意；《雍熙樂府》卷十四逕作「算甚麼」，可爲證。是麼，同甚麼，參見「是」字條。趙長卿【一剪梅】詞：「睡又不成夢又休，多愁多病當甚風流？」是宋語已然。

當緊（dàng jǐn）

《襄陽會》一【油葫蘆】白：「哥哥，你兄弟非爲酒食而來，城池當緊。」

又同劇楔、白：「孩兒也，功名當緊，可以竭力盡忠也。」

《劉弘嫁婢》楔、白：「這一樁最當緊，你當來乏嗣無兒也。」

當緊，謂要緊、重要。今仍沿用，如周立波《暴風驟雨》：「蕭隊長記性原也不壞，但遇到他所認爲當緊的事，就用筆記下。」

當家（dàng jiā）

當行　行家

《紅梨花》一【油葫蘆】：「哎！，你一個小梅香，今後休奸詐，只說那秀才每不當家。」

《陽春白雪》後集二彭壽之散套【八聲甘州】：「偷方覓便俏家風，當行識當行。」

《樂府群玉》五張小山小令【滿庭芳】：「到處鶯花醉鄉，當家風月排場。」

《僧尼共犯》一【六幺序】白：「你我眞是一對行家，若是俗人，那裏知道其中這些道理？」

當家、當行、行家，都是對某種技藝或學識擅長或出色之意，猶今云內行。《清平山堂話本‧楊溫攔路虎傳》：「楊三是行家，使棒的叫做騰倒，見了冷破，再使一合。」明‧朱權《太和正音譜》云：「子昂趙先生曰：良家子弟所扮雜劇，謂之行家生活；倡優所扮者，謂之戾家把戲。」按「戾家」，即外行也，上與「行家」正相對應。明‧胡震亨《唐音癸籤》：「如老杜之入蜀，篇篇合作，語語當行。」清‧翟灝《通俗編》二十一「行家」條引宋‧道原《傳燈錄》云：「寰普云：耕夫製玉漏，不是行家作。」又「當家」條引沈作喆《寓簡》云：「近世言翰墨之美者多云合作，予問邵公濟合作何意？曰：猶俗語當家也。當，去聲。」宋‧方岳《趙龍學寄陽羡茶》詩：「團鳳烹來奴僕等，老龍畢究當行家。」劉克莊【水龍吟】詞：「讓當行家勒浯西頌，草淮南詔。」「當行家」後衍爲當家、當行或行家。

又當家，在宋人作品中又有獨自個兒、自己本人之意，如楊萬里《寄題福帥張子儀尚書禊游室》詩：「不用外人來作記，當家自有筆如椽。」「當家」與「外人」並舉可證，意同「當家兒」。在今北語中，也指同族人、本家。例如說：「這倒巧了，俺也復姓鐘離，名叫三郎，我們還是當家子呢。」（見魏晨旭等《三打祝家莊》。）

明‧無名氏套【北般涉調耍孩兒】：「到秋來賞重陽九月天，會一一親與鄰。」

當家兒

《貶夜郎》四【沽美酒】：「那裏肯舉善薦賢？他當家兒自還轉。」

《貨郎旦》四【南呂一枝花】:「雖則是打牌兒出野村，不比那吊名兒臨拘肆，與別人無夥伴，單看俺當家兒。」

當家兒，謂獨個兒、自己本人。也作當家，見「當家」條釋文。

當（·dang）

覷當　問當　看當　對當　便當

《拜月亭》二【哭皇天】:「你怎生便教我眼睜睜不問當。」

《楚昭公》三【鬬鵪鶉】白:「哥哥好覷當嫂嫂姪兒，您兄弟拜別了哥哥，下水去也。」

《金鳳釵》四【駐馬聽】白:「大嫂，我死後，好看當這孩兒。」

《東坡夢》四【收江南】:「一句句對當，一句句對當，總不離一曲【滿庭芳】。」

《㑳梅香》楔【幺篇】白:「秀才，休往旅店中去，就向後花園中萬卷堂上安歇呵，可也便當。」

當，輕讀，用作語助詞，猶現代漢語中的「著」字。問當，即問著；覷當、看當，即照顧著；對當，即答對著；便當，即方便著。除上所舉例子外，它如記當、配當、算當、斷當、擺當等，義可類推。

刀錐

錐刀

刀錐，用作狀語：一喻鋒利；二喻微利。倒作「錐刀」，意同。

（一）

《虎頭牌》三【得勝令】:「打的來一混子，一刀錐，一下起，一層皮。」

《太平樂府》卷五曾瑞卿散套【罵玉郎過感皇恩採茶歌·四時閨怨】:「刀攪錐剜，情苦心酸。」（一本作「刀椎」）

上舉「刀錐」，用本義，比喻鋒利。宋·劉安世《盡言集》:「交結權要子弟，巧於自媒，如刀錐之銛銳也。」

（二）

《救風塵》一【鵲踏枝】：「俺不是賣查梨，他可也逞刀錐，一個個敗壞人倫，喬做胡爲。」

刀錐，喻微末之利。語本《左傳》昭公六年：「錐刀之末，將盡爭之。」其後詩文多用之。唐・陳子昂《感遇》詩：「務光讓天下，商賈競刀錐。」白居易《大水》詩：「不知萬人災，自覓錐刀利。」明・陳良謨《見聞紀訓》云：「嗚呼！今之競刀錐之利，至忍心害理而弗顧。」《今古奇觀・吳保安棄家贖友》：「離家千里逐錐刀。」「逞刀錐」，是斤斤計較微末之利的意思。

倒（dǎo）

倒：一謂倒換、搬移；二猶斷、猶了；三爲禱之假借字。

（一）

《單鞭奪槊》楔、白：「某因追趕唐元帥，到此介休城，誰想他倒下座空城，被唐兵圍住，裏無糧草，外無救兵。」

《金鳳釵》四、白：「兀那銀匠，我有些東西，倒些錢使。」

《青衫淚》三【梅花酒】：「我子待便摘離，把頭面收拾，倒過行李。」

《桃花女》三【鬬鵪鶉】：「〔做倒席行科，彭大云：〕你只管裏把這兩領席，倒來倒去，是甚麼主意？」

《翫江亭》一【金盞兒】白：「爲這幾件頭面兒不打緊，我半年前裏倒下金子，雇人匠累絲廂嵌，何等的用心哩也！」

以上各例，意爲倒換、搬移。成語有云「移山倒海」，「倒」、「移」互文，又「倒換」二字多連文，俱可證。

（二）

《西廂記》四本四折【錦上花】：「害不倒愁懷，恰纔較些。」（《元曲選外編》本「倒」作「了」。）

又同劇五本一折【商調集賢賓】白：「姐姐往常鍼尖不倒，其實不曾閒了一個繡牀，如今百般的悶倦。」

上舉「倒」字，意猶斷，猶了。陸游《老學庵筆記》卷六云：「吏勳封號，筆頭不倒」，是說吏部官員們公文甚忙，故手不停筆。《儒林外史》第五回：「嚴監生喉嚨裏痰響得一進一出，一聲不倒一聲的，總不得斷氣。」「一聲不倒一聲」，就是一聲連一聲。此意與上所舉各例可互證。

（三）

《張協狀元》戲文：「倒告壯士，乞條性命。」

倒，這裏借用爲「禱」字，哀求之意。

倒竈

《桃花女》四、白：「敢是這老頭兒沒時運，倒了竈也。」

俗謂運氣不好或倒霉曰「倒竈」。明・凌濛初二拍《疊居奇程客得助，三救厄海神顯靈》：「我說你福薄！前日不意中得了些非分之財，今日就倒竈了。」亦其例。《醒世恒言・賣油郎獨佔花魁》：「倒了你賣油的竈，還不勾半夜歇錢哩。」則是傾家蕩產之意，仍自倒霉之意引申而來。清・翟灝《通俗編》謂《太玄經》：「竈滅其火，惟家之禍」，即俗語所本。又作「倒造」，音意並同。

倒斷

倒斷：一謂休歇；二謂決斷。

（一）

《謝天香》一【賺煞】：「我這府裏祗候幾曾閒，差撥無銓次，從今後無倒斷嗟呀怨咨。」

《西廂記》四本楔子【仙呂端正好】：「因姐姐玉精神，花模樣，無倒斷曉夜思量。」

《老生兒》一【賺煞尾】：「我在這城中住六十年，做富漢三十載，無倒斷則是營生的計策。」

《金錢記》三【紅繡毬】：「錢也，我自道你有姻緣成就；錢也，誰承望你無倒斷阻隔綢繆。」

《陳州糶米》二【正宮端正好】：「自從那雲滾滾卯時初，直至日淹淹的申牌後，剛則是無倒斷簿領埋頭。」

《詞林摘艷》卷三鄭德輝散套【粉蝶兒・執手臨歧】：「無倒斷相思，使著軀殼，不知箇天地。」

又同書卷五瞽者劉百亭【西雙合歌調·柳底風微】：「無倒斷凄涼無覓，甜殢殢的恩義，苦懨懨的傷悲，多情番作長相憶。」

上舉「倒斷」各例，意為休止、間斷，是從時間上而言；多與否定詞「無」或「沒」連文，即無間斷、無休止、沒完沒了之意。

（二）

《任風子》三【滿庭芳】白：「與我個倒斷，你休了我者！」

《太平樂府》卷六曾瑞卿散套【蝶戀花】：「悶如何倒斷，音塵杳，歸期難算。」

以上「倒斷」，謂了結、了斷、結果；多指事物而言，為前意的引申。宋·吳潛【柳梢青】詞：「萬種思量，百年倒斷，付與殘霞。」又【滿江紅】詞：「萬事儘由天倒斷，三才自有人撐抵。」僧輝【洞仙歌】詞：「任倒斷深思向梨花，也無奈寒食，幾番風雨。」《朱子語類》三十五：「宏了卻要毅，宏則都已包括得在裏面了，不成只恁地寬宏，裏面又要分別是非，有規矩始得。若只恁地宏，便沒倒斷了。」又同書六十：「舊時看此句，甚費思量，有數樣說，今所留二說，也自倒斷不下。」《清平山堂話本·簡帖和尚》：「山前行正在州衙門前立，倒斷不下。」《古今小說·張古老種瓜娶文女》：「夫妻二人倒斷不下。」「倒斷不下」，謂不能作出決斷也。《金瓶梅》：「當官寫立分單，已倒斷開了。」「倒斷開了」。是說斷絕了關係。

擣（搗）虛（dǎo xū）

《澠池會》三【滾繡毬】：「〔秦昭公云：〕俺秦國有甚麼人物？〔正末唱：〕武安君出奇兵快擣虛。」

《三戰呂布》一、白：「凡為元帥，須要機謀，批吭搗虛，為頭說謊，調皮無賽。」

《石榴園》一、白：「自家姓炒名皮字蓼花，乃油嘴出身，平昔幫閑鑽懶，批吭擣虛，專與人家燒火剝葱，抹油嘴，捧盤子。」

攻擊敵人設防薄弱的地方，叫做搗虛，常與「披吭」連文。「披吭搗虛」，謂攻擊敵人的要害和空虛處。按「吭（háng）」，一作「亢（gāng）」，指咽喉要害，《史記·孫臏傳》：「批亢擣虛，形格勢禁。」擣，為搗的異體字。

搗椒泥

《董西廂》卷一【商調·尾】白：「此寺蓋造眞是富貴：搗椒泥紅壁，雕花間玉梁；沉壇金四柱，玳瑁壓堦砙。」

《雙赴夢》一【尾】：「青鴉鴉岸兒，黄穰穰土地，馬蹄兒踏做搗椒泥。」

搗椒泥，謂把花椒的果實搗碎如泥也。皇帝的後宮，后、妃所住的房屋多用椒泥塗抹牆壁，故稱爲椒房，後來宮廷、廟宇及富貴家庭常用它塗飾內牆，以取其芳香溫暖。唐·張孜《雪》詩：「其中豪貴家，搗椒泥四壁。」《清平山堂話本·李元吳江救朱蛇》：「兩廊下皆搗椒泥墻壁。」《水滸》第一回：「另外一所殿宇，一遭都是搗椒紅泥牆。」

到了

到底　到頭

《單刀會》一【金盞兒】白：「你這三條計，比當日曹公在灞陵橋上三條計如何，到了出不的關雲長之手。」

《魔合羅》四【鮑老兒】：「呀！到了呵須按實田地，不要你狂言詐語、花唇巧舌，信口支持；則要你依頭縷當，分星劈兩，責狀招實。」

《灰闌記》一【賺煞】白：「我若把這小廝與了海棠，到底馬家子孫，要來爭這馬家的家計，我一分也動他不得了。」

《降桑椹》一【醉中天】白：「到底喫的醉了，一齊調鬼。」

《金錢記》二【滚繡毬】白：「等他酒醒了呵，我到底不饒了他哩！」

《琵琶記》二十六：「正是：善惡到頭終有報，只爭來早與來遲。」

到了、到底、到頭，都是畢竟、最終的意思。唐·吳融《武關》詩：「貪生莫作千年計，到了都成一夢閒。」宋·周弼《四聖觀》詩：「到了恩波攔不住，水窗游出放生魚。」宋·王沂孫【摸魚兒】詞：「姑蘇臺下煙波遠，西子近來何許，能喚否？又恐怕、殘春到了無憑據。」

到底，又有來歷、從頭到尾之意，如《趙氏孤兒》四【鬬鵪鶉】詩云：「我如今一一說到底，你划地不知頭共尾。」「到底」與「頭尾」互文，可證。

到於

《裴度還帶》二【採茶歌】白：「貧道在此貨卜爲生，每日到於寺中閑坐。今日到於寺中，探望長老走一遭去。」

《遇上皇》三【耍孩兒】白：「你今日將著文書，到於東京衙門裏開罷！」

《誶范叔》一【賺煞】白：「兀那須賈，你到於本國，便能辭官謝罪，讓位范睢，萬事罷論。倘若挾冤記讎，須賈，你覷者，俺這裏雄兵百萬，戰將千員，……將你魏國踏踏的粉碎。」

到於，即到的意思。「於」字用爲語助辭，無義。劉淇《助字辨略》卷一：「於，《廣韻》云：『語辭也。』……《論語》：『子禽問於子貢曰：夫子至於是邦也。』……此於字，竝語助辭，不爲義也。」按「至於」意猶「到於」也。蘇軾《凌虛臺記》：「然後人之至於其上者」，義亦同。

到得那裏

到的那裏

《氣英布》一【金盞兒】白：「那廝是能言巧辯之士，口裏含著一堆的老婆舌頭，喒是個麤鹵武將，到得那裏？」

《竹葉舟》一【油葫蘆】白：「我做官的，身上穿的是紫羅襴，頭上戴的是烏紗帽，手裏拿的是白象笏，何等榮耀！你們出家的，無過是草衣木食，到得那裏？」

《小尉遲》一【天下樂】白：「憑著我坐下馬，手中鎗，有萬夫不當之勇，料到的那裏？」

《昊天塔》四【步步嬌】白：「便有賊兵呵，量他到的那裏？」

到得那裏，猶云算得什麼，輕視之意。得，一作的，音義同；那，讀上聲，表疑問。

倒褪（dào tùn）

倒退

《西廂記》二本一折【那吒令】：「往常但見箇外人，氳的早嗔；但見箇客人，厭的倒褪。」

《三戰呂布》一【天下樂】:「但贏的我這馬蹄兒倒褪可也難上難。」

《殺狗勸夫》一【天下樂】:「我爲甚麼抽也波身卻倒褪？」

《延安府》一【六幺序】:「罵的我羞答答倒褪身軀。」

《樂府群珠》卷三無名氏小令【玉嬌枝·閨情】:「見著美色身倒褪。」

倒褪，謂後退，現在口語還這樣說。按：褪，《韻會》:「吐困切，吞去聲，卸衣也。」宋·趙鼎【點絳唇·春愁】詞:「頓覺春衫褪。」引申爲「退」。宋·沈與求詩:「十篙八九褪。」此「褪」字即退的意思。《玉鏡臺》四折逕用「退」字，如【折桂令】云:「軟兀剌走向前來，惡支煞倒退回去」，是也。

倒大來

到大來　道大來　倒大　大來

《劉知遠諸宮調》二【中呂調·牧羊關】:「洪義心腸倒大來乖劣。」

《董西廂》卷一【般涉調·哨遍纏令】:「大來沒尋思，所爲沒些兒斟酌，到來一地的亂道。」

《望江亭》一【村裏迓鼓】:「怎如得您這出家兒清靜，到大來一身散誕。」

《黃粱夢》四【倘秀才】:「爲元帥佐山河，倒大來顯豁。」

《西廂記》二本楔子【二】:「倘或紕繆，倒大羞慚。」

《氣英布》三【正宮端正好】:「則俺這鎮江淮，無爭鬭，倒大來散誕優游。」

《爭報恩》二【幺篇】:「只索便一刀兩段，倒大來迭快。」

《陽春白雪》前集二奧敦周卿小令【蟾宮曲】:「閬苑神州，謝安曾遊，更比東山，倒大風流。」

《詞林摘艷》卷十宮大用散套【鬭鵪鶉·簑笠做交游】:「則我這領麄布袍，雖不及紫朝服，道大來自在無憂慮。」

倒大來，用作程度副詞，謂絕大、十分、非常、多麼。或作到大來、道大來、倒大、大來，意並同。「到」和「道」，均爲「倒」之同音假借字。毛西河注《西廂》云：「倒大，絕大也。」王維《黃雀癡》詩：「到大啁啾解游颺，各自東西南北飛。」宋・趙必瑑【賀新郎】詞：「戶外紅塵飛不到，受人間倒大清閒福。」「到大」、「倒大」云云，意同元劇。一說：倒大來即到頭來；盧冀野則謂「到大來，就是『到後來』的土語」，均與曲意不合。

倒陪家門

倒貼奩房　倒陪緣房　倒賠緣房

《西廂記》二本一折【青哥兒】：「倒陪家門，情願與英雄結婚姻，成秦晉。」

《救風塵》三【黃鍾尾】：「倒貼了奩房和你爲眷姻。」

明鈔本《四春園》四、白：「你上緊救我咱！我倒陪緣房斷送孩兒與慶安成合了舊親。」

《金錢記》四【水仙子】白：「他今日倒賠緣房，招你爲壻。」

倒陪家門，或作倒貼奩房、倒陪緣房、倒賠緣房，意同，均指舊時女子出嫁，倒貼房奩和嫁妝之意。一說：倒陪家門謂降低身分出嫁，是沒有聯系上下文的臆測。在下文的賓白中，老夫人同意了鶯鶯所獻之計，長老就在法堂上宣佈：「兩廊僧俗，但有退兵之策的，倒陪房奩斷送，鶯鶯與他爲妻。」顯然「房奩斷送」就是「家門」的注腳。陪，同賠。

道

到　倒

道：一猶是；二猶到；三猶倒、卻、反而；四猶想、以爲；五用作語尾助詞；六用作句首發語辭及句中襯字；七作看、見講；八猶知；九通導；十用作人稱代詞；十一指運氣；十二猶帮；十三用作量詞。

（一）

《董西廂》卷一【雙調・攪箏琶】：「不惟道生得箇龐兒美，那堪更小字兒得愜人意，蟲蟻兒裏多情的，鶯兒第一，偏稱縷金衣。」

又同書卷一【正宮調・應天長】：「信道：『若說一句話，勝讀十年書。』」

又同書卷六【中呂調・石榴花】:「覷著紅娘，認做張郎喚。認了多時自失歎，不惟道鬼病相持，更有邪神繳纏。」

《竇娥冤》四【得勝令】:「便萬剮了喬才，還道報冤讎不暢懷。」

《救風塵》三【幺篇】:「你則是忒現新，忒忘昏，更做道你眼鈍。」

《伍員吹簫》一【元和令】:「便做道人生在世有無常，也不似俺一家兒死的來忒枉。」

《延安府》一【天下樂】:「方信道秉正公直是大丈夫。」

《金錢記》三【普天樂】:「雨打梨花黃昏後，不信到他不念這個儒流。」

《雲窗夢》三【耍孩兒】:「別離人更做到心腸硬，怎禁蒼梧落葉凋金井，銀燭秋光冷畫屏。」

上舉「道」字，意猶是；不惟道，即不惟是；信道，即信是，等等，是也。張相說：「凡云便做道、更做道、更則道，皆猶云便使是或就使是也。」又說：「凡云暢道、唱道、暢好道、常好道，皆猶云眞是或正是也。」（見《詩詞曲語辭匯釋》）甚是。可參見「便做」、「暢道」、「暢好道」各條。「道」用作「是」，唐時已然，如白居易《南湖早春》詩：「不道江南春不好，年年衰病減心情」，意思是說不是江南的春光不好，而是因年老多病，賞春的心情日見不佳也。道一作到，亦「是」意也。

（二）

元刊本《魔合羅》二【刮地風】:「由子未下澁道，恰道簷梢。」

《誶范叔》一【金盞兒】:「須賈，著你道大雪中來辭我，怎生無一杯酒與你喫？看著賢士面上，令人將酒來！」

《合汗衫》四【鴈兒落】:「可憐我每日家思念你千萬遭，呫題道有十餘遍。」

《神奴兒》二【隔尾】:「我叫道有二千聲神奴兒，將你來叫不應。」

《隔江鬭智》一【青哥兒】詩云：「縱把荊州索取來，也須慮道躭誤孩兒怎的好。」

《樂府群玉》二喬吉【水仙子・秋思】:「三般兒捱不道天明。」

上舉各「道」字，猶到也。辛棄疾【昭君怨】詞：「落葉西風時候，人共青山都瘦，說道夢陽臺，幾曾來？」按：涵芬樓四卷本《稼軒詞》作「說道」，其他各本作「說到」，道、到古通用。《清平山堂話本・花燈轎蓮女成佛記》：「道（到）看五十餘年經了，因此背誦如水。」

（三）

《望江亭》一【柳葉兒】：「則你那觀名兒喚做清安，你道是蜂媒蝶使從來慣。」

《漁樵記》三【迎仙客】白：「老弟子孩兒，你道不要便宜！去年時節，不說是你家女壻；今日得了官，便說是你家女壻。」

《太平樂府》卷八喬夢符散套【一枝花・雜情】：「小則小心腸兒到狡猾，顯出些情雜。」

《花前一笑》楔、白：「右《冬閨》一調，寫倒也寫的好，怕還做的欠哩。」

上舉「道」、「到」、「倒」，音義並同，用作轉折詞，猶卻，猶反而。道爲借字，到爲倒的本字，今通作倒。

（四）

《玉鏡臺》四【川撥棹】：「你道是傅粉塗朱，妖艷粧梳，貌賽過神仙洛浦，怎好把墨來烏？」

《楚昭公》二【越調鬪鵪鶉】：「只道他暮景蕭蕭，依還的雄威赳赳。」

《梧桐雨》三【撥不斷】：「卿呵，則你道波！寡人是怕也那不怕？」

《青衫淚》一【油葫蘆】：「我則道過中年人老朱顏改，誰想他撲郎君虎瘦雄心在。」

《鴛鴦被》三【調笑令】：「從今後女孩兒每休惹他這酸丁，都是些之呼者也說合成。我道來可是者麼娘七代先靈！」

《殺狗勸夫》二【滾繡毬】白：「嫂嫂，我還窰中去，在這土街背後經過，絆了我一交，我道是什麼，卻是哥哥倒在大雪裏睡著。」

《漁樵記》楔、白：「甚麼人喚門哩？我開開這門，我道誰，元來是劉二公。」

上舉各「道」字，用爲揣度之詞，猶想，猶以爲。唐・曹松《南海旅次》詩：「爲客正當無雁處，故園誰道有書來？」辛稼軒【賀新郎・再用韻答陳同甫】詞：「我最憐君中宵舞，道男兒、到死心如鐵。看試手，補天裂。」其用「道」字，亦想意、料意，是此用法，唐宋已然。

（五）

《董西廂》卷三【仙呂調·戀香衾】：「沈郎腰道，與絳條兒廝稱。」

又同書卷八【大石調·伊州衮】：「我還歸去，若見鄉裏親知，甚臉道？」

《劉知遠諸宮調》二【歇指調·耍三臺】：「打扮身分別樣，生得斂（臉）道鄒搜。」

《太平樂府》卷三張小山小令【柳營曲】：「我志誠，你胡伶，一雙兒可人龐道撐。」

《陽春白雪》後集二王嘉甫散套【八聲甘州·鶯花伴侶】：「窄弓弓撇道，溜刀刀六老，稱霞腮一點珠（朱）櫻小。」

《北詞廣正譜》九【般涉調·天寶遺事】：「坐也昏沉睡不安，兩行淚道積成斑。」

上舉之「道」，是稱身體某一部分時用做語尾助詞的，無義。如腰道即腰、臉道即臉、龐道即面龐、撇道即撇（足），等等。和老、腦之用法同。可參看「淥老」、「臉腦」等條。

（六）

元刊本《氣英布》四【水仙子】：「滕滕馬蕩動征塵，隱隱人盤在殺霧，吁吁馬和人都氣出。道吉丁丁火鎗和斧籠罩著身軀；道足呂呂忽斧迎鎗數番煙焰舉；道坑察察鎗和斧萬道霞光注；道廝郎郎呀斷鎧甲，落兜鍪。」

《勘頭巾》三【掛金索】：「〔正末云：〕你眞個不曾說甚麼，不曾見人？〔丑云：〕道我不曾說，也不曾見人。」

《黃鶴樓》三【雙調新水令】：「〔做打淨科〕〔俊俏眼做驚科，云：〕是誰打我來？〔正末云：〕道你認的我麼？」

《盛世新聲》【南呂一枝花·箭空攢白鳳翎】：「我羞見程咬金知心友，道和那尉遲恭刎頸交。」

《看錢奴》一【混江龍】：「不肯道甘貧守分，都則待僥倖成家。」

《金鳳釵》楔【仙呂賞花時】：「狗也有三升糠分，況道是我爲人。」

《追韓信》一【村裏迓鼓】：「憑著我五陵豪氣，不信道一生窮暴。」又同劇二【鴈兒落】：「丞相道將咱來不住的趕，韓信則索把程途盼。」

《劉弘嫁婢》二【中呂粉蝶兒】：「俺又不曾道是欺瞞著天地。」

《陳州糶米》一【勝葫蘆】：「有一日受法餐刀正典刑，恁時節錢財使罄，人亡家破，方悔道不廉能。」

上舉各「道」字，用作助詞，無義：有時放在句首作發語詞，起領句作用，如前四例；更多的是放在句中，用作襯字，起加強語氣作用，如後六例。

（七）

暖紅室刊本《董西廂》卷二【高平調・木蘭花】：「法師笑道：『休打砌！我道舂了幾升陳米，直下半甕黃虀。」（凌景埏注本「我道」作「我見」，見卷三。）

《鴛鴦被》三【紫花兒序】白：「我道小娘子中注模樣，不是受貧的。」

錢注元本《琵琶記》十九：「我千辛萬苦，有甚情懷，可不道我臉兒黃瘦骨如柴。」

《樂府群珠》卷四湯舜民小令【普天樂・述懷自適】：「臥癡樓，人難道，從他懶散，任我逍遙。」

以上各「道」字，都是「看」或「見」的意思。暖紅室刊本《董西廂》「我道」，凌景埏注本作「我見」。《鴛鴦被》中「我道小娘子中注模樣」，《劉弘嫁婢》二【幺篇】：「我看了這箇小姐中珠模樣。」句意相同，顯然「我道」猶「我看」。並可證。《宋百家詩存》饒節《示故人》詩：「八萬四千方便門，且道何門不可入？」嚴少魯【沁園春】詞：「休說龍吟，莫言鳳嘯，且道高標難勝渠。」《殺狗記》十八：「公公不要聽他，我在這窰中，他兩個走來刁唆我告哥哥，道我不聽他，如今反說我要告哥哥。」《邯鄲記・合仙》：「幸直著小二店乾坤逆旅，過去了八十載人我是非。掙醒來端然一夢，道人間飯熟多時。」皆其例。

（八）

《董西廂》卷六【仙呂調・相思會】：「君瑞懷羞慚，心只自思念：這些醜事，不道怎生遮掩？」

方諸生本《西廂記》五本三折【金蕉葉】:「道禮數爲人做人，有信行知恩報恩。」

道，猶知、知道。李商隱《馬嵬》詩:「君王若道能傾國，玉輦何由過馬嵬？」「若道」，若知也。溫庭筠【更漏子】:「梧桐樹，三更雨，不道離情正苦。一葉葉，一聲聲，空階滴到明。」宋・楊萬里《秋雨嘆》詩:「居人只道秋霖苦，不道行人泥更深。」「不道」，不知也。

（九）

《東堂老》一【油葫蘆】:「你正是那内無老父尊兄道，卻又外無良友嚴師教。」

道，通導，教導、引導之意。《左傳》隱公五年:「請君釋憾於宋，敝邑爲道。」「爲道」，爲之嚮導也。《論語・爲政》:「道之以德，齊之以禮。」「道之以德」，謂以德引導人民也。

（十）

《柳毅傳書》二、白:「我且拏起來，只一口將他吞於腹中，看道可還有本事爲非作歹哩！」

此「道」字用爲代詞，上與「他」字相應，可知「道」即「他」也。

（十一）

《裴度還帶》一【後庭花】:「你正是那『得道誇經紀』，我正是『成人不自在』。」

又同劇二【哭皇天】:「這廝『得道誇經紀』，學相呵説是非，無半星兒眞所爲。」

道，指運氣;「得道」，走運的意思。「得道誇經紀」，宋元時成語，意謂取得成功就誇耀經營資產的才能。

（十二）

脈望館鈔校本《救風塵》一【勝葫蘆】:「休想這子弟道求食，娶他到家裏，多無半載相抛棄。又不敢把他禁害著拳椎腳踢，打的你哭啼啼。」

道，猶「幫」也。

（十三）

《雲窗夢》一【後庭花】：「你愛的是茶引三千道。」

道，用爲量詞，猶紙張之「張」，《救風塵》一【賺煞】：「卻則爲三千張茶引，嫁了馮魁」，可證。

道兒

《救風塵》三【幺篇】白：「周舍，你好道兒！你這裏坐著，點的你媳婦來罵我這一場。」

《西廂記》三本二折【滿庭芳】白：「你看我姐姐，在我行也使這般道兒。」

《生金閣》三【牧羊關】白：「他也是箇驢前馬後的人，怎麼不由分說，便將我飛拳走踢，只是打我？且忍著，教他著我的道兒。」

《鐵拐李》一【金盞兒】白：「這老子倒乖，哄的我低頭自取，你卻叫有翦綹的，倒著你的道兒。」

《謝金吾》一【青歌兒】白：「我那六郎孩兒，好個性子，他若知道，怕不跑回家來，一發著他道兒了。」

道兒，宋元時俗語，謂詭計、陰謀，猶今云圈套。也有指情況、現象的，如《警世通言·蘇知縣羅衫再合》：「說猶未了，鄭夫人腹痛，一陣緊一陣。老尼年踰五十，也是半路出家的，曉得些道兒。」「曉得些道兒」，指懂得些懷孕將要分娩的情況和現象。道兒，猶如說門道。

道本

《圯橋進履》一、白：「眾人齊聲皆都讚，兩邊閑人一發言，道我是箇清閑眞道本，說我是箇無憂無慮的散神仙。」

《勘頭巾》四【雙調新水令】：「那裏也清閒眞道本，無事散神仙？」

《竹塢聽琴》一【金盞兒】：「我可是清閑眞道本，則被你壞了我也無事的散神仙。」

《劉行首》一【賺煞】：「我著你托化在雨雲鄉，還宿債在鶯花陣，休迷卻前生道本。」

《樂府群珠》卷一張小山小令【齊天樂過紅衫兒・道情】:「共開樽，細論文，快活清閑道本。」

《盛世新聲》【南呂一枝花・久存忠孝心】:「興來呵向坤宮溫養黃芽，閑時節守素室脩持道本。」

道本，道德之所本也。「眞道本」，謂眞正修持得道的人，多指道士。《周禮・地官・師氏》:「一曰至德，以爲道本;二曰敏德行本。」爲元曲「道本」二字之所本。

道號

《魯齋郎》四:「〔淨扮觀主上，云:〕小道姓閻，道號雙梅，在這雲臺觀做著個住持。」

《博望燒屯》一、白:「有徐庶曾言，南陽鄧州臥龍岡有一仙長，複姓諸葛，名亮，字孔明，道號臥龍先生。」

《藍采和》一、白:「貧道複姓鍾離，名權，字雲房，道號正陽子。」

舊時，皇帝賜給道士的稱號曰道號。宋・高承《事物紀原・道釋科教部》:「元魏世祖時，賜寇謙之天師之號，後漢張道陵亦有天師之稱。唐玄宗賜李含光曰玄靜先生，此賜號先生之始也。宋朝緣唐事亦有賜號先生處士者，眞宗時，陳摶賜號希夷先生，神宗時，張罿賜號冲請處士，是也。」後來泛稱出家後另取的名字爲道號，上舉諸例皆是。

道場

《西廂記》一本二折【朝天子】白:「這齋供道場都完備了，十五日請夫人小姐拈香。」

《合汗衫》四、白:「我聽的說金沙院廣做道場，超度亡魂，我也到那裏去搭一分齋，追薦我亡夫張孝友去來。」

《度柳翠》一【賺煞尾】白:「又不是普救道場，險絮殺風魔和尚。」

舊時和尚、道士爲超度亡靈所佈置的誦經禮拜的地方，叫做道場，如上舉諸例是也。佛家把成道及修道之處，也稱做道場。《維摩經》肇注云:「閑宴修道之處，謂之道場。」《華嚴經》云:「佛在摩竭提國寂滅道場，始成正覺。」有時也以道場稱佛寺，見唐・釋道世《法苑珠林》。唐・杜佑《通典》云:「隋煬帝改郡縣佛寺爲道場。」是道場爲寺院別名之一證。

道扮

道妝　倒扮

元刊《竹葉舟》二、白：「正末引淨、孤四人戴逍遙巾道妝上。」

《魯齋郎》四：「〔貼旦道扮上，云：〕貧姑李氏，乃張珪的渾家。」

《昇仙夢》四：「〔正末、正旦道扮上，云：〕自從純陽師父，度脫修行，夢中覺悟，知其前生之事。」

《翫江亭》四【雙調新水令】：「〔牛璘倒扮梢公上，云：〕師父去了也，江梅道早晚敢待來也。」

《三化邯鄲》三：〔外倒扮官人上。〕

道扮，謂裝扮成道姑或道人的樣子。道，一作倒。或又作道粧、道裝，如《桃花扇・罵筵》：〔老旦卞玉京道粧背包急上。〕又《桃花扇・入道》：〔丑扮蔡益所，小生扮藍田叔道裝上。〕按粧、裝與扮，意同。

道錄

道錄司

《岳陽樓》四【收江南】：「扇圈般一部落腮鬍，更狠似道錄。」

《竹塢聽琴》一【後庭花】白：「兀那秀才，你是那裏人氏，姓甚名誰，因甚來到俺這庵觀？說的是萬事都休，說的不是，送你到道錄司，不道的饒了你哩！」

又同劇四【鴈兒落】白：「我到道錄司告去，不道的饒了你哩！」

道錄，道教官職名，隋文帝時設置。宋・高承《事物紀原・道釋科教部》：「《續事始》引《仙傳拾遺》曰：隋文帝始以玄都觀主王延爲威儀，唐置左右兩街。《宋朝會要》曰：唐有左右街威儀，周避諱改爲道錄，宋朝因之。」道錄司，是管理道徒的官署，教徒有訴訟的事，也由該司辦理。明・湯顯祖《牡丹亭・旁疑》：「扯你道錄司告去」，皆其例也。

道不得

道不的　倒不得　道不得箇　道不的個

道不得：一猶言常言道、有道是或豈不聞、可不道；二猶言說不得；三猶言「不道的」。

（一）

《誶范叔》三【滾繡毬】:「道不得箇『地無松柏非爲貴，腹隱詩書未是貧』？」

《黃粱夢》四【滾繡毬】:「似這等不義財貪得如何？道不的『殷勤過日災須少，僥倖成家禍必多』。」

《西廂記》二本三折:「〔夫人云:〕先生請坐！〔末云:〕小子侍立坐下，尚然越禮，焉敢與夫人對坐？〔夫人云:〕道不得箇『恭敬不如從命』？」

又同書五本三折:「〔淨云:〕道不得『一馬不跨雙鞍』，可怎生父在時曾許下我，父喪之後，母到悔親？」

《東堂老》楔、白:「居士！你平日這許多慷慨氣節，都歸何處，道不的個『見義不爲，無勇也』？」

《還牢末》一、白:「你也姓李，我也姓李，道不的『一般樹上兩般花，五百年前是一家』？」

《太平樂府》卷九馬致遠散套【耍孩兒・借馬】:「我沉吟了半晌語不語，不曉事頹人知不知？他又不是不精細，道不得『他人弓莫挽，他人馬休騎』？」

上舉諸例，謂常言道、有道是，多在引用成語或熟語時用之，如果以反問的口氣出之，猶言「豈不聞」、「可不道」。道不得，或作道不的、道不得箇、道不的個，意並同。此語宋已有之，如《京本通俗小說・碾玉觀音》:「道不得個『春爲花博士，酒是色迷人』」，是也。」

（二）

《牆頭馬上》三【掛玉鉤】:「小業種把攏門掩上些，道不的跳天撅地十分劣。」

《魔合羅》三【醋葫蘆】:「休休休，道不的『自己枉著忙』。」

《東窗事犯》二【迎仙客】:「休只管央及俺菩提，道不得念彼觀音力。」

《金錢記》三【煞尾】:「我來折你這曉風春日觀音柳，道不的錯分付了風流畫眉的手。」

上舉「道不得（的）」，謂說不上，說不得。

（三）

《魚籃記》二、白：「張千，便說與梅香，到磨房中看些婦人去，若是推磨便罷，若是不依著我的言語，可來回我的話來，我倒不得饒了他哩？」

倒不得，謂豈肯，意同「不道的」一義，參見「不道」條。「倒」爲「道」的同音假借字。

地（de）

的

地（de，又讀 dì）：一猶言著；一用爲詞助，以成狀語。釋例如下。

（一）

《董西廂》卷一【正宮・尾】：「待登臨又不快，閑行又悶，坐地又昏沉。」

《調風月》一【寄生草】：「臥地觀經史，坐地對聖人。」

《牆頭馬上》四【醉春風】白：「這個漢子不達時務，你這裏立地，我家去也。」

《西廂記》一本一折【天下樂】白：「山門下立地，看有甚麼人來。」

《凍蘇秦》二【煞尾】：「馬兒上簪簪穩坐的。」

以上「地」字，猶現代漢語中的「著」字。「坐地」即坐著，「臥地」即躺著，「立地」即站著。敦煌變文《前漢劉家太子傳》：「其耕夫逐耕壟，上下埋地。」「埋地」，埋著也。王安石《飲酒》詩：「黃昏獨倚春風立，看卻飛花觸地愁。」「觸地愁」，觸著愁也。《清平山堂話本・簡帖和尚》：「有個官人夫妻兩口兒，正在家坐地。」「坐地」，坐著也。以上皆其例。

地，一作的，音義同。

（二）

《董西廂》卷二【大石調・尾】：「把破設設地偏衫揭將起，手提著戒刀三尺。」

同書卷五【中呂調・千秋節】：「窄弓弓羅襪兒翻，紅馥馥地花心，我可曾慣？百般撋就十分悶。」

又同書卷六【般涉調·沁園春】:「盈盈地粉淚，淹損鈿窩。」

《拜月亭》一【後庭花】:「每常我聽得綽的說個女壻，我早豁地離了座位，悄地低了咽頸，縕地紅了面皮。」

《調風月》一【尾】:「忽地卻掀簾，兜地回頭問，不由我心兒裏便親。」

《漢宮秋》二【梁州第七】白：「且不要驚著他，待朕悄地看咱。」

《紫雲庭》四【梅花酒】:「厭地轉過東牆，攜手兒相將。」

《太平樂府》卷七喬夢符散套【新水令·閨麗】:「忽地迎頭見咱，嬌小心兒裏怕，厭地回身攏鬢鴉。」

以上「地」字，用作狀詞語尾，不爲義，有兩種情況：一是用作形容詞語尾，與下文名詞相接，如前三例，猶今之「的」字。《陳州糶米》三折：「步行了偌地遠。」《殺狗記》三十一：「颩律律地冷風刮起灰塵。」皆其例也。二是用作副詞語尾，與下文動詞相接，如後五例是也，用法與現代漢語同。李白《越女詞》:「相看月未墮，白地斷肝腸。」《警世通言·萬秀娘仇報山亭兒》:「風颼颼地起。」兩「地」字用法同上。的，音義同「地」。

的那（dē nà）

《兒女團圓》二【感皇恩】:「這個白頭叟聽天的那差，婆婆也，你把那雞兒快宰，好酒頻釃。」

《東堂老》一【一半兒】白：「著我那大姐宜時景，帶舞帶唱華嚴的那海會。」

《陳州糶米》三【黃鍾煞尾】:「莫怪咱不矜憐，你只問王家的那潑賤，也不該著我籠驢兒步行了偌地遠。」

的那，用作句中襯詞，只起音節作用，不爲義。

的這

得這

《哭存孝》一【節節高】:「今日可便太平無事，全不想用人那用人得這之際。」

《楚昭公》一【混江龍】:「現如今河清海晏，國泰的這民安。」

《東坡夢》二【賀新郎】:「儘強如俺入龍華會，兀的不辱沒殺釋迦的這牟尼？」

《生金閣》楔【仙呂賞花時】:「非是您孩兒自誇得這自獎，我若是不富貴，可兀的不還鄉。」

《竹葉舟》一【混江龍】:「一任教陵移谷變，石爛的這松枯。」

《漁樵記》四【喜江南】:「孟姜女，不索你便淚漣漣，滯人情，使不著你野狐得這涎！」

的這，用作句中襯詞，只起音調作用，無實際意義。的，一作得，音義同。

得力

《裴度還帶》二【採茶歌】白:「六極者，頭小爲一極，夫妻不得力。」

《桃花女》一、白:「別無甚麼得力兒男，止有一個女兒，長成一十八歲。」

《翫江亭》一、白:「老身姓劉，夫主姓趙，不幸夫主早年間辭世，別無甚得力兒男，止有一女，乃是江梅。」

《碧桃花》二、白:「老夫爲無得力的兒男，心中甚是煩惱。」

得力，猶得用；又謂得人助力。《史記・貨殖傳》:「桀黠奴，人之所患也，惟刀閒收取，使之逐魚鹽商賈之利，或連車騎，交守相，然愈益任之。終得其力，起富數千萬。」《後漢書・皇后紀》:「然貴而少子，若養他子者得力，乃當踰於所生。」杜甫《無家別》:「生我不得力，終日兩酸嘶。」清・翟灝《通俗編・行事・得力》:「《北夢瑣言》，盧廷讓言：平生投謁公卿，不意得力于貓兒狗子。」此語現在仍習用。

得命

《漢宮秋》四【幺篇】:「則俺那遠鄉的漢明妃雖然得命，不見你個潑毛團，也耳根清淨。」

《趙禮讓肥》二【小梁州】:「他那裏高聲叫，多喒是得命也無毛。」

《誤入桃源》四【得勝令】:「這的是人怨語聲高，我今日得命也無毛。」

《盛世新聲》【中呂粉蝶兒・寶殿涼生】:「則俺那遠鄉的漢明妃，雖然得命，不見你箇潑手團，道（倒）是耳根清淨。」

得命，謂窮命、薄命。古雜劇本《漢宮秋》四【幺】:「遠鄉的漢明妃雖然薄命，不見你潑毛團，也耳根清淨。」「得命」作「薄命」，亦可證。

得第

得地

《魯齋郎》四、白:「如今都應過舉，得第了也。」

《薦福碑》一【醉扶歸】白:「你若不得第時，權在張家庄上住，我著人來取你爲官，你意下如何？」

《伍員吹簫》四【得勝令】白:「我父親其時便說，有一子是個村廝憨郎，久以後你須得地，略把眼照覷休忘。」

《金錢記》四【水仙子】白:「當日個不得第呵，怎生般模樣，剛則做了官，便別了姐姐。不肯時，也由得你！」

《馬陵道》楔、白:「龐涓久後得地呵，此人是個短見薄識、絕恩絕義的人。」

得第，或作得地，猶發迹，謂由微賤而得志通顯發達。

燈臺

曾哀

《黃粱夢》二【雙鴈兒】:「哥哥也，恰如趙杲送燈臺，便道不的山河易改。」

《牆頭馬上》二【牧羊關】:「你道爲甚著你箇丫鬟近少俊，我則怕似趙杲送曾哀。」

《薛仁貴》二【雙雁兒】:「恰便似送曾哀，趙藁不回來。」

《兒女團圓》二【賀新郎】:「哎！他也恰便似趙杲送曾哀。」

傳說故事:趙巧，本是魯班的徒弟，自以爲比魯班高明，不願老實學習，屢次弄巧成拙。一次，魯班計劃在一條又大又寬的河上修橋，爲防止龍王攪擾，派趙巧把一盞燈臺送入水晶宮。龍王見了燈臺，果然不敢再興風作浪。

趙巧自作聰明，想使龍王更懼怕，預先仿作一個燈臺放在懷裏。這時把它取出，把另一盞的燈油傾入，不想這一盞燈是漏油的，油馬上乾了，燈熄了，趙巧兒被攆出水晶宮，水又動蕩起來。因此民間流傳有「趙巧送燈臺—— 一去不回來」的歇後語。宋·歐陽修《歸田錄》卷二云：「俚語云：『趙老送燈臺，一去不回來』，不知是何等話，雖士大夫亦往往道之。天聖中有尚書郎趙世長者，嘗以滑稽自負，其老也，求爲西京留臺御史。有輕薄子弟送詩曰：『此回眞是送燈臺。』其後竟卒於留臺。」至於「燈臺」如何演變爲「曾哀」，不詳，有待於進一步探討。

燈油錢

油燈錢

《蝴蝶夢》三【滾繡毬】云：「燈油錢也無，冤苦錢也無，俺吃著死囚的衣飯，有鈔將些來使。」

《黑旋風》三、白：「你燈油錢也無，免（冤）苦錢也無，倒要吃著死囚的飯？」

同劇三【甜水令】白：「若是要見他，須是替他將油燈錢、苦惱錢都與我些！」

燈油錢，倒作油燈錢，是封建社會裏牢卒向犯人或犯人家屬勒索錢財的一種名目。借此名目進行敲詐，並不是眞的要用這筆錢買油點燈。在宋代寺院爲燈節而募化的燈油錢，才略有直接的意義，但與此不同。如《東京夢華錄》卷十「十二月」條所云：「臘日，寺院送面油與門徒，卻入疏教化上元燈油錢。」

登時

登時間

《神奴兒》三【迎仙客】詩云：「纔聽上司來刷卷，登時諕的肚中疼。」

《衣襖車》楔【賞花時】：「推我在深澗裏，登時一命虧。」

《鴛鴦被》二【倘秀才】：「哎！你個撒滯殢的先生也那！假若是有人見，若是有人拿，登時間事發。」

《小尉遲》一【村裏迓鼓】:「你便要一衝一撞，登時間早將你七擒七縱。」

登時，謂立刻。《後漢書・方術傳》:「侯劾三人，登時仆地。」《管輅別傳》:「水火之難，登時之驗。」晉・張勃《吳錄》:「登時出其母。」晉・葛洪《抱朴子・內篇》:「中惡急疾，但吞三九之炁，亦登時差蛇。若中人以少許雄黃末內瘡中，亦登時愈也。」又同書《外篇》:「後有以答之，亦不登時也。」梁・任昉《奏彈劉整文》:「苟奴登時欲捉取。」《北史・祖珽傳》:「登時走散。」敦煌變文《歡喜國王緣變文甲》:「王被夫人顧問，登時遂即申陳。」宋・無名氏《梅花傳》:「至漢邸，潛以足躡妃履，妃登時退閣。」據此，知「登時」一語，源遠流長，至今仍習用。或作登時間，意同。

登科記

登科錄

《陳母教子》一【醉扶歸】:「〔報登科上，云：〕自家報登科記的便是。」

《金鳳釵》一【金盞兒】:「想我那虛名枉上登科記。」

《西廂記》四本三折【朝天子】白：「此一行別無話說，貧僧準備買登科錄看，做親的茶飯少不得貧僧的。」

《張協狀元》戲文：「你去街上有登科記買一本歸。江陵府也有登科記賣。」

唐宋以來科舉考試，把各科被錄取人的姓名編成冊子，叫做登科記，或名登科錄。宋・高承《事物紀原・學校貢舉部》「登科記」條：「《唐會要》曰：大中十年四月，禮部侍部鄭顥，進進士諸家科目十三卷，勅，自今後放牓訖，仰寫及第人姓名，仍付所司，逐年編次。《摭言》曰：永徽以前，俊士、秀才二科，猶與進士並列，咸亨後，由文學舉於有司者，競集於進士。繇是趙傪刪去俊秀，故目之曰進士登科記。其事之始，疑自唐初，而獨以進士登科名記，當起於高宗時趙傪云。」明・李詡《戒菴漫筆》:「《今試錄》，唐稱進士登科記，宋稱進士小錄。」實則宋代亦稱登科記，如《清平山堂話本・簡帖和尚》:「足躡雲梯，手攀仙桂，姓名高掛登科記」，是也。到後來登科記、登科錄兩名並用。

登聞鼓

《神奴兒》三【耍孩兒】:「若無錢，怎摑得你這登聞鼓，便做道受官廳黨太尉能察鴈，那裏也呂平縣狄梁公敢斷虎。」

《陳州糶米》一【後庭花】:「遍衙門告不成，也還要上登聞將怨鼓鳴。」

古時統治階級表示聽取臣民的意見或冤獄之情，懸鼓在朝門外，以便擊鼓上聞，謂之登聞鼓。歷代多有此制。唐於東西兩都並置登聞鼓。宋有登聞鼓院，簡稱鼓院，掌收臣民章奏。明時置於通政院。《晉書・武帝紀》:「泰始五年六月，西平人麴路，伐登聞鼓。」《南史・臧厥傳》:「辦斷精明，咸得其理。卒後有提登聞鼓訴。」唐・徐堅《初學記・樂部・鼓》:「《纂要》曰馬上之鼓曰提鼓，施於朝曰登聞鼓。」注：「堯置敢諫鼓，即此也。」宋・馬端臨《文獻通考・職官・登聞鼓院》:「古時朝有誹謗之木，敢諫之鼓，所以通治道而來諫者也。宋朝曰鼓司，景德四年，詔改為登聞鼓院，掌諸上封而進之，以達萬人之情。」宋・高承《事物紀原・朝廷注措部・登聞鼓》:「昔堯置敢諫之鼓，即其始也。用下達上，而施於朝，故曰登聞。晉施廣盜官幔，合棄市，子宗及雲檛登聞鼓。」柳宗元《先侍御史府君神道表》:「有擊登聞鼓以聞於上。」

等

等：一用作介詞，猶讓；二用作估量詞，猶樣、般、種；三用作句中襯詞，無義。

（一）

《竇娥冤》三【耍孩兒】:「我不要半星熱血紅塵灑，都只在八尺旗槍素練懸，等他四下裏皆瞧見。」

《生金閣》一【賺煞】白：「還要分付後槽，將這廝收的好者，不要等他溜了。」

《倩女離魂》三【鬬鵪鶉】白：「梅香，休要炒鬧！等他歇息，我且回去咱。」

《東堂老》楔、白：「老夫一生辛勤，掙這銅斗兒家計，等他這般廢敗，便死在九泉，也不瞑目。」

《殺狗勸夫》四【尾煞】:「則著他背狗皮號令在長街市，也等那一輩兒狗黨狐朋做樣子。」

《對玉梳》二【滾繡毬】白:「孩兒，胡亂留下柳茂英，得些錢鈔，等咱做些盤纏。」

以上各例，「等」字均用作介詞，「讓」的意思。《長生殿·窺浴》:「兩位姐姐，看得高興啊，也等我每看看。」意同。今西南方言尙保存這種說法。

（二）

《梧桐雨》楔、白:「你這等肥胖，此胡腹中何所有？」

《燕青博魚》一【歸塞北】白:「有那等人道:『兀的君子，那東京城裏有的是買賣營生，你尋些做，可不好那？』」

《老生兒》一【油葫蘆】:「有那等守護賢良老秀才，他說的來狠利害。」

《合汗衫》二、白:「既是這等，我和你兩個擲杯珓兒去來。」

《陳州糶米》二、白:「我保舉的人，並無這等勾當。」

以上各「等」字，用作估量詞，猶云樣、般、種。「這等」即這樣、這般、這種之意;「那等」即那樣、那般、那種之意。

（三）

《陳母教子》一【混江龍】白:「我和你有箇比喻:似那搶風揚穀，你這等粃者先行;瓶內醲茶，俺這濃者在後。」

此「等」字爲句中襯詞，無義。

等秤

《紫雲庭》一【賺尾】:「俺這裏別是個三街市井，另置下二連等秤。」

《還牢末》一【鵲踏枝】:「您兩箇等秤稱來，都一般輕重高低。」

《凍蘇秦》一【後庭花】:「他他他滄海將升斗傾，泰山將等秤稱。」

《樂府群玉》卷二喬夢符小令【水仙子·爲友人作】:「斤兩去等秤上掂。」

等、戥同音。等秤即戥子秤，衡器，用以秤金銀的工具。宋·李廌《師友談記》:「秦少游言，邢和叔嘗曰:『文銖兩不差，非秤上秤來，乃等子等來也。』」明・張介賓《類經・附翼》:「以時制等子稱之。」明・朱有燉《小桃紅》一【金盞兒】:「你可待金銀成塊積，他將那恩愛等盤兒秤。」清・翟灝《通俗編・器用・等子》:「《玉器圖義》、《皇祐新樂圖》有銖秤，其圖一面有星，一面繫一盤，如民間金銀等子。」

等身圖

《救孝子》三【紅繡鞋】白:「休道著老身畫一個字，便是等身圖也畫與你。」

《魔合羅》四【鮑老兒】白:「孔目哥哥，休道招狀，我等身圖也敢畫與你。」

《兩世姻緣》四【得勝令】:「那裏是寄心事丹青幀，則是個等身圖煙月牌。」

一般謂數量之多與身長相等的曰等身，如等身金（謂金之多與身相等也，見《舊唐書・郝玭傳》:「有生得郝玭者，賞之以等身金。」)、等身書（謂書之多與身相等也，見《宋史・賈黃中傳》)。佛教稱與人身長度相等的神像，亦曰等身神。南宋時有等身門神。等身圖，就是和人身長相等的圖像。

蹬脫

《西廂記》二本三折【離亭宴帶歇指煞】:「白頭娘不負荷，青春女成擔閣，將俺那錦片也似前程蹬脫。」

《曲江池》三【耍孩兒】:「只爲些蠅頭微利，蹬脫了我錦片前程。」

《盛世新聲》【南呂一枝花・眉黛翠葉稠】:「則因他苦厭厭舊約重尋，致令得美甘甘前程蹬脫。」

《樂府群玉》卷二、王日華小令【天香引・問雙漸】:「虛飄飄蹬脫了才郎。」

蹬脫，謂踢開、拆散、蹬掉、掙脫。

低錢

《隔江鬬智》三【醋葫蘆】白:「我們荊州一個低錢買箇大饜饜。」

質量低劣之錢，謂之低錢。《幽閒錄》云：「唐錢間有開通元寶，偶忽不用，新鑄者謂之低錢，每以二文當好錢一文，人亦兩用之。」「當好錢」，兌換好錢也。《桃花扇・眠香》：「〔丑接錢再數，換低錢諢下。〕」亦其例。

滴溜（著、的）

滴留（得）　的留（的）

滴溜：一謂躭心；二謂提拎；三謂迅速旋轉貌；四謂聰明。

（一）

《後庭花》一【混江龍】：「我立欽欽誰敢離衙門？常懷著心驚膽戰，滴溜著腳踢拳墩。」

《金鳳釵》一【鵲踏枝】：「〔云：〕我到家中，渾家問道你得官也？〔唱：〕我滴溜著一箇休妻。

《霍光鬼諫》二【耍孩兒帶四煞】：「慨君王聖怒難分辨，便是老性命滴溜在眼前。」

《詞林摘艷》卷一張鳴蔭小令【水仙子・富樂】：「孟郊寒，賈島瘦，相如病，剛滴留得老性命，偏今番夢難成。」

上舉各例，後附以「著」或「得」；意爲躭心著、提心弔膽。或作滴留，音義同。

（二）

《玉壺春》三【四煞】：「一弄兒打扮的實難賽，大信袋，滴溜著三山骨，硬布衫，攔截斷十字街。」

《三奪槊》二【牧羊關】：「他滴溜著虎眼鞭颩，我吉丁地著劈楞鐧架卻。」

上舉「滴溜」，謂提拎，向上提起之意。現在北方話還有此用法，如說：「他提溜著一串東西。」戲文《錯立身》十二【越調・鬭鵪鶉】：「空滴溜下老大小荷苞」，意同。按「滴溜」乃方言土語，無義理可尋。

（三）

《三奪槊》二【烏夜啼】：「我則見的留的立不住腿脡搖，忔撲撲地把不住心頭跳。」

《漁樵記》三、白：「老漢挑起擔兒，恰待要走，則見那相公滴溜的又撥回馬來。」

《王妙妙死哭秦少游》【正宮端正好】：「滴溜的半窗明月梧桐影。」

以上「滴溜」，意爲迅速旋轉貌。或作的留，音義同。後綴「的」，同「得」；下同。

（四）

《兩世姻緣》一【油葫蘆】：「有那等滴溜的猱兒不覓錢，他每都錯怨天。」

滴溜，聰明。

滴泪錢

滴淚錢

《蝴蝶夢》三、詩云：「手執無情棒，懷揣滴泪錢；曉行狼虎路，夜伴死屍眠。」

明鈔本《四春園》二【尾聲】白：「手掿無情棒，懷揣滴淚錢，曉行狼虎路，夜伴死尸眠。」

《村樂堂》三、白：「手執無情棒，懷揣滴淚錢；曉行狼虎路，夜伴死屍眠。」

舊時衙役們從犯人或犯人的家屬那裏勒索來的錢財，謂之滴淚錢。泪，同淚，見明・梅鼎祚《字彙》。

滴溜撲

滴留撲　滴流撲　滴溜溜撲撲

《黑旋風》一【滾繡毬】白：「我一隻手揪住衣服領上，一隻手搯住腳腕，滴溜撲捽個一字交。」

《燕青博魚》一【尾聲】：「我一隻手揪住那廝黃頭髮，一隻手把腰腳牢掐，我可敢滴溜撲活攛那廝在馬直下。」

《李克用箭射雙鵰》【剔銀燈】：「我則見把的中滴溜溜撲撲的著田地，一雙皂鵰透心窩正中著金鈚。」

《西廂記》三本二折【煞尾】白：「拽上書房門，到得那裏，手挽著垂楊滴流撲跳過牆去。」

《魔合羅》二【刮地風】：「靠著時，呀的門開了，滴留撲仰剌叉喫一交。」

《單鞭奪槊》四【刮地風】：「則一鞭偃了左肩，滴流撲墜落征駝。」

滴溜撲，形容跌倒、墜落、迅速旋轉拋擲之情狀。按，滴溜乃「丟」之衍音；長言則爲滴溜，短言則成丟。溜、留、流，音意並同。王季思注《西廂》只認爲有拋擲意，似嫌不足。撲，狀跌落之聲，重則曰撲通。滴溜撲，重言之則曰滴溜溜撲撲，如《李克用箭射雙鵰》劇例是也。

滴羞篤速

滴羞都蘇　滴修都速　低羞篤速

《蝴蝶夢》三【醉太平】：「告哥哥可憐，他三個足丟沒亂，眼腦剔抽禿刷轉，依柔乞煞手腳滴羞篤速戰。」

《青衫淚》二【醉太平】：「只見一個來來往往旋風足律即留轉，諕的我慌慌張張手腳滴羞都蘇戰。」

《薛仁貴》三【堯民歌】：「諕的我心兒膽兒，急獐拘豬的自昏迷，手兒腳兒滴羞篤速的似呆癡。」

《替殺妻》一【幺篇】：「你氣的我手兒腳兒滴修都速戰。」

《合同文字》一【那吒令】：「一片心迷留沒亂焦，兩條腿滴羞篤速戰，恰便似熱地上蚰蜒。」

《僧尼共犯》二【梁州】：「慌的他兩頭兒低羞篤速。」

滴羞篤速，狀顫抖之詞。或作滴羞都蘇、滴修都速、低羞篤速，音義並同。

滴羞蹀躞

滴羞跌屑　滴屑屑　跌躞躞　跌屑屑　迭屑屑　鐵屑屑　滴羞滴些

《哭存孝》一【勝葫蘆】：「則你那滴羞蹀躞身體，迷留沒亂心肺，諕的你劈留撲碌走如飛。」

《後庭花》二【鬬蝦蟆】：「說著說著起初，今日今日羞辱，不由我滴羞跌屑怕怖。」

《燕青博魚》二【金盞兒】：「那廝他跌蹬蹬的恰還魂。」

《秋胡戲妻》三【堯民歌】：「桑園裏只待強逼做歡娛，諕的我手兒腳兒滴羞蹀躞戰篤速。」

《羅李郎》四【七弟兄】：「見他撲簌簌眼裏搵啼痕，教我滴屑屑手腳難停穩。」

《鐵拐李》二【煞尾】：「黑婁婁潮上涎，鐵屑屑手腕軟，直挺挺腿怎拳？」

《李逵負荊》四【離亭宴煞】：「涎鄧鄧眼睛剜，滴屑屑手腳卸，磣可可心肝摘。」

《魔合羅》一【油葫蘆】：「我則索滴羞跌屑整身軀。」

又同劇二【喜遷鶯】：「迭屑屑魂飛膽落，撲速速肉顫身搖。」

《趙禮讓肥》四【掛玉鈎】：「諕的我手兒腳兒滴羞蹀躞戰篤速。」

《宋元戲文輯佚·王祥臥冰》【仙呂入雙調過曲·山東劉袞】：「凜凜布寒威，凍的我跌屑屑的。」

《盛世新聲》【大石念奴嬌·驚飛幽鳥】：「我可丕丕心頭跳，手共腳滴羞滴𡂕不知顛倒。」

滴羞蹀躞，形容害怕、打寒戰、手腳顫動的樣子。或作滴羞跌屑、滴羞滴𡂕、滴屑屑、跌蹬蹬、跌屑屑、迭屑屑、鐵屑屑，音近義並同。

抵死

抵死的　抵死裏

抵死：一謂一個勁地、一死兒地、死氣白賴地；二謂拚命；三謂終究；

（一）

《董西廂》卷六【中呂調·牧羊關】：「甚不肯承當，抵死諱定，只管廝瞞味。」

又同書同卷【中呂調·尾】：「如還抵死的著言支對，教你手托著東牆我直打到肯。」

《牆頭馬上》三【幺篇】：「你哥哥，這其間未是他來時節，怎抵死的要去接？」

《青衫淚》三【撥不斷】白：「那一日走將那茶客劉一郎來，帶的錢多，要來請我，妾抵死不肯。」

《薦福碑》三【鬭鵪鶉】：「只爲他財散人離，悶的我天寬地窄。抵死待要屈脊低腰，又不會巧言令色。」

《燕青博魚》二【醉中天】白：「我被惡弟兄每抵死的留著吃酒。」

《合同文字》三【幺篇】白：「是伯娘不肯認我，拏了我合同文書，抵死的賴了。」

以上各例，意謂一個勁地、一死兒地、死氣白賴地。宋・楊萬里《梅花盛開》詩：「春被梅花抵死催，今年春向去年回。」宋・孫洙【菩薩蠻】詞：「樓頭尚有三通鼓，何須抵死催人去？」「抵死催」，即一個勁地催也。

（二）

《董西廂》卷五【南呂調・尾】：「待閻王道俺無憑准，抵死謾生斷不定。」

《劉弘嫁婢》一、白：「想咱這世間人，無錢的可又難過，抵死積攢的多了，卻又於身無益。」

《龐掠四郡》三【耍三臺】：「我安排著脱身利己的機謀，正中這抵死瞞生的手策。」

抵死，謂拚命。宋・向滈【西江月】詞：「抵死漫生求見，偷方覓便求歡。」「抵死」與「瞞生」連文，爲宋元熟語，意爲拚命盡力，引申爲殫智竭慮。謾、漫都是「瞞」的借音字。

（三）

《青衫淚》一【賺煞】：「稍似間有些錢，抵死裏無多債，權做這場折本買賣。」

上舉「抵死」，意謂終究。此用法宋亦有之，如柳永【傾杯樂】詞：「追舊事一餉憑闌久。如何媚容艷態，抵死孤歡偶」，是也。或作底死，意同；柳永【滿江紅】詞：「不會得都來些子事，甚恁底死難拚棄。」

抵多少

抵多少，用爲比較之詞，有勝過、好比是、比不上等義，因文而異，釋例如下。

（一）

《拜月亭》三【滚繡毬】:「捹起柄夫榮婦貴三簷傘，抵多少『爺飯娘羹駟馬車』。」

《調風月》一【幺】:「每朝席上宴佳賓，抵多少『十年窗下無人問』。」

《張天師》三【滚繡毬】:「今日個風花雪月相逢日，抵多少『龍虎風雲聚會時』。」

《老生兒》二【滚繡毬】:「有一日功名成就人爭羨，抵多少『買賣歸來汗未消』。」

《東窗事犯》四【滚繡毬】:「當初禍臨岳飛，今日災臨己，抵多少『遠在兒孫近在身』。」

上舉各例，意爲勝過。

（二）

《追韓信》一【寄生草】:「我則見敗殘鱗甲滿天飛，抵多少『西風落葉長安道』。」

又同劇二【川撥棹】:「半夜裏恰回還，抵多少『夕陽歸去晚』。」

《西遊記》六本二十三齣【紫花序】:「今日箇送路在山門，抵多少『攜手上河梁』。」

《兒女團圓》二【罵玉郎】:「不由我春滿眼，喜盈腮，抵多少『東風飄蕩垂楊陌』。」

以上各例，意爲好比是。

（三）

《魯齋郎》一【混江龍】:「教公吏勾來衙院裏，抵多少『笙歌引至畫堂前』。」

《圯橋進履》二【梁州】:「見如今沿門乞化，抵多少『日轉他那千階』。」

《東坡夢》一【後庭花】:「則（只）爲這樂府招讒譖，抵多少『文章可立身』。」

《殺狗勸夫》二【滾繡毬】:「我如今冒他大雪窖中去，抵多少『袖得春風馬歸』。」

上舉各例，意爲比不上；如作爲反詰詞，是「怎能夠……相比」、「怎比得」之意。

底樣

底樣兒

《西廂記》一本一折【後庭花】:「若不是襯殘紅芳徑軟，怎顯得步香塵底樣兒淺？」

《陽春白雪》前集四無名氏小令【醉中天】:「底樣兒分明印在沙。」

《樂府群珠》卷三失註【金盆沐髮・芳塵春跡】:「印香埃底樣弓弓，堪愛堪題，宜罩宜籠。」

《盛世新聲》【粉蝶兒・驕馬金鞭自悠悠】:「你看他那雲髻金釵，英花翠鈿，羅襪凌波底樣兒淺。」

底樣兒，即底樣，謂腳印兒，即鞋踩在地上的印迹，「兒」爲名詞語尾，無意義。

底根兒（dǐ gēr）

《岳陽樓》一【賺煞】:「〔柳云：〕師父，你怎生識的小聖來？〔正末唱：〕我底根兒把你來看生見長。」

底根兒，謂本來、往昔、打最初。現北京話讀作 dì gēr。

地方

《蝴蝶夢》一:「〔副末扮地方上，云：〕王大、王二、王三在家麼？〔王大兄弟上，云：〕叫怎的？〔地方云：〕我是地方。不知甚麼人打死你父親在長街上哩。」

《冤家債主》楔子:「〔做叫科，云：〕有賊，地方快起來拏賊呀！」

《青衫淚》三【鴛鴦煞】白：「怎麼箱籠開著？一定是走了。地方，拏人！拏人！」

地方，是地保（保正）的俗稱，即舊時社會基層的小首腦，相當於後來的保甲長。此稱謂，在宋元明清是一脈相承的。《京本通俗小說・錯斬崔寧》：「叫起地方：『有殺人賊在此，煩爲一捉！』」明・王應遴雜劇《逍遙遊》【前腔】：〔淨爭奪喊叫地方有賊。〕清・洪昇《長生殿・進果》：「我的天呵，地方救命。」或作地分，如《新編五代周史平話》卷上：「被那地分捉將郭威去。」「分」字當是形近訛誤。」

地戶

《昊天塔》三【倘秀才】:「不甫能撞開了天關地户，跳出這龍潭虎窟。」

《貨郎旦》四【五轉】：「是誰將火焰山，移向到長安；燒地户，燎天關，單則把凌煙閣留他世上看。」

《詞林摘艷》卷六無名氏散套【九轉貨郎兒・韓元帥偷營劫寨】：「燒地户，燎天關，便似那摘星樓降來到凡世間。」

地戶，謂地之出入口，即地之門戶，與「天關」對稱。漢・袁康《越絕書・越絕外傳・記范伯》：「見於地戶。」又同書《越絕外傳・枕中》：「天門開及地戶開。」明・楊愼《升庵外集》：「《河圖括地象》曰：『東南爲地戶。』」注：「地不滿東南，是地戶。」據此知「地戶」之名，傳之已久。

地頭鬼

《青衫淚》三【鴛鴦煞】白：「是小子新娶的個小娘子，不知逃走那裏去了；一定有個地頭鬼拐著他去，你們與我拿一拿。」

地頭鬼，謂勾引外地流氓，爲害鄉里的無賴。《兒女英雄傳》第二十一回有「地土蛇」，《西遊記》第五十二回有「地里鬼」，都是指的這一類人。現在還有「地頭蛇」的說法，意指當地的壞人，故「地頭」、「地里」、「地土」都有當地、就地之意。

弟子

弟子，妓女之稱。又釋、道把初出家學道的叫做弟子。

（一）

《救風塵》一【鵲踏枝】白「他便道：『這弟子敲鏝兒哩。』」

又同劇三【倘秀才】白：「兀那老弟子不識羞，直趕到這裏來！」

《謝天香》一【天下樂】：「賣弄的有伎倆，賣弄的有艷姿，則落的臨老來呼弟子。」

《度柳翠》四【掛玉鉤】：「這的是弟子歌，又不是猱兒唱。」

《羅李郎》三【後庭花】：「占猱兒，養弟子，我良言，須逆耳。」

《劉行首》三【滿庭芳】白：「俺那員外，近來養著一個弟子，喚做劉行首。」

弟子，婊子之意，是對妓女的輕蔑稱呼。宋·朱彧《萍州可談》卷三：「娼婦，州郡隸獄官，以伴女囚。近世擇姿容習歌舞、迎送使客、侍宴好，謂之弟子；其魁，謂之行首。」又宋·程大昌《演繁露》謂：「開元二年，玄宗選樂工數百人，自教法曲於梨園，謂之皇帝梨園弟子。至今猶謂優女爲弟子，此其始也。」由此看來，弟子是受過訓練的，屬於官伎，與普通妓女稱做猱兒者不同。若混合言之，弟子、猱兒，則均可稱妓也。再次，「弟子」一詞，既爲對妓女的蔑稱，元劇中就常用來作罵人話，如《合汗衫》三【醉春風】白：「你也不叫（街），我也不叫（街），餓他娘那老弟子！」

（二）

《董西廂》卷三【高平調·於飛樂】：「既爲佛弟子，須方便爲門。」

《黃粱夢》四【滚繡毬】白：「師父，我弟子省了也。」

《劉行首》三【紅繡鞋】白：「師父，弟子省了也。」

《金安壽》三【幺篇】白：「稽首，弟子知道了也。」

上舉數例，是釋、道把初出家學道的稱爲弟子。其實，稱徒弟爲弟子，不止釋、道，凡受業者對老師都可以這樣稱呼。《論語·雍也》：「哀公問弟子孰爲好學」？杜甫《觀公孫大娘弟子舞劍器行》：「絳脣珠袖兩寂寞，晚有弟子傳芬芳」，等等，皆是。

弟子孩兒

彘（zhì）子孩兒

《後庭花》四【紅繡鞋】白：「原來是箇小弟子孩兒！」

《虎頭牌》三【太平令】白：「老弟子孩兒，你自掙揣去！」

《秋胡戲妻》四【雙調新水令】白：「這弟子孩兒無禮也！他桑園裏逗引我，見我不肯，他公然趕到我家裏來也。」

《合汗衫》三【幺篇】白：「這廝正是媳婦兒懷著十八個月不分娩，生這個弟子孩兒那！」

又同劇三【普天樂】白：「你也是個傻老弟子孩兒。」

《魔合羅》二、白：「走殺我也！把那賊弟子孩兒！」又白：「我把那精驢賊醜生弟子孩兒！」

《鴛鴦被》二【黃鍾尾】白：「我走到半路，被那巡更的歹弟子孩兒把我攔住，道我是犯夜的。」

《盆兒鬼》一【金盞兒】白：「村弟子孩兒，你不獻出來，我就殺了你。」

凌本《幽閨記》二十五：「這個彘子孩兒，人也不識。」

弟子，如上條所述，指妓女；弟子孩兒，即妓女養的，意用現代話婊子養的，是元曲中常用的一種罵人話。亦作彘子孩兒。有時爲了強調辱罵，在弟子孩兒上冠以狀詞，如罵老人叫老弟子孩兒，罵小孩叫小弟子孩兒，罵其傻則曰傻弟子孩兒，詈其賊則曰賊弟子孩兒，憎其歹則曰歹弟子孩兒，嫌其村則曰村弟子孩兒，等等，不勝備舉。有時更在狀詞上加狀詞，如說傻老弟子孩兒、精驢賊醜生弟子孩兒等。彘子孩兒之彘，豬也，故彘子孩兒意即豬崽子，也是罵人不是好人養的之意。

的盧（dì lú）

《襄陽會》一【寄生草】白：「先著王孫去盜劉備那的盧馬。」

又同劇二【越調鬬鵪鶉】：「這一匹駿馬的盧，煞強如驊騮腰裹。」

《黃鶴樓》一【油葫蘆】：「憑著這的盧戰馬十分壯，怎跳過那四十里漢陽江？」

的盧，凶馬名，額部有白色斑點，亦稱的顱。古時迷信，認爲騎這種馬就有禍災。《三國志・蜀志・先主傳》裴松之注引《世語》云：「備屯樊城，劉表禮焉，憚其爲人，不甚信用。曾請備宴會，蒯越、蔡瑁欲因會取備，備覺之，騎的盧走，墮襄陽城西檀溪水中，溺不得出。備急曰：『的盧，今日厄矣，可努力！』的盧乃一躍三丈，遂得過。」《晉書・庾亮傳》：「亮所乘馬，有的顱。」《世說新語・德行》云：「庾公（庾亮）乘馬有的盧，或語令賣去。庾云：『賣之必有買者，即復害其主，寧可不安己而移於他人哉！』」劉孝標注引伯樂《相馬經》云：「馬白額入口至齒者，名曰榆雁，一名的盧，奴乘客死，主乘棄市，凶馬也。」

的一確二

丁一確二　丁一卯二

《蝴蝶夢》一【柳葉兒】：「怕不待的一確二，早招承死罪無辭。」

《殺狗勸夫》四【上小樓】：「我說的丁一確二，你說的巴三覽四。」

《兒女團圓》四【太平令】：「他又不曾道節外生枝，也不索丁一卯二。」

《抱粧盒》三【太平令】：「要說箇丁一卯二，不許你差三錯四。」

《合同文字》四【得勝令】詞云：「這小廝本說的丁一確二，這婆子生扭做差三錯四，我用的箇小小機關，早賺出合同文字。」

的一確二，或作丁一確二、丁一卯二，宋、元時習用語，意謂的的確確，眞眞實實、毫不含糊。《朱子全書・易》：「修辭便是立誠，如今人持擇言語，丁一確二，一字是一字，一句是一句，便是立誠。」清・呂種玉《言鯖》云：「丁一確二，爾時方言也。」今北方仍有「丁是丁，卯是卯」之語。丁即釘子，卯謂卯筍，言其絕不容含糊、移動也。

遞流

流遞　流逐

《漢宮秋》二【牧羊關】：「太平時賣你宰相功勞，有事處把俺佳人遞流。」

《青衫淚》三【駐馬聽】：「則是遞流花草武陵溪，幽囚風月藍橋驛。」

同劇同折【撥不斷】:「想著那引蕭娘寫恨書千里，搬倩女離魂酒一杯，攜文君逃走琴三尺，恁秀才每，那一樁兒不該流遞？」

《秋胡戲妻》三【三煞】:「掐我一掐，我著你三千里外該流遞。」

《玉壺春》三【煞尾】:「將你拷一百，流逐三千里外。」

遞，謂押解罪犯；流，是古代一種刑法，即放逐。遞流，就是把罪犯押解到荒遠地方去。按古代刑法有五，具體所指，歷代不盡相同。隋統一南北朝後，定笞、杖、徒、流、死爲五刑（見《隋書・刑法志》），可見「流」是僅次於「死」的一種刑法。元代流刑是:「南人遷於遼陽迤北之地，北人遷於南方湖廣之鄉。」《魯齋郎》劇第一折:「或是流二千，遮莫流一年。」《秋胡戲妻》和《玉壺春》劇更說是流遞到三千里外，可證其遠。

倒作流遞，或作流逐，意並同。

遞盜

抵盜　的盜

《趙氏孤兒》一、白:「只因公主生下一子，喚做趙氏孤兒，恐怕有人遞盜將去，著某在府門上搜出去時，將他全家處斬。」

《羅李郎》四、白:「這唾盂是這小廝遞盜與他了。」

《救孝子》一【醉中天】白:「妳妳不知，叔叔也不知，久以後兄弟帶出這把刀子來，則道春香抵盜了楊家的家私哩！」

將所盜之物傳遞給人，叫做遞盜。遞，一作抵，音近借用。《金瓶梅》第六十回:「賊淫婦，你如何抵盜我財物與西門慶？」亦其例。

遞運夫

遞送夫

《陽春白雪》後集三劉時中散套【端正好・上高監司】:「受了五十四站風波苦，虧殺數百千程遞運夫。」

《太平樂府》卷九睢景臣散套【般涉調哨遍・高祖還鄉】:「車前八個天曹判，車後若干遞送夫。」

遞運夫、遞送夫，簡稱遞夫，即驛遞、轉運的伕役。韓愈《唐正議大夫尚書左丞孔公（戣）墓誌》:「明州歲貢海蟲淡菜蛤蚶之屬，自海抵京道路，水陸遞夫積功歲爲四十三萬六千人，奏疏罷之。」宋・王林《燕翼貽謀錄》：「建隆三年，詔諸道州府，以軍卒代百姓爲遞夫。」

掂（diān）

踮　拈

掂：一謂以腳尖著地輕行；二謂捶擊；三謂折斷；四謂虧損；五謂抽；六謂取笑。

（一）

《燕青博魚》一【大石調六國朝】：「我我我待踮著個鞋底兒去揀那淺中行，先綽的這棒頭來向深處插。」

《西廂記》一本三折【金蕉葉】：「踮著腳尖兒仔細定睛，比我那初見時龐兒越整。」

《鐵拐李》四【鮑老催】：「我這裏掂腳舒腰拜。」

提起腳跟，用腳尖著地曰掂。字應作跕（diān）。《漢書・地理志下》：「女子彈弦跕躧。」顏師古注：「跕，謂輕躡之也。」掂、踮均爲跕之俗字。或作攧，如《水滸》第十六回：「晁蓋聽了大喜，攧著腳道，是也。今北京及南方各地仍以腳尖著地輕行謂之「掂」。《元曲選》音釋：「踮，音店。」

（二）

《董西廂》卷二【正宮・尾「「咭叮地拈折點鋼箭。」

《後庭花》一【天下樂】：「有一日掂折你腿脡，打碎你腦門。」

《誤入桃源》四【得勝令】：「吉丁當掂碎連環玉，生可擦分開比翼鳥。」

《鴛鴦被》三【麻郎兒】：「動不動掂折我腿脡。」

掂，謂捶擊；《後庭花》例中「掂」和「打」互文見意，可爲證。「掂折你腿脡」，就是打斷你腿。掂，一作拈，音義同。

（三）

《對玉梳》楔、白：「又有這玉梳兒一枚，是妾平日所愛之珍，掂做兩半，君收一半，妾留一半，君若得第，以對玉梳爲記。」

《死葬鴛鴦塚》【刮地風】：「玉容減盡梨花艷，碧玉簪掂，金鳳翎撏。」

上舉「掂」字，謂折、跌，斷也。

（四）

《對玉梳》二【黃鍾煞】：「休置俺這等掂梢折本賠錢貨，則守恁那遠害全身安樂窩。」

掂，虧損之意；「掂梢折本」，就是本利都受到了損失。「掂」、「折」互文，可證。

（五）

《紫雲庭》一【混江龍】：「衠撲得些掂人髓，敲人腦，剝人皮，釘人腿得回頭硬。」

掂，當爲「抽」意，是第二義捶擊的引申意。

（六）

《海神廟王魁負桂英》【尾聲】：「有那閑做伴的浪兒每掂，舊廝守女伴每嫌，則稱了俺那受廝噥的虔婆意。」

掂，當是「呫」的借字，謂取笑。

顛倒

顛倒顛

顛倒：一謂失序、倒置、錯亂、反復；二用爲轉折詞，猶反倒、反而；三謂究竟、所以、底細、頭尾；四謂駕馭、控製；五謂命運乖蹇。

（一）

《蝴蝶夢》三【幺篇】：「你本待冤報冤，倒做了顛倒顛。」

《東坡夢》一【天下樂】：「便淋灕污了衣，顛倒可便裹了巾。」

《曲江池》一【賺煞】：「更做道如今顛倒顛落的女娘每倒接了絲鞭。」

《盆兒鬼》二、白：「自從殺了那楊國用，雖然得他好幾十兩銀子，這兩日連夢顛倒，我在床上睡，可被他拖我到地上，我在地上睡，又被他擡我到床上。」

《宋元戲文輯佚·李玉梅》【正宮過曲·普天樂】:「四時歡,千金笑,把往事,多顚倒。」

凡事物或思維有失序、倒置、錯亂、反復等現象者,均謂之顚倒。《詩》:「顚倒衣裳」。疏:「以裳爲衣,令上者在下,是爲顚倒也。」《楚辭·九嘆·愍命》:「今反表以爲裏兮,顚裳以爲衣。」王逸注:「顚,倒也。」韓愈《醉後》詩:「淋灕身上衣,顚倒筆下字。」這都是就事物失序、倒置說的。引申之則表現爲思想上的錯亂或反復,如上所舉例:「這兩日連夢顚倒」、「把往事,多顚倒」等,均屬之。今仍習用此語。或作顚倒顚,義同。

(二)

《牆頭馬上》二【三煞】:「解下這摟帶裙刀,爲你逼的我緊也,便自傷殘害,顚倒把你娘來賴。」

《西廂記》三本一折【幺篇】:「則說道:『可憐見小子,隻身獨自!』恁的呵,顚倒有箇尋思。」

又同劇三本二折【快活三】:「分明是你過犯,沒來由把我摧殘,使別人顚倒惡心煩,你不慣,誰曾慣?」

《貶夜郎》三【滿庭芳】:「覷得俺唐明皇顚倒如兒戲。」

《蕭淑蘭》二【聖藥王】:本待成就您,顚倒連累咱。」

《馬陵道》一【混江龍】白:「著我擺陣,你顚倒在公子根前,下這般讒言!」

《百花亭》二【鮑老催】白:「官人似恁的聰明,文武兩全,顚倒問俺這等人求計?」

以上「顚倒」,用作轉折詞,即倒,猶云反倒、反而。或作顚到。如《清平山堂話本·快嘴李翠蓮記》:「分付你少則聲,顚到說出一篇來。」按「到」當爲「倒」字的脫筆字。今四川方言中尚保留這個說法。

(三)

《趙氏孤兒》三【水仙子】:「只被你打的來不知一個顚倒。」

《劉行首》二【滾繡毬】:「到如今越不知個顚倒。」

《盛世新聲》【大石念奴嬌·驚飛幽鳥】:「我可丕丕心頭跳,手共腳滴羞滴些不知顚倒。」

上舉各例，意爲究意、所以、底細、頭尾。

（四）

《氣英布》二【煞尾】白：「只因爲英布自恃英勇無敵，怕他有藐視漢家之心，故以此折挫其銳氣，……乃漢王顛倒豪傑之氣。」

《樂府群珠》卷四滕玉霄小令【普天樂・酒色財氣】：「少年時，風雲志，記篇詩杯酒，顛倒群兒。」

上舉各例，顛倒用作動詞，謂駕馭、控製，即管束、指使之意。

（五）

元本《琵琶記》二十六：「思量起，是老親合顛倒。」

此「顛倒」，謂命運不好，是第一義的引申。今吳語猶然。

顛不剌

顛不剌，約有三解，例釋如下：

（一）

《西廂記》一本一折【元和令】：「顛不剌的見了萬千，似這般可喜娘的龐兒罕曾見。」

《太平樂府》卷七馬致遠散套【青杏子套・悟迷】：「也不怕薄母放訏掐，諳知得性格兒從來纖下，顛不剌的相知不綣也，被莽壯兒的哥哥截替了咱。」

《樂府群珠》卷四關漢卿小令【普天樂・普救姻緣】：「顛不剌見了萬千，似這般可喜娘罕見，引動人意馬心猿。」

《虬髯翁》一【哪吒令】：「顛不剌見來，少這般稔色。」

以上各例，顛是頂的意思。不剌，爲語助詞，無義。《說文》：「顛，頂也。」《詩・秦風・車鄰》：「有馬白顛。」傳：「白顛，的顙也。」段玉裁云：「馬以顙爲頂也。」又《墨子・修身》：「華髮隳顛。」孫詒讓《閒詁》：「隳顛，即禿頂也。」故「顛不剌」在這裏有絕頂的意思。「顛不剌的見了萬千，似這般可喜娘的龐兒罕曾見」，意思就是說：上等美人見過千萬，但如鶯鶯這樣漂亮可愛者少有。據此去尋繹其它見各例的含義，也都不難融會貫通。

（二）

《雍熙樂府》卷一散套【醉花陰・怨恨】：「休、休、休，虧心的自有神明鑒；我、我、我，顛不剌情理是難甘。」

顛不剌，顛是顛倒的意思。清・毛西河云：「顛即顛倒，猶言沒頭緒也。」黎錦熙先生云：「《詩》有『顛之倒之』、『倒之顛之』，若引申其用，亦此類耳。」據此解釋上例，則「顛不剌的情理是難甘」，就是指抱怨者，對情理顛倒，傷天害理之事，表示難以甘心忍受。《邯鄲記・死鼠》：「取佩刀來！顛不喇自裁刮。」《長生殿・彈詞》：「直弄得伶俐的官家顛不剌，懵不剌，撇不下心兒上。弛了朝綱，占了清場。」「顛不喇自裁刮」，就是指盧生行將綁赴刑場，一時不知所措，才顛顛倒倒要進行自決。「顛不剌，懵不剌，撇不下心兒上」，是形容唐明皇自貴妃死後，精神錯亂，神魂顛倒，糊糊塗塗，不知如何是好。

（三）

《董西廂》卷一【般涉調・尾】：「怕曲兒捻到風流處，教普天下顛不剌的浪兒每許。」

此「顛不剌」意爲風流。張相云：「顛不剌的浪兒，意言風流浪子也，與上句風流相應。」（見《詩詞曲語辭匯釋》卷六。）

總結以上所論，顛不剌之「顛」，至少應有三解。但近年來治元曲語言者各執一說，沒有把「顛不剌」看做多義詞，例如徐嘉瑞說：「顛不剌，顛倒昏亂，不剌爲顛之副詞。」王季思說：「破不剌即破意，雜不剌即雜意，則顛不剌亦即顛意。加不剌字，不過狀其顛、雜、破之甚耳。詞曲中凡言風言顛，皆有風流、放浪意。」朱居易說：「顛不剌，風顛、風流。不剌，語助詞。張相則說：「不剌，語尾助辭。……顛有風流或輕薄之意。」看來，如局限於某一家的說法，許多詞義便難以解釋。

擷竹

《百花亭》一【金盞兒】白：「據此生世上聰明，今時獨步，圍棋遞相，打馬投壺，撇蘭擷竹，寫字吟詩，……端的個天下風流，無出其右。」

《揚州夢》三【梁州第七】：「知音呂借意兒嘲風詠月，有體段當場兒擷竹分茶。」

《雍熙樂府》卷十關漢卿【南呂一枝花・不伏老】：「願朱顏不改常依舊：花中消遣，酒內忘憂，分茶攧竹，打馬藏鬮。」

觀攧竹與撇蘭、打馬、投壺等賭博性的游戲相連，則攧竹，當爲古時賭博性質的抽籤。舊時賣小吃的商販，常備有籤筒，顧客搖筒抽籤，可以賭吃。

攧窨（diān yìn）

攧屑　嚬窨　嚬喑　迭噷　跌窨　鐵窨　恁迭　恁底

《西廂記》二本三折【甜水令】：「星眼朦朧，檀口嗟咨，攧窨不過，這席面兒暢好是烏合。」

又同劇三本四折【紫花兒序】：「怒時節把一個書生來迭噷。」（一本作「迭窨」。）

《拜月亭》三【笑和尚】：「薄設設衾共枕空舒設，冷清清不恁迭。」

《西遊記》四本十四齣【中呂上小樓】：「你可也和誰宴飲，著我獨懷跌窨。」

又同劇四本十四齣【煞】：「不知俺家告著他，他家告著俺，哥哥回去除了鐵窨。」

六十種曲本《琵琶記》三十【江頭金桂】：「相公，我怪得你終朝嚬喑，只道你緣何愁悶深。」（凌刻臞仙本作「攧窨」，陳眉公本作「嚬喑」。）

《荊釵記》三十四【東甌令】：「休嗟怨，免攧屑，分定恩情中道絕。」

《樂府群珠》卷三盧疏齋小令【折桂令・詠別】：「空恁底狐疑笑耍，劣心腸作弄難拿。」

攧窨，又作攧屑、嚬窨、嚬喑、跌窨、迭噷、鐵窨，倒之更作恁迭、恁底，音近義並同。方諸生《西廂》本注云：「攧窨，音迭蔭。」又云：「攧，頓足也；窨，怨悶而忍氣也。」徐士範曰：「攧窨，鄉語。攧，頓足也；窨，怨悶而忍氣也，蓋失意之甚，攧弄其足而窨氣自忍之謂。」近人王季思注《西廂》曰：「攧即攧腳，猶云頓足也。以物埋藏地中曰窨，董詞：『吞聲窨氣埋怨。』攧窨，蓋攧腳窨氣之省而怨恨之意也。」以上諸說均是，但對於一詞多形未及申述。近人姚華《菉猗室曲話》卷三：「攧窨二字，原出詩餘，或作迭窨，或作迭喑，蓋窨、喑二字同音也。至於北曲，或云攧窨，或云迭窨，而擷字與跌同，恐跌字譌而爲迭字，然擷字俗師不甚能識，因而譌爲顛字。今人言及顛窨，則皆知出於《琵琶記》，言及擷窨，則或駭而笑矣。」實則，此乃當時流行的熟語，有音而無定存。擷、顛、嚷、跌、迭、鐵、底，與窨、喑、噷、恁、屑等，都是以音形相同或相近而隨意混用故也。

點化

《張生煮海》一、白：「待他兩箇償了宿債，貧道然後點化他，還歸正道。」

《鐵拐李》楔【幺篇】白：「等他功成行滿，貧道再去點化他。」

《竹葉舟》一【鵲踏枝】：「我今日下塵寰，也則爲點化你這頑愚。」

點化，原指古代方士的所謂點金術，引申爲指點、感化，使之悟道，是指佛家或道家用言語、方術誘人學道之意。宋・王君玉《國老談苑》卷二：「景德中，眞宗朝陵，因訪異人，左右以歸眞聞。乃召對，問曰：『知君有點化之術，可以言之。』眞奏曰：『臣請言帝王之術，願以堯舜之道，點化天下。』」《清平山堂話本・花燈轎蓮女成佛記》：「看老僧與他下火，點化這女子，去好處安身。」

點污

點涴　玷污

《董西廂》卷三【南呂宮・瑤臺月】：「嬌多，想天眞不許臙脂點污。」

又同書卷五【正宮・甘草子】：「張珙殊無潘沈才，輒把梅犀玷污。」

《謝天香》三【醉太平】詩云：「一把低微骨，置君掌握中；料應嫌點涴，拋擲任東風。」

《西廂記》四本一折【柳葉兒】：「我將你做心肝兒看待，點污了小姐清白。」

《救孝子》三【中呂粉蝶兒】：「不知那天道何如，怎生個善人家有這場點污。」

《度柳翠》三【上小樓】：「柳翠也，自從你點污了素體，人將你多曾鑽刺。」

《風光好》四【耍孩兒】:「我自離了鶯花市，無半星兒點污、一抹兒瑕疵。」

點污，用作動詞，即弄髒、糟踏之意；用作名詞，即髒、不潔之意。《廣雅・釋詁》:「點，污也。」《文選》司馬遷《報任少卿書》:「適足以見笑而自點耳。」翰注:「自取點污。」或作點涴（wò）、玷（diàn）污，音近意並同。按涴，亦污意，韓愈《合江亭》詩:「願書巖上石，勿使泥塵涴」，是也。玉病叫「玷」，引申爲缺點、過失之意。《牡丹亭・肅苑》:「怕燕泥香點涴在琴書上。」皆其例也。

點湯

《王粲登樓》二【滾繡毬】:「〔蒯越云:〕點湯！〔正末醒科，云:〕大王安在？〔蒯越云:〕點湯！〔正末云:〕點湯呼遣客，某只索回去。」

《風雲會》三【呆骨朵】:「我向坐席間聽講書，你休來耳邊廂叫點湯。」

《凍蘇秦》三【牧羊關】:「俺兩個纔廝挺，纔廝挺，哇！你敢也走將來喝點湯，喝點湯」。又白:「點湯是逐客，我則索起身。」

《雲窗夢》一【後庭花】:「請點湯晏叔原，告回避白樂天。」

宋、元時代，達官貴人呼「點湯」，表示送客，猶如清代官場端茶表示送客。宋・佚名《南窗記談》則謂:「客至則設茶，欲去則設湯，不知起於何時。然上自官府，下至閭里，莫之或廢。……蓋客坐既久，恐其語多傷氣，故其欲去，則飲之以湯，前人之意，必出於此，不足爲嫌也。」宋・袁文《甕牖閒評》卷六也說:「古人客來點茶，茶罷點湯，此常禮也。」據上所引，客去呼「點湯」，實寓關心愛護之意。而上舉元曲諸例，顯係主人不願久留客人，欲遣而逐之，故呼「點湯」以示意，促其快快離開也。究其所以，尚待考。

又，到了清朝，點湯、點茶混爲一談。

點茶

茶點

《董西廂》卷四【仙呂賞花時】:「只怕我今宵磕睡呵，先點建溪茶。」

《梧桐雨》二【叫聲】:「酒注嫩鵝黃，茶點鷓鴣斑。」

戲文《張協狀元》四十一:「點茶須是吃茶人。」

點茶，即泡茶。唐宋時泡茶之法，注湯於盞中，使茶葉浮起，謂之點茶。宋・蔡襄《茶錄》云:「凡欲點茶，先須熁（xié）盞令熱，冷則茶不浮。」有時也在茶裏放置果品，在宋代習用木樨、芝麻、薰筍、胡桃、松子、瓜仁等和茶葉摻在一起用湯（開水）泡著喝。點茶，倒作「茶點」，意同。《京本通俗小說・碾玉觀音上》:「婆婆把茶點來。」172／1《清平山堂話本・楊溫攔路虎傳》:「茶博士點茶來。」《警世通言・俞伯牙摔琴謝知音》:「命童子點茶。」皆其例也。

除此，知《清平山堂話本・快嘴李翠蓮記》:「三朝點茶請姨姨」，這裏的「點茶」，指備辦茶飯，與泡茶意別。

點照

《鴛鴦被》二、白:「我往施主家點照去也。」

又同劇二【黃鍾尾】白:「昨夜晚間我去人家點照去了，我著徒弟等著，你怎麼不曾來？」

點照，謂做齋。《警世通言・崔衙內白鷂招妖》:「玩銀燈，佛前點照」，意同。但也與此意稍別的，如《西遊記》三本九齣李天王白:「柳土獐，女土蝠，氐土貉，胃土雉，扎塞中央；畢月烏，危月燕，張月鹿，心月狐，上下隄防；昴日雞，房日兔，高低點照；星日馬，虛日鼠，遠近追奔。」此所謂「點照」，乃點燈照明之意也。

喏道

喏約

《樂毅圖齊》二【梧葉兒】:「口喏道十餘次，連說道五六番。」

《桃符記》二【滾繡毬】:「是俺那門東娘姐姐喏約，他敢用心兒將俺偷瞧。」

《梨園樂府》上商政叔散套【雙調新水令】:「自從他去了，無一日不喏道。眼皮上不住梭梭跳，料應他作念著。」

喏道，即念道之意。例一「喏道」與「說道」互文，例三與「作念」對舉，皆可證。意同「喏題」，與「惦題」稍異，蓋從口不從心也。道，一作約。

啫題

惦題　掂提　顛題　佔偙

《雙赴夢》一【混江龍】：「一會家眼前活現，一會家口內掂提。」

《合汗衫》四【鴈兒落】：「可憐我每日家思念千萬遭，啫題道有十數遍。」

《爭報恩》三【金蕉葉】：「是誰人將我這小名兒啫題著喚我？」

《娶小喬》一【尾聲】：「從今後打疊起腹中憂，空著我惦題著心頭悶。」

戲文《小孫屠》九：「念奴嬌媚，奴風韵，奴佔偙，誰和我手同攜？」

《雍熙樂府》卷十二散套【夜行船・寄教坊歌者】：「也是我白日裏廝掂題。」

又同書卷二散套【一剪梅・四時四憶】：「顛題罷，托香腮悶加。」

北語謂念叨曰啫，從口作啫題，從心作惦題，即嘴裏念叨、心中掛念的意思。「掂提」和「顛題」之「顛」，皆以同音借用。佔，《廣韻》：「丁兼切，音髻。」啫，《字彙補》：「東念切，音店。」二字調異音同，又取偏傍整齊，改啼爲偙，故這裏亦借佔偙爲啫題。義並同。

墊背（diàn bèi）

《看錢奴》四【收尾】：「笑則笑賈員外一文不使，單爲這口銜墊背幾文錢，險送了拽布拖麻孝順子。」

《誶范叔》四【收江南】：「〔須賈做掙起扭住院公科，云：〕原來是你老匹夫救活了他來，若當時不放他得至西秦，我豈受今日之恥，我先殺了你這老匹夫，落箇墊背的。」

上舉「墊背」有二義：（一）舊俗：人死入殮時撒錢於棺底，墊在死者脊背下，謂之「墊背」，如第一例。《紅樓夢》第七十二回：「鳳姐道：『我又不等著銜口墊背，忙什麼呢！』」義亦同。或作賺背，元・陶宗儀《輟耕錄》卷十七「哨遍」條：「爲幾文賺背錢，受了些旁人咒」，是也。按：賺，《廣韻》：「徒感切，音萏。」（二）俗謂替人犧牲曰「墊背」，如第二例。或作「墊喘兒」，如《紅樓夢》第一百一十三回：「何苦來拿我們這些沒要緊的墊喘兒？」按：第二義實爲第一義的引申。

鈿窩（diàn wō）

《董西廂》卷六【般涉調・沁園春】：「不忍見盈盈地粉淚，淹損鈿窩。」

《西廂記》二本三折【新水令】：「恰纔向碧紗窗下畫了雙蛾，拂拭了羅衣上粉香浮涴，則將指尖兒輕輕的貼了鈿窩。」

古今名劇合選本《桃源三訪》二【幺】：「萬思量，千折挫，怕人的瞧破，強貼翠鈿窩。」

《詞林摘艷》卷四唐以初散套【點絳唇・漏盡銅龍】：「鈿窩兒裏粘曉翠，腮斗兒上暈春紅，包藏著風月約，出落著雨雲踪。」

鈿，花勝，婦女首飾；鈿窩，貼花勝的地方。宋・張邦基《墨莊漫錄》卷五：「王金玉乃作宮體十憶詩，其八云：『從來題目値千金，無事羞多始見心，乍向客前猶掩歛，不知已覺鈿窩深。』」王季思注《西廂》云：「『鈿窩』當即『鈿窠』，衣上飾品，見《元史・輿服志》。」按，鈿乃首飾，如《西廂記》一本一折【上馬嬌】云：「我見他宜嗔宜喜春風面，偏！宜貼翠花鈿。」《廣韻》：「鈿，金花。」金花，即花勝，首飾之一種。「鈿窩」即指貼花鈿的位置。「鈿窠」另是一意，未可混爲一談。

刁厥

刁决　刁撅　凋厥

《董西廂》卷二【雙調・文如錦】：「細端詳，見法聰生得搊搜相：刁厥精神，蹺蹊模樣；牛腳闊，虎腰長。」

《劉知遠諸宮調》一【黃鍾宮・尾】：「樂極悲來也凋厥，這好事果然磨滅。」

《望江亭》三【鬼三台】：「我醜則醜刁决占慠，不由我見官人便心邪。」

《豫讓吞炭》四【醉春風】：「這伙刁天厥地小敲才，只管把我來哄！哄！哄！」

《誤入桃源》三【上小樓】：「看不的喬所爲，歹見識，刁天厥地。」

《樂府群珠》卷四劉時中小令【朱履曲・歌姬米氏小字耍】：「刁天撅地所事兒有。」

《詞林摘艷》卷一劉庭信小令【寨兒令・戒漂蕩】：「甚的是羊背皮、馬腰截？屁則聲樂器刁决，頹廝殢財禮全別。」

刁厥，謂猛悍、兇狠、古憋，兩字分開來用，如「刁天厥地」，則刁、厥用如動詞，似爲咒天罵地之意。刁或作凋，厥或作决、撅，音義並同。

刁騷

雕騷

《竹塢聽琴》一、詩云：「白髮刁騷兩鬢侵，老來灰盡少年心。」

《雲窗夢》二【脱布衫】：「我如今鬢刁騷強整烏雲。」

《盛世新聲》【中呂粉蝶兒・裏帽穿衫】：「若是我興正甘，飲正酣，直吃的頭低身探，鬧甚麼髮刁騷，土埋塵暗？」

《陽春白雪》前集三白仁甫【慶東原】：「朱顏漸老，白髮雕騷，則待強簪花，又恐傍人笑。」

刁騷，頭髮少而亂的樣子。疑爲「彫疏」（彫零稀疏）的音轉。歐陽修《齋宮尚有殘雪因而有感》詩：「休把青銅照雙鬢，君謨今已白刁騷。」金・劉迎《車轣轆》：「胡爲奔走東西道，白髮刁騷被人笑。」刁，一作雕，音義同。

刁鐙（diǎo dèng）

刁蹬

《董西廂》卷五【仙呂調・瑞蓮兒】：「刁鐙得人來成病體，爭如合下休相識。」

又同書同卷【大石調・玉翼蟬】：「薄情的媽媽，被你刁鐙得人來，實志地咱！」

《魯齋郎》一【仙呂點絳唇】：「但有半點兒牽連，那刁蹬無良善。」

《紫雲庭》一【醉中天】：「我正唱到不肯上販茶船的小卿，向那岸邊相刁蹬。」

《神奴兒》二【罵玉郎】：「他那裏越㦬拗，放懞掙，則管裏啼天哭地相刁蹬。」

《陳州糶米》一【混江龍】：「他若是將咱刁蹬，休道我不敢掀騰。」

《花前一笑》三【小桃紅】白：「你卻也爲的刁蹬人哩，你要回去，這個斷然不可。」

故意與人爲難曰刁鐙，猶今云刁難。《醒世恒言・施潤章灘闕遇友》：「故意作難刁蹬，直徵個心滿意足，方才移去。」此「刁蹬」與「作難」連文，可爲證。鐙，一作蹬；又董詞刁鐙，一本作刁蹬，音義並同。此外，還作「刁頓」如清・李笠翁《蜃中樓・點差》：「其餘只說沒有缺出，待下次點，刁頓他刁頓便了。」鐙、頓亦一音之轉。

雕刺

調刺

《殺狗勸夫》四【紅繡鞋】：「現如今告狀的全不似古賢師，這般家閒雕刺。」

又同劇同折【中呂粉蝶兒】：「教那廝越粧模越作勢，盡場兒調刺。他道你怕見官司，拏著個天來大殺人公事。」

雕刺，又作調刺，讀如跳七。意謂指攀他人。《瀟湘雨》二【烏夜啼】：「你這短命賊！怎將我胡雕刺，迭配去別處官司？」這裏的「雕刺」實指往臉上刻刺「逃奴」二字，而朱居易亦釋爲「將人攀指」，誤。

鳥（diǎo）

屌　𩓐　𨉓　腿

《救風塵》一【賺煞】：「則他那褌兒裏休猜做有腿，吐下鮮紅血則當做蘇木水。」

《西廂記》三本三折【攪箏琶】白「那鳥來了。」

又同書三本四折、白：「則除是那小姐美甘甘、香噴噴、凉滲滲、嬌滴滴一點唾津兒嚥下去，這屌病便可。」

《西遊記》三本九齣【尾】白：「小聖一筋斗，去十萬八千里路程，那裏拿我？我上樹化作箇焦螟蟲，看他鳥鬧！」

同劇五本十九齣【叨叨令】白：「我盜了老子金丹，煉得銅筋鐵骨，火眼金睛，鍮石屁眼，擺錫雞巴，我怕甚剛刀剁下我鳥來？」

《爭報恩》三：「若救不得呵，則我這大桿刀劈碎鳥男女天靈蓋。」

《太平樂府》卷九馬致遠散套【耍孩兒・借馬】：「有汗時休去簷下拴，渲時休教侵著頹。」

又同書卷八散套【粉蝶兒・大都行院王氏寄情人】：「伴著這魋人物，便似冤魂般相纏，日影般相逐。」

《廣韻》：「鳥，丁了切。」「鳥」即「屌（屌）」字，是北方對男性生殖器的俗稱。明・陸容《菽園雜記》：「萬閣老病陰痿，吉士自譽善醫，具陽藥爲洗之，時人爲之語曰：洗鳥御史。」明・俞弁《山樵暇語》卷九：「客曰：僕氏陸字伯陽。潘哂曰：齊景公有馬千駟，民無德而稱焉，六百羊直甚鳥！」鳥，或作頹、魋、腿，這裏多用做詈詞。

關於「鳥」字的音變，可參閱岑仲勉《鳥音改變之原因》一文。

弔頭

《對玉梳》二【醉太平】：「你與我打睃，有甚不瞧科？恰便似告水災今歲渰了田禾，怎覷那王留般做作？你去顧前程，這搭超垛；識弔頭，打鬧裏疾赳過。剗地你拽大拳，人面前逞嘍囉，請起來波小哥。」

弔頭，猶今云苗頭，即端緒、起因之意。

吊挂（掛）

《虎頭牌》二【忽都白】白：「俺哥哥你往常時香毬吊挂，幔幙紗幮，那等受用，今日都在那裏？」

《翫江亭》二、白：「哎喲！哎喲！你看那前堂後閣，東廊西舍，走馬門樓，琴碁書畫，條凳椅桌，幔幕紗廚，香球吊掛，好房舍！好房舍！可無酒吃。」

吊挂，是供官僚貴族享受的一種懸掛的珍貴陳設品，用金銀珠寶製成，上面有龍鳳瓔絡等裝飾。《水滸》第五十九回：「吳用賺金鈴吊挂，宋江鬧西嶽華山」，亦其一例。

吊（弔）客

《調風月》四【掛玉鉤】：「臉上揩淚靨無重數，今年見吊客臨，喪門聚。」

《金鳳釵》三【菩薩梁州】：「你不是柳盜跖家吊客，則是這窮秀才家橫禍非災。」

《玉壺春》三【迎仙客】：「問甚麼撞著喪門？管甚麼逢著弔客？怕甚麼月值年災？」

《對玉梳》一【上馬嬌】：「將一座花柳營，生扭做迷魂陣，眞是個女弔客、母喪門。」

吊客，叢星名，舊時迷信說法，說它是歲之凶神，主疾病哀泣之事，常居歲後二辰，即子年在戌，順行十二辰是也。元曲裏用以象徵災難的來臨。《七國春秋平話》卷下：「又值喪門吊客災」，亦其例。

吊喪的人，也稱吊客，如《三國志・吳志・虞翻傳》裴松之注引《虞翻別傳》：「生無可與語，死以青蠅爲吊客。」陸游《老學庵筆記》卷三：「秦（檜）既死，葬於建康，有蜀人史叔夜者，懷雞黍，號慟墓前，其家大喜，因厚遺之，遂爲吊客。」

吊、弔，同字異體。

釣鰲客

釣鰲人　釣鰲手

《單刀會》二【正宮端正好】：「本是箇釣鰲人，倒做了扶犁叟。」

《陳母教子》二【尾聲】：「枉展污了你那折桂攀蟾的釣鰲手。」

《秋胡戲妻》四【得勝令】：「早是俺這釣鰲客咱不認，哎！你個使牛郎休更想。」

《陶朱公范蠡歸湖》四【尾聲】：「我再不掛名利遠走，趁著這游四海五湖心，藏了這下三山釣鰲手。」

《九世同居》二【隔尾】：「甘心退守，老卻當年釣鰲手。」

《列子・湯問》：「渤海之東，有五山焉，帝使巨鼇十五，舉首而戴之。龍伯之國有大人，舉足不盈數步而暨五山之所，一釣而連六鼇。……於是岱輿、員嶠二山流於北極，沉入大海。」這本是古代的神話，後來人們就借以自喻其本領的卓越和不凡的抱負，如李白《贈薛校書》詩：「未誇觀濤作，空鬱釣鰲心。」其它如張祜、王嚴光，均自稱爲「釣鰲客」。元・喬吉《摭遺》云：「李白，開元中謁宰相，封一版，上題曰『海上釣鼇客李白』。宰相問曰：『先生臨滄海，釣巨鼇，以何爲鉤線？』曰：『以風波逸其情，乾坤縱其志，虹霓爲絲，明月爲鉤。』又曰：『何物爲餌？』曰：『以天下無義氣丈夫爲餌。』時相悚然。」宋・孔平仲《談苑》卷四：「王嚴光有才不達，自號釣鼇客，巡遊都邑，求麻鐵之資，以造釣具，有不應者，輒錄姓名；置篋中，曰：『下釣時，取此等懞漢爲餌。』張祐謁李紳，亦稱釣鼇客。李怒曰：『雖解釣鼇，以何爲竿？』曰：『以虹爲竿。』『以何爲鉤？』曰：『以日月爲鉤。』『以何爲餌？』曰：『以短李相爲餌。』紳默然，後厚贈之」。

在元雜劇裏，就是取意上述內容，用「釣鰲客」來象徵求　取高官顯位。鰲爲鼇的俗字。客、人、手均指人，其意一也。

掉舌

調舌　調喉　調嘴

《董西廂》卷二【正宮・脱布衫】：「不共你搖嘴掉舌。」

《黑旋風》二【仙呂點絳唇】：「柳絮堪撦，似飛花引惹紛紛謝；鶯燕調舌，此景宜遊冶。」

《牆頭馬上》三、白：「休道老相公不來，便來呵，老漢憑四方口，調三寸舌，也說將回去。」

《氣英布》四：「〔隋何云：〕這一遭戰，臣敢立的包狀，只有勝無有敗。〔樊噲云：〕你又來調喉了！」

《風光好》一【天下樂】白：「雖堯舜禹湯，興兵未免有所損益，莫若小臣掉三寸之舌，說李主歸降。」

《殺狗勸夫》楔、詩云：「不做營生則調嘴，拐騙東西若流水。」

掉舌，謂逞口辯，巧設說詞。《史記・淮陰侯列傳》：「且酈生（即酈食其）一士，伏軾掉三寸之舌，下齊七十餘城。」《唐書・栢耆傳》：「時王承宗以常山叛，朝廷厭兵。耆杖策詣淮西行營謁裴度，言願得天子一節，馳入鎮，可掉舌下之。」宋・蘇舜欽詩云：「掉舌滅西寇。」掉舌，或作調舌、調喉、調嘴，義俱用。掉、調同音；舌、喉、嘴，同義。《黑旋風》劇中的「鶯燕調舌」，是指其鳴聲婉轉動聽，亦本於逞口辯的原意。

調皮（diào pí）

吊皮

《三戰呂布》一、白：「凡爲元帥，須要機謀，批吭搗虛，爲頭説謊，調皮無賽。」

《度柳翠》楔【仙呂賞花時】白：「你這和尚，風張風勢，説謊調皮，沒些兒至誠的。」

《漁樵記》三【一煞】白：「説了這一日，都是你這老𧄌麻嘴，沒空生有，説謊吊皮，片口張舌，嗡出來的。」

調皮、吊皮，即掉皮、頑皮或詭巧欺詐之意。章太炎《新方言・釋言》：「今人呼邪人爲佊（pí）子，俗誤書痞：又謂欺詐爲掉皮，即傜陂（pí）也。傜陶同字。」按揚雄《方言》云：「陂傜，衺也。」「傜陂」即「陂傜」的倒文：衺（xié），不正也。此語今仍普遍使用，如杜鵬程《保衛延安》：「你這調皮的傢伙！」

調鬼（diào guǐ）

《五侯宴》三、白：「我做莊家快誇嘴，丟輪扯砲如流水，引著沙三去蹦樜，伴著王留學調鬼。」

《裴度還帶》四【殿前歡】白：「後撒北方壬癸水，養的孩兒會調鬼。」

《降桑椹》一【醉中天】白：「到底喫的醉了，一齊調鬼。」

《隔江鬬智》二、詩云：「我做將軍慣對壘，又調百戲又調鬼，在下官名是劉封，表德喚做眞油嘴。」

調鬼，謂搗鬼，即玩弄詭計之意；又作掉鬼。

調謊

《誶范叔》一【那吒令】：「調大謊往上趲，抱粗腿向前跳，倒能勾祿重官高。」

《詞林摘艷》卷六劉庭信散套【端正好・香塵暗翠幃屏】：「便做道是李淳風不順情，那一箇袁天罡肯調謊？」

調謊，謂說假話，猶掉謊，明・凌濛初二刻《拍案驚奇：青樓市探人踪，紅花場假鬼鬧》：「難道小弟掉謊？」「掉謊」即「調謊」，意同。明・柯丹丘《荊釵記》四十六：「莫不是遞書人回來胡調謊？」明・徐仲山《殺狗記》

七：「豈知他是調謊的？」《金瓶梅》第二十一回：「月娘忍不住笑道：『沒羞的貨！丫頭根前也調個謊兒。』」皆其例也。或作調慌，如《殺狗記》二十九：「口是心非都調慌」。按「慌」爲「謊」字的訛誤。

調書袋

調書帶兒

《單鞭奪槊》一【鵲踏枝】：「說話處、調書袋，施禮數、傲吾儕。」

《玉鏡臺》二【牧羊關】白：「哥哥根前調書帶兒。」

調書袋，即掉書袋，意謂好引經據典，以示淵博。馬令《南唐書・彭利用傳》：「利用對家人稚子，下逮奴隸，言必據書史，斷章破句，以代常談，俗謂之掉書袋。」劉克莊《跋劉叔安感秋八詞》：「近歲放翁、稼軒一掃纖艷，不事斧鑿，高則高矣，但時時掉書袋，要是一癖。」「帶」應作「袋」字，「調」應作「掉」字，均以音同而誤。明・湯顯祖《牡丹亭・秘議》：「正是：『天下少信掉書子，世外有情持素人。』」按：「掉書子」也是「掉書袋」之意，這裏指讀書人。

調陣子

調陣

《西廂記》二本楔子【收尾】：〔做調陣子科〕

《單鞭奪槊》三：〔調陣科〕

《追韓信》四、白：〔躂竹馬兒調陣子上〕

《千里獨行》二：〔做調陣子科〕

《射柳捶丸》三：〔做調陣科〕

調陣子，謂變換隊形，由若干演員扮兵將騎著竹馬走陣勢；是戲劇演出時的術語。簡作調陣，意同：「子」爲名詞語尾，無義。

調眼色

掉眼

《西廂記》四本一折【鵲踏枝】：「空調眼色，經今半載，這其間委實難挨。」

《梧桐葉》三【幺篇】:〔任做見正旦掉眼科〕

調眼色，一作掉眼，謂互相遞送眼色、眉目傳情，猶今俗云「吊膀子。」《誠齋樂府・踏雪尋梅》劇中貼淨解說「瞻意」二字云:「常言俗語喚作調眼色，又俗說喚做溜眼子。」可見俗語「調眼色」，雅言「瞻意」，其意一也。《拍案驚奇》十八:「可惜有這個燒火的家僮在房，只好調調眼色，連風話也不便說得一句。」又同書二十六:「智圓調個眼色，笑嘻嘻的道:『他自不去的，掉得你下，須掉我不下。』」皆其例。

調罨子

掉罨子

《揚州夢》四【折桂令】:「見放著御史臺不順人情，誰著你調罨子畫閣蘭堂，搠包兒錦陣花營。」

《金錢記》三【滿庭芳】:「都只爲掉罨子鸞交鳳友，到做了個脱稍兒燕侶鶯儔。」

調，即調弄、作弄，使人家上圈套之意。罨，以罩捕魚之具;《元曲選》音釋:「罨，音眼。」罨子，比擬受愚弄、吃虧的人，因作爲被人愚弄、欺騙而吃了虧的笨人的代稱。戴望舒《小說戲曲論文集》云:「憶吾杭俗語，指吃虧受愚之人爲眼子（眼僅記其音，蓋俗語字無定形也），或與罨子不無關係。果如是者，則掉罨子一詞，亦猶弄喬妝么之謂。」明・陸容《菽園雜記》卷七:「京師有婦女嫁外京人爲妻妾，初看時，以美者出拜;及臨娶，以醜者換之，名曰戳包兒。」「戳包兒」即「搠包兒」，今謂之「掉包」，以假換眞之意。戳應作糶（diào），與「掉」同音。就人而言，叫做「調罨子」;就所用手段而言，則謂之「搠包兒」或「掉包」，蓋一事的兩面。今湖北方言中，仍有「眼子」一詞，意指吃虧、受愚弄的蠢人。

跌（diē）打

《伍員吹簫》三、詩云:「雖然本事只如此，跌打相爭可也不怕死。」

《昊天塔》四【七弟兄】:「〔正末做跌打科，云:〕打死這廝，纔雪的我恨也。」

《獨角牛》三、白:「我在這露臺上，跌打相搏，爭交賭籌，二年無對手了。」

《打韓通》二、白：「跌打爭交我最強，每日喫酒罵街坊：路上若還遇好漢，就往家裏前後藏。」

跌打，指打架鬭毆或擂漢相撲。或作跌大，如《張協狀元》載文：「〔末：〕你教我恁地。〔末起身科。〕〔丑攧末：〕這回饒個跌大。」按：「大」爲「打」的借音字。

跌腳

《望江亭》三【馬鞍兒】：「想著想著跌腳兒叫。」

《黃粱夢》二【商調集賢賓】：「我這裏傷心空跌腳，低首自㥟胲。」

《延安府》一【寄生草】：「則管裏搥胸跌腳狠憂慮。」

《黃花峪》三【滾繡毬】白：「一壁見一箇秀才，搥胸跌腳，啼天哭地。」

跌腳，跺腳也。或作跕腳，如《今古奇觀·金玉奴棒打薄情郎》：「唬得秀才跕腳不住。」或作跌足，如《紅樓夢》第七十九回：「（寶玉）又聽說要陪四個丫頭過去，更又跌足道：『從今後這世上又少了五個清淨人了！』按跌（diē）、跕（dié）音近，腳、足意同。

迭（dié）

迭：一猶「及」；二猶「的」、猶「底」。三用爲發語助詞，不爲義。

（一）

《曲江池》一【天下樂】：「你看那香車寶馬迭萬千。」

《鐵拐李》三【梅花酒】：「那婆娘人才迭七八分，年紀勾四十歲。」

《東堂老》一【一半兒】白：「這許多錢鈔，也一時辦不迭。」

《陽春白雪》前集三馬東籬小令【壽陽曲】：「金蓮肯分迭半折，瘦厭厭柳腰一捻。」

《樂府新聲》中無名氏小令【喜春來】：「止不過迭應舉，不及第待何如？」

《三奪槊》二【哭皇天】：「教我忍不住微微地笑，我迭不得把你慢慢地教。」

《追韓信》三【鬭鵪鶉】：「臣迭不得舞蹈揚塵。」

上舉諸例：例一「迭千萬」，滿千萬、到千萬也；例二「迭七八分」，夠七八分、到七八分也；例三「辦不迭」，辦不及也；例四「迭半折」，滿半扠也；例五「迭應舉」，趕考試也；例六、七「迭不得」，來不及也；等等，「迭」字都是「及」的意思。吳文英【瑞鶴仙】詞：「對小山不迭，寸眉愁碧。」「不迭」，亦來不及意也。

（二）

《拜月亭》三【倘秀才】：「我又不風欠，不癡呆，要則甚迭？」

又同劇三【倘秀才】：「我怨感我合哽咽；不剌，你啼哭你爲甚迭？」

《望江亭》三【禿厮兒】：「我將這金牌虎符都袖褪者，喚相公早醒些快迭。」

《陽春白雪》前集四關漢卿小令【碧玉簫】：「你歡娛受用別，我淒涼爲甚迭？」

上舉之「迭」，猶的，猶底。脫胎於《拜月亭》的《幽閨記》三十二：「爹娘行快活，要他做甚的？」「甚的」，與「甚迭」語意正同，可爲證。

（三）

《燕青博魚》楔、白：「被官軍拏某到官，脊杖了六十，迭配江州牢城。」

《爭報恩》二【幺篇】：「只索便一刀兩段，倒大來迭快。」

上舉之「迭」，用作發語助詞，無義。可參看「迭辦」、「迭配」、「迭快」各條。或謂「迭配」爲「遞配」之訛，不確，錄存備參。

迭辦

疊辦

《金線池》一【仙呂點絳唇】：「全憑著五個字迭辦金銀，無過是惡、劣、乖、毒、狠。」

《梧桐雨》二【快活三】：「囑咐你仙音院莫怠慢，道與你教坊司要迭辦。」

《岳陽樓》二【三煞】：「想人能克己身無患，事不欺心睡自安，便百年能得幾時閒？去向那石火光中急措手，如何迭辦？」

《王粲登樓》一【油葫蘆】：「則爲我五行差，沒亂的難迭辦。」

《存孝打虎》二【哭皇天】：「只爲俺衣食難迭辦，不得已在他人眉睫間。」

《詞林摘艷》卷三白仁甫散套【粉蝶兒・天淡雲閑】：「囑咐那仙音院莫要怠慢，上膳局快疊辦。」（亦見於《盛世新聲》。）

迭辦，就是「辦」：辦理、籌措、準備；「迭」爲發語助詞；又「迭」一作「疊」，音義同。

迭快

《爭報恩》二【幺篇】：「只索便一刀兩段，倒大來迭快。」

迭快，即「快」，痛快的意思。「迭」爲發語助詞，無義，用法猶如「迭配」、「迭辦」之「迭」，可互參。

迭配

遞配

《紫雲庭》二【三煞】：「卻須硬監押，莽迭配。」

元刊本《紫雲庭》四【水仙子】：「謝相公賫髮覷當，直把俺遞配還鄉。」

《燕青博魚》楔、白：「被官軍拏某到官，脊杖了六十，迭配江州牢城。」

《瀟湘雨》四【笑和尚】白：「不想他別娶了妻房，說我是逃奴，將我迭配沙門島去。」

《合汗衫》一【天下樂】白：「本該償命，多虧了那六案孔目，救了我的性命，改做悞傷人命，脊杖了六十，迭配沙門島去。」

《殺狗勸夫》二【滾繡毬】：「似這雪呵，鄭孔目怎生迭配？」

配，宋代刑法之一種，即把罪犯押往被指定的地點去充軍。宋・王溥《五代會要》：「韓延嗣徒二年半，刺面，配華州。」《宋史・刑法志三》：「先是犯死罪獲貸者，多配隸登州沙門島及通州海島。」元曲中「配」字前冠以「迭」字，無義，只起發語助詞作用，猶如「迭辦」即「辦」意，「迭快」即「快」意。

疊撲

《風光好》四【鮑老兒】:「則見他人叢裏，疊撲著個䦆(jué)臉兒。」

疊撲，有敷粉的意思。元・佚名《趙氏家法筆記》:「李成《山水訣》云:『流水有泉源，彷彿還多攧撲。』」「攧撲」即「疊撲」也。

頂門

《望江亭》三【聖藥王】:「這三簷傘下怎向頂門遮?」

《范張雞黍》一【幺篇】:「頂門上胎髮也尚自存。」

《衣襖車》二【牧羊關】:「史牙恰束手纔爭鬭，狄將軍去他頂門上搵叉的則一刀。」

《太平樂府》卷九杜善夫散套【耍孩兒・莊家不識構闌】:「裹著枚皂頭巾，頂門上插一管筆。」

頂門，謂頭頂。《易・大過》:「過涉滅頂」。趙樹理《小二黑結婚》:「頂門上的頭髮脫光了，用黑手帕蓋起來。」證明這個詞現在還用。

頂禮

《董西廂》卷四【仙呂調・惜黃花】:「寶獸添香，稽首頂禮。」

《燕青博魚》二【金盞兒】:「比及問五陵人，先頂禮二郎神。」

《硃砂擔》四【折桂令】:「我忙合手頂禮神祇，現掌著死生文簿，何曾錯善惡毫釐?」

《陳州糶米》三、白:「如今百姓每聽的包待制大人到陳州糶米去，那個不頂禮，都說:『俺有做主的來了!』」

頂禮，是佛教徒拜佛最尊敬的禮節;《圓覺經疏》:「以己最勝之頂，禮佛最卑之足，敬之至也。」梁・沈約《爲文惠太子禮佛願書》:「伽藍精舍，繞足頂禮。」敦煌變文《維摩經押座文》:「頂禮上方香積世，妙善如來化相身。」《大唐三藏取經詩話上》:「法師聞語，合掌頂禮而行。」等等，皆是也。

一般則當作敬禮、致敬的意思:如唐・劉肅《大唐新語》卷九「諛佞第二十」條:「則天自簾中頂禮以謝鳴鶴等曰:『此天賜我師也!』」《水滸》第二十四回:「宋江在馬上，以手加額，望空頂禮。」均屬其例。

以上所舉金元戲曲諸例:前三例屬於禮佛，後一例屬於一般的致敬。

頂老

頂老兒

頂老：一謂妓女、歌妓；二謂「頭」；三謂妓院中一種行當，猶今云烏龜、撈毛之類。

（一）

《太平樂府》卷九高安道【哨遍・淡行院】：「供過的散嗽生，嗟頂老撇朝兜。」

《梨園樂府》上商政叔散套【一枝花・嘆秀英】：「生把俺殃及做頂老。」

《盛世新聲》【仙呂點絳唇・嬌豔名娃】：「他是箇嗟頂老，又不曾求食串瓦，休猜做章臺街路柳牆花。」

《雍熙樂府》卷十八【寨兒令・風月擔兒】：「狠撅丁不伏燒埋，嗟頂老忒是狂乖。」

《詞林摘艷》卷三誠齋散套【粉蝶兒・殢雨尤雲】：「但題著箇頂老兒，便教心順。」

以上各例，指妓女、歌妓。頂老是妓女的別稱，爲宋元時的調侃語。明・徐文長《南詞敘錄》云：「頂老，妓之諢名。」《清平山堂話本・柳耆卿詩酒翫江樓記》：「這三個頂老陪錢爭養著那柳七官人。」《古今小說・宋四公大鬧禁魂張》：「我不是擦桌兒頂老。」《水滸》第二十九回：「裏面坐著一個年紀小的婦人，正是蔣門神初來孟州新娶的妾，原是西瓦子裏唱說諸宮調的頂老。」等等，皆屬其例。兒，語尾助詞，不爲義；下同。

（二）

《僧尼共犯》一【那吒令】：「頂老兒一樣光，刀麻兒一般大，胡廝混一迷裏虛花。」

《雍熙樂府》卷六散套【粉蝶兒・割耳寄】：「禿頂老沒分沒曉。」

頂老，謂「頭」，「老」爲襯字，無義。猶云「軀老」即「軀」、「爪老」即「爪（手）」、「聽老」即「聽（耳）」、「睩老」即「睩（眼）」、「齒老」即「齒」、「稍老」即「稍（髮）」、「乳老」即「乳」、「嗅老」即「嗅（鼻）」，等等，凡稱身體某一部份時，詞尾多襯以「老」字。

（三）

《雍熙樂府》卷五散套【點絳唇・桃源景】：「全憑著頂老，恢運爲資本。」

上舉「頂老」，係妓院中的一種行當，猶今云烏龜、撈毛之類。

頂缸

《陳州糶米》四、白：「你不知道，我是雇將來的頂缸外郎。」

頂缸，當時諺語，有頂替、頂缺、代人受過等義。「缸」乃「缺」字之訛，譏讀別字者，呼「缺」爲「缸」，或以「缸」爲「缺」，後遂相沿成爲諢語。明・張存紳《雅俗稽言》卷卅六《河伯使者》：「金陵沿江岸善壞，或言豬婆龍爲祟，因豬同國姓（朱），遂托言爲黿。上命捕之，適釣得黿，不能出，因取沙缸罩出之。諺曰：豬婆龍爲殃，癩頭黿頂缸。吳中謂代人受過，本此。」明・陳洪謨《治世餘聞》下編卷二：「時人有詩云：有錢買得鬼推磨，無力卻教人頂缸。」《金瓶梅》第四十回：「小張閒道：『孫寡嘴、祝麻子都跟著，只把俺的頂缸。』」《今古奇觀・老門生三世報恩》：「少不得借重他，替進士頂缸。」《紅樓夢》第六十一回：「這樣說，你竟是個平白無辜的人了，拿你來頂缸的。」等等，皆屬此意。

頂戴

《黃粱夢》二【幺篇】：「他在那長朝殿前班部裏擺，你教他把屎盆兒頂戴，兀的不屈沉殺了拜將築壇臺！」

《謝金吾》一【那吒令】：「這都是王樞密、王樞密的計策，故意教謝金吾、謝金吾來拆壞，強把著宋眞宗、宋眞宗來頂戴。」

以上二例：例一、謂以頭戴物曰頂戴；例二、謂以此代彼曰頂戴，猶言冒名頂替；又爲敬禮之意。如梁武帝《金剛般若懺文》「得金剛之妙寶，見金牒之深經，頂戴奉持，終不捨離。」梁・簡文帝《謝賚扇文》：「頂戴曲私，伏增欣躍。」五代・王定保《唐摭言》：「張睥東之孫，數舉進士不第，捧登科錄頂戴之，曰：此即於佛明經也。」宋・張掄【臨江仙】詞：「簾捲天街人頂戴，滿城喜氣氤氳。」

除此二解，亦用以區別官員等級之服飾。宋・陳亮《瀧川詞》【卜算子】：「頂戴御袍黃，疊秀金稜吐。」清代官吏帽頂上的珠玉金石等飾物，亦曰頂戴。《清會典事例・禮部・冠服》:「凡文武大小官員,頂戴、補服、坐褥,皆有等級。」

頂磚頭

《漁樵記》二【滾繡毬】白:「我和你頂磚頭對口詞,我也不怕你。」

頂磚頭,舊時,跪著發誓的一種迷信方式。

頂針續麻

頂鍼續麻　頂真續麻　續麻鍼頂

《救風塵》一、白:「俺孩兒折白道字,頂眞續麻,無般不曉,無般不會。」

《金線池》三【醉高歌】:「續麻道字鍼鍼頂。」

《青衫淚》四【幺篇】:「愛他那走筆題詩,出口成章,頂針續麻。」

《東坡夢》一、白:「此女甚是聰慧,莫說頂眞續麻,折白道字,恢諧嘲謔,便是三教九流的說話,無所不通,無所不曉。」

《百花亭》二【上小樓】:「折莫是捶丸氣毬,圍棋雙陸,頂鍼續麻,折白道字,……」

頂針續麻,是宋、元時遊戲性的文字體制。上句末一字,即下句之頭一字,如此接連不斷,謂之頂針,正如《㴾江亭》劇第二折所說的「連麻頭,續麻尾」,是也。例如:「斷腸人寄斷腸詞,詞寫心間事,事到頭來不由自,自尋思,思量往日眞誠志,志誠是有,有情誰似,似俺那人兒。」(見元・周德清《中原音韻》。)又例如:「描不就天然俏,俏形容塵世少,少一枝楊柳淨水銀瓶,瓶對比觀音更好。」此體制也叫連珠格(見任訥《元人曲論》),多用於行酒令之時,舊時文人蔚爲風尚。喬夢符曾效之作《小桃紅》,見《樂府群玉》卷二。鄭德輝曾效之作《㑳梅香》第一折的【賺煞】曲。針,一作鍼,通用;或作眞,用音誤書。

定

定:一謂定婚禮物;二用作語助詞,猶「著」、猶「住」、猶「了」:三是佛教名詞,謂眞心寂靜、脫離妄念;四謂就寢前看望父母;五謂擊打;六、借作釘(dìng)。

（一）

《董西廂》卷六【仙呂調·相思會】白：「先生赴約，可以獻物爲定。」

《玉鏡臺》二【菩薩梁州】白：「今日是吉日良辰，像這玉鏡臺權爲定物，別使官媒人來通信。」

《東牆記》二【幺篇】：「俺姐姐念舊盟，想舊情，何須媒證？不用你半星兒絳羅爲定。」

《詞林摘艷》卷九宋方壺散套【醉花陰·雪浪雲濤大江迴】：「他道狠毒娘硬接了馮魁定。」

上舉之「定」，指定物，即定婚禮物。按：「凡預有成約者皆曰「定」，如定婚、定貨、定座等均是。

（二）

《玉鏡臺》二【煞尾】：「朝至暮不轉我這眼睛，孜孜覷定。」

《漢宮秋》二【梁州第七】：「怎禁他帶天香，著莫定龍衣袖。」

《柳毅傳書》一【幺篇】：「到廟前將定金釵股，香案邊擊嚮（響）金橙樹。」

《竹塢聽琴》三【滾繡毬】：「我將一個枕頭兒倚定。」

《燕青博魚》三【幺篇】：「你道是沒奸夫，抵死來瞞定。」

《魔合羅》三【幺篇】：「他緊拽定衣服不放。」

《太平樂府》卷六孫季昌散套【端正好·詠情】：「則被這搊梅香緊將咱隨定。」

《樂府群珠》卷四雲龕子小令【迎仙客·道情】：「色輝輝，光皎皎，手怕（把）定，占斷人間妙。」

《竹塢聽琴》楔【仙呂賞花時】：「我親筆立定紙文書，分付與你這莊田和那地土。」

以上所舉各例，「定」用作語助詞，猶「著」（如一至四例）、猶「住」（如五至八例）、猶「了」（如例九）。宋·史達祖【齊天樂】詞：「夢斷刀頭，書開蠆尾，別有相思隨定。」「隨定」，即「隨著」。唐·王建《長門》詩：「長門閉定不求生，燒卻頭花卸卻箏。」「閉定」即「閉了」。據此知唐宋語已然。

（三）

《董西廂》卷五【仙呂調・尾】白：「是夜玉宇無塵，銀河瀉露。月華鋪地，愈增詩客之吟；花氣薰人，欲破禪僧之定。」

《竹葉舟》一、白：「今日無甚事，待惠安長老出定來，要他指引我到什麼古蹟去處，遊翫遊翫。」

《樂府群珠》卷四徐甜齋小令【普天樂・華嚴晚鐘山】：「蝶夢驚龍神聽，夜坐高僧回禪定。」

定，佛教名詞，謂心定止於一境（即集中思想於一點）、脫離一切妄念之謂也。本作「禪定」，省為「定」。二拍《李將軍錯認舅，劉氏女詭認夫》：「老檀越不必傷悲，此二位官人娘子，老僧定中時得相見。」「定中」，即禪定之中也。

（四）

《降桑椹》一、白：「蔡順與潤蓮十分孝道，昏定晨省，問安視寢。」

《樂府群珠》卷一失註【上小樓・孝】：「夏清冬溫，昏定晨省，敬養無違。」

就寢前去看望父母叫做定，或曰視寢。《禮記・曲禮》：「凡為人子之禮，冬溫而夏清，昏定而晨省。」注：「定，安其床衽也；省，問其安否如何。」

（五）

脈望館鈔校本《竇娥冤》三【尾聲】：「〔……定頭通鑼鼓科。正旦帶枷上。劊子云：〕行動些！把住巷口！」

此「定」字，意謂擊打。

（六）

《貨郎旦》一【寄生草】：「〔外旦做連拜怒科，云：〕什麼勾當！釘子定著他哩，怎麼不還禮？」

此「定」字，應作「釘」，同音假借。

定奪

《梧桐雨》楔【仙呂端正好】：「眼見的平章政事難停住，寡人待定奪些別官祿。」

《西廂記》二本三折【喬牌兒】:「老夫人轉關兒沒定奪，啞謎兒怎猜破？」

《曲江池》四【收江南】:「你父子們有甚不相和，倒著俺定奪？」

《薛仁貴》一、白：「今日在元帥府定奪功勞，加官賜賞。」

《賺蒯通》三【鬼三台】:「我捨不的蘭堂畫閣，任從他利名相定奪。」

對事情的可否和去取作出決定，叫做定奪。《皇朝政治學問答》:「定，准其如此也；奪，不准如此也。」明・洪楩《清平山堂話本・戒指兒記》:「只等阮員外大哥歸來定奪。」《三國演義》第七十三回：「孔明曰：『吾意已有定奪了。』」明・淩濛初二拍《青樓市探人踪，紅花場假鬼鬧》:「僉事係是職官，申院奏請定奪。」直至現在仍沿用此語。

定害

定虐　定攪

《董西廂》卷一【大石調・吳音子】:「大師遙見：坐地不定害澀奈，覷著鶯鶯，眼去眉來。」

《梧桐雨》四【蠻姑兒】:「一聲聲灑殘葉，一點點滴寒梢，會把愁人定虐。」

《任風子》一：「〔正末云：〕大嫂將酒來，兄弟每慢慢飲一杯。〔眾云：〕俺兄弟每又無厚禮，倒來定害哥哥嫂嫂。」

《老生兒》二【幺篇】白：「您孩兒定害的朋友多了，拏這錢鈔去，都待了相識朋友也。」

《秋胡戲妻》二、白：「親家，這般定害你；等秋胡來家呵，著他拜謝親家的厚意也。」

《合汗衫》二、白：「必然見我早晚吃穿衣飯，定害他了；因此上恩多怨深。」

《殺狗勸夫》楔【幺篇】:「〔柳、胡做醉科，云：〕俺兩個定害哥哥，改日再謝。」

《還牢末》二【醋葫蘆】:「爲甚兩三番，把兄弟廝定攪，多敢小冤家來到。」

定害，謂打擾、擾害。害，或作「虐」、「攪」，義同。《元曲選》音釋：「虐，音要。」

又《西遊記》四本十四齣【幺】白：「此間小洞中，索是定害娘子。」此處「定害」，謂委屈，是前意的引申。

定盤星

《曲江池》三【尾煞】：「折莫娘將定盤星，生扭做加三硬。」

戥子或秤上的第一星，其位置爲戥錘與戥盤成平衡時戥錘之懸點，俗因喻一事之準繩曰定盤星。朱熹【水調歌頭聯句問訊羅漢】詞：「記取淵水語，莫錯定盤星。」宋・釋普濟《五燈會元》卷十六《資壽巖禪師章》：「領取鉤頭意，莫認定盤星。」戲文《張協狀元》二十：「公公恁地說，幾乎錯認了定盤星。」宋元戲文輯佚《崔鶯鶯西廂記》【仙呂過訶】：「荒唐錯認定盤星。」清・李笠翁《蜃中樓・獻壽》：「俺則怕定盤星認不眞。」皆其例。

丟抹

抹丟　抹颩　颩抹　丟丟抹抹　抹抹丟丟　抹抹颩颩

丟抹，倒作抹丟，重言之爲丟丟抹抹或抹抹丟丟；丟，一作颩，同音通假。此語約有二義：一謂羞臊；二指打扮。

（一）

《秋胡戲妻》三【滿庭芳】：「他酩子裏丟抹娘一句，怎人模人樣，做出這等不君子，待何如？」

《獨角牛》一【那吒令】：「說著他這種田呵我三衙家抹丟；道著他這放牛呵，我十分的便抖擻；提著道是拽拳呵，美也！我精神兒便有。」

《詞林摘艷》卷一劉庭信小令【折桂令・憶別】：「得官時先報期程，丟丟抹抹遠遠的迎接。」

《太平樂府》卷九無名氏散套【耍孩兒・拘刷行院】：「盼得他來到，早涎涎澄澄，抹抹颩颩。」

《盛世新聲》亥集小令【折桂令】：「有人處假意兒丟丟抹抹，無人處偷睛兒暗送秋波。」

以上「丟抹」各例，意爲羞臊；倒作抹丟或抹颩，重言之則曰丟丟抹抹、抹抹颩颩。丟丟抹抹，猶今言扭扭揑揑，扭揑亦羞臊意也。丟、颩同音通假。

（二）

《對玉梳》二【黃鍾煞】：「村勢煞捻著則管獨磨，樺皮臉風癡著有甚颩抹？橫死眼如何有個分豁？噴蛆口知他怎生發落。」

《太平樂府》卷九高安道散套【哨遍・淡行院】：「粧旦不抹颩，蠢身軀似水牛・㖘（嗓）暴如恰啞了孤庄狗，帶冠梳硬挺著壢膝項，恰掌記光舒著黑指頭。」

《詞林摘艷》卷一劉庭信小令【折桂令・憶別】：「想人生最苦離別，雁杳魚沉，信斷音絕，嬌模樣甚實曾丟抹？好時光誰曾受用？窮家活逐日綳拽。」

《荊釵記》三【臘梅花】：「年華老大雙鬢皤，胭脂膩粉幸丟抹。」

《南牢記》一【天下樂】白：「李大姐每日家搽搽畫畫，抹抹丟丟，歡天喜地，歌笑喧呼，豈不是負心女子？」

以上各例，意爲打扮；抹抹丟丟，猶打打扮扮。後二例「胭脂膩粉」、「搽搽畫畫」和「丟抹」並舉，其意益顯。

按：此語，徐嘉瑞釋爲「忘卻」（見《金元戲曲方言考》），誤。朱居易解爲「扭揑作態」（見《元劇俗語方言例釋》），王瑛說是「梳妝打扮」（見《詩詞曲語辭例釋》），都是各持一端，以偏概全，不能解釋全部詞義。

丟撅子

《陳州糶米》三【梁州第七】白：「三不知我騎上那驢子，忽然的叫了一聲，丟了箇撅子，把我直跌下來，傷了我這楊柳細，好不疼哩！」

驢馬不馴，後腿彈跳踢人，或把人從其背上掀下，叫做丟撅子。宋・邵博《聞見後錄》：「建成有胡馬，肥壯而善蹶。」蹶者，即丟撅子也。

颩風

《紫雲庭》三【鮑老兒】：「從來撒欠颩風愛恁末，敲才兀自不改動些兒個。」

《紅梨花》四【得勝令】：「我這裏輕揙，你箇颩風小狀元。」

颩、丟同音；丟、撒同意。颩風當爲發瘋之意。「撒欠颩風」連文，意近風欠。凌蒙初謂：「風欠，方言。兼風流、風狂二義。」實則應該說「兼發瘋發呆二義」。按「欠」，猶「呆」也。如《董西廂》卷六【仙呂調・相思會】：「君瑞眞箇欠。」《太平樂府》卷六曾瑞卿散套【行香子・歎世】：「君休欠，何故苦厭厭？」聯繫上舉劇例，含意頗同，但「颩風」二字確義，尚待作進一步研究。

冬凌

凍凌

《玉壺春》三【鮑老兒】：「冷臉似冬凌塊。」

《酷寒亭》四【喬牌兒】：「凍的他兩隻手似冬凌塊。」

《風光好》一【金盞兒】：「則見那冬凌霜雪都堆在兩眉間。」

《太平樂府》卷六朱庭玉散套【夜行船・悔悟】：「千金廢，火上弄凍凌。」

凌，冰凌，或稱凌冰，即冬天水凍結成的冰塊。漢・應劭《風俗通》云：「積冰曰凌。」後魏・賈思勰《齊民要術》卷七：「宣漉出凍凌於釜中。」唐・白居易《醉後戲題》：「自知清冷似冬凌，每被人呼作律僧。」宋・趙彥衛《雲麓漫鈔》卷一：「京師諺語，有『昔有磨磨漿水，今有碓搗冬凌』之誚。」宋・邵博《聞見後錄》卷十七：「唐天寶中長安雨木冰，寧王薨。謠曰：『冬凌樹稼達官怕。』」按「冬凌」即「凍凌」。

鼕鼕

童童　逢逢　諠諠　洴洴

《哭存孝》一【油葫蘆】：「將一面鼉皮畫鼓鼕鼕擂。」

《單鞭奪槊》三【紫花兒序】：「只聽的喊殺聲聲，更催著戰鼓逢逢。」

《黃鶴樓》四【絮蝦蟆】:「我聽的鼕鼕鼓擂。」

《元人小令集》周文質《失題》五之四:「迓鼓童童笆篷下。」

《陽春白雪》後集二鮮于伯散套【八聲甘州套・幺】:「山城欲閉，時聽戍鼓鼘鼘。」

《宋元戲文輯佚・樂昌公主破鏡重圓》【前腔換頭】:「洴洴戰鼓，唬得我心驚胆碎。」

鼕鼕，象聲詞，鼓聲。又作童童、逢逢、鼘鼘、洴洴，音近義並同。《詩・大雅》:「鼉鼓逢逢。」毛傳:「逢逢，和也。」唐・牛籍《寒下曲》又敦煌變文《妙法蓮花經變文》作「蓬蓬」，如云:「鼓響蓬蓬兮滿路」，是也。

動止

《看錢奴》三、白:「近日俺父親染病，不能動止。」

《瀟湘雨》二【黃鍾煞】:「苦、苦、苦，業身軀，怎動止？」

《貨郎旦》四【四轉】:「減了神思，瘦了容姿，病懨懨睡損了裙兒袵，難扶策，怎動止？」

《隔江鬭智》一【天下樂】:「我這裏尋也波思，好著我難動止！」

動止，即動，轉動之意；「止」爲語尾助詞，無義。《詩・國風》:「既曰歸止，曷又懷止？」劉淇《助字辨略》卷三注云:「止，與『只』用，語已辭也。」「語已辭」，即助詞。《三國志平話》卷下:「在病不能動止」，皆其例。

動問

《哭存孝》二【菩薩梁州】:「你這歹孩兒動問，阿者你便遠路風塵。」

《玉壺春》楔、白:「數載不見，有失動問，兄弟請坐。」

《對玉梳》一【天下樂】:「愛的是王舍人、劉舍人，他那些喬殷勤、佯動問。」

《王粲登樓》二【滾繡毬】白:「動問賢士，何不在帝都闕下，求取功名？」

動問，問也，兼問候、詢問等意。「動」爲發語助詞，但含有自謙口氣，寓「有勞」、「打擾」之意。《清平山堂話本・風月瑞仙亭》:「卓員外動問姓名，相如答曰:『司馬長卿。』」同書《戒指兒記》:「員外動向阮三孩兒的事，那阮二只得將前後事　情，細細訴說了一遍。」《長生殿・彈詞》：「動問這位大姐，說甚麼『琵琶一曲新』？」皆其例。

動側

> 《神奴兒》楔【仙呂賞花時】：「我將這傀儡兒杆頭疾去買，哥哥你莫得胡行休動側。」

動側，即動；「側」為語助辭，無義。《元曲選》音釋：「側，齋上聲。」

動靜

動靜：一謂模樣、舉止、態度；二謂事之行迹、消息；三謂聲音；四謂圍棋之術語，猶言「陰陽」。

（一）

> 《生金閣》一【金盞兒】白：「大嫂，我想那壁是箇大人的動靜，我將這寶物獻與他咱，愁甚麼不得官做？」
>
> 《鴛鴦被》三、白：「我這等標緻動靜，你便隨順了我，也不辱抹了你。」
>
> 《貨郎旦》四【梁州第七】白：「妹子也！你見這官人麼？他那模樣動靜，好似俺孩兒春郎；爭奈俺不敢去認他，可怎了也！」
>
> 《陳州糶米》楔、白：「老夫看了這兩個模樣動靜，敢不中去麼？」

以上各例，動靜謂模樣、舉止、態度。《桃園結義》一折：「休說他內才，先看他外才，這箇模樣動靜，比別人也起眼些。」《嬌紅記》上：「我每常見你言語動靜，不似個不動情的。」均其例。

（二）

> 《氣英布》一、白：「雖則項王不信，然也不能無疑於喒。累次差使命來到喒這裏窺探動靜，因此喒與龍且兩個有隙，勢不並存。」
>
> 《㑳梅香》二【歸塞北】白：「妾身且慢慢的看小姐動靜，若得空呵，我假以他端，聊發一言，肯與不肯，見乎語言顏色；稍有好音，即當飛報。」

以上「動靜」各例，音謂事之行迹、動止、消息。「動靜」一詞，早見於上古。《易・繫辭》云：「動靜有常，剛柔斷矣。」注：「剛動而柔止也，動止得其常體，則剛柔之分著矣。」此雖與曲意尚不十分貼切，但其淵源可見。唐・劉肅《大唐新語》卷十二：「東之懼三思讒，引湜以爲耳目，自使伺其動靜。」這個「動靜」的含意，便與曲意全合。《清平山堂話本・楊溫攔路虎傳》：「溫亦探知動靜，特地要去奪取妻子回歸。」《長生殿・偵報》：「萬歲爺暗遣中使，去到范陽，瞰其動靜。」《桃花扇・投轅》：「這幾日不見動靜，想又變掛了。」皆其例。

動靜，或作動息，如《新編五代晉史平話》卷下：「思溫知契丹動息。」或作動定，如《牡丹亭・寇間》：「要得箇人去淮安打話，兼看杜安撫動定如何。」按靜、息、定，意同。

（三）

《硃砂擔》一【後庭花】：「這堝兒裏無動靜，昏慘慘月半明，莫不要虧圖咱性命？」

上舉「動靜」，意爲舉動、聲響；「聲響」與「月色」相對，可證。唐語已然，如敦煌變文《漢八年楚滅漢興王陵變》：「營內並無動靜」，是也。

（四）

《蔣神靈應》二【梁州】白：「觀棋之意，如用兵之法，方圓動靜，可得聞乎？」

此「動靜」是圍棋的術語。謝安在講到圍棋時說：「……棋盤有四角，按四時春夏秋冬。上有方圓動靜：方者爲盤，圓者爲子，動者爲陽，靜者爲陰。」（見《蔣神靈應》劇。）據此，則知「動靜」即陰陽的意思。

凍天行症候

凍天行證候　凍天行病症　凍天行病證　天行證候

《生金閣》一、白：「來到這半途中，染了一場凍天行的病證。」

《合汗衫》一【混江龍】白：「出來做買賣，染了一場凍天行的症候。」

又同劇二、白：「不想到的這裏，染一場凍天行病症，把盤纏都使的無了。」

《凍蘇秦》一、白：「來到這秦國界上，弘農縣店肆中安下，染了一場天行證候。」

《爭報恩》一、白：「到這權家店支家口，得了一場凍天行的證候。」

凍天行症候，冬季流行的病症。症，一作證，同音假借。

哇（dōu）

《張天師》一【鵲踏枝】白：「這女人是從那裏來的？必然是妖精鬼怪。哇！你說的是，萬事全休；說的不是，你見我這牀頭寶劍麼？我將你一劍揮之兩段。」

《東堂老》三、白：「那裏來這叫化的？哇！叫化的也來唱喏。」

又同劇四【喬牌兒】白：「哇！下次小的每，與我撚這兩個光棍出去！」

哇，怒斥聲；元劇中多用之。

兜地

兜的

《董西廂》卷六【仙呂調・尾】：「懶別設的把金蓮撒，行不到書窗直下，兜地回來又說些兒話。」

《調風月》一【尾】：「忽地卻掀簾，兜地回頭問，不由我心兒裏便親。」

《金線池》三【普天樂】：「說甚麼人歡慶，引得些鴛鴦兒交頸和鳴；忽的見了，惱的面赤，兜的心疼。」

《漢宮秋》三【殿前歡】：「風流相，兜的又橫心上。」

《西廂記》二本一折【那吒令】：「從見了那人，兜的便親。」

《曲江池》一【鵲踏枝】：「沒亂殺鳴珂巷亞仙，兜的又引起頑涎。」

《雲窗夢》三【幺篇】：「想起那心上人，月下情，空教我兜的鼻酸。」

兜地，或作兜的，意謂猛然、突然、立刻。按正字，「兜」應作「陡」：明人雜劇《魚兒佛》二折：「聽得叫個魚字，我陡的上心來。」又古今名劇合選本《桃源三訪》二折：「恰遺的下了眉梢，又陡的上我心窩。」或作兜底，如《封神榜》第三十二回：「黃飛虎坐在殿上，思前想後，兜底上心。」均謂突然也。地、的、底通用，語助詞。

兜羅

《酷寒亭》四【鴛鴦煞】白：「非是我甘心爲盜，故意來啜賺哥哥；眼見得這場做作，官司裏怎好兜羅？」

《對玉梳》二【倘秀才】：「甜句兒將我緊兜羅，口如蜜鉢。」

《謝金吾》二【烏夜啼】：「那賊也正掌著威權大，但有攙搓，誰與兜羅？」

兜羅，謂收拾（如例一、三）、籠絡（如例二）。

兜率

叨利　忉利

《金線池》三【石榴花】：「眼前面兜率神仙境，有他呵，怎肯道驀出門庭？」

《西廂記》一本一折【上馬嬌】：「這的是兜率宮，休猜做了離恨天。」

《三戰呂布》三【迎仙客】：「恰便似托塔李天王下兜率臨凡世。」

《猿聽經》一【後庭花】：「我只見直雲霓仰大空，更和這接蒼虛叨利宮。」

同劇二【牧羊關】白：「故經云：著衣聽法，獲福無量，必生忉利天宮。」

《雙林坐化》一、白：「忉利稱王，帝釋尊天，一子出家，九祖生天，俱於天宮受種種快樂。」

兜率，即佛教神話裏的天宮，位於虛無飄渺中，佛經說它居於欲界六天之第四，在須彌山頂上十二萬由旬之處，有七寶宮殿，諸天住之。內院有四十九院，彌勒菩薩在此說法，教化天人。《阿含經》云：「須彌山半，四萬千由旬，有四天王天。須彌山頂爲帝釋天，上一倍爲夜摩天，上爲兜率天。」《法華經・勸發品》云：「若有人受持誦讀，解其義趣，是人命終，即往兜率天上彌勒菩薩所。」兜率，梵語，或作叨利、忉利，是譯者不同的緣故。還有譯作「兜率陀」、「兜術」、「都史多」、「覩史多」的，等等，不勝備舉。義譯爲知足、喜足、妙足、上足等，謂受樂知足而生喜足心也。按「率」，悉合切，北音儷，讀律者非。

兜搭

兜答　兜兜搭搭

兜搭：一喻道路崎嶇彎曲貌；二謂黏著、固執、乖僻、難纏、厲害。

（一）

《青衫淚》四【鮑老兒】:「今日個君王召也長安，避甚道路兜搭。」

《黃粱夢》四【正宮端正好】:「路兜答，人寂寞，山勢惡險峻嵯峨。」

《盆兒鬼》一【仙呂點絳唇】:「途路兜搭，客心瀟灑，倉忙煞。」

《臨潼鬬寶》一【尾聲】:「莫辭勞途路兜搭受波查。」

以上「兜搭」，喻道路崎嶇彎曲貌；搭，一作答，同音通用。《元曲選》音釋:「搭音打」。

（二）

《紅梨花》一【賺煞】:「貪和你書生打話，暢好是兜兜搭搭。」

《留鞋記》三【石榴花】:「諕的我兢兢戰戰寒毛乍，見相公語話兒兜搭。」

《東堂老》一【混江龍】白:「我如今過去，便不敢提這賣房子，這老兒可有些兜搭，難說話。」

《符金錠》二、白:「我做媒人兜答，一生好喫蝦蟆，若還要我說親，十家打脫九家。」

上舉「兜搭」，有黏著、固執、乖僻、難纏、厲害等意。清・翟灝《通俗編・性情》:「《晉語》:『在列者獻詩，使弗兜。』注云:『兜，惑也。』搭則黏附之義，多所兜惑而搭住不解，意自顯然。」《清平山堂話本・快嘴李翠蓮記》:「不比等閒的婆婆，又兜答，人家又大。」亦此意。《水滸全傳》八:「倘有些兜搭，恐不方便。」此例同意也。

兜搭，重言之爲兜兜搭搭。

兜鍪（móu）

兠鍪

《澠池會》三【伴讀書】:「又無甚兜鍪鎧甲相遮護，使不著膽大心麄。」

《氣英布》三【蔓青菜】白：「當日鴻門宴上，我老樊只除下兜鍪，把守轅門的軍校一時打倒，諕得項王在坐上骨碌碌滾將下來。」

又同劇四【古水仙子】：「可擦擦槍迎斧萬道霞光出，廝琅琅斷鎧甲落兜鍪。」

《風雲會》楔、詩云：「親統貔貅百萬兵，兜鍪日月侍承明。」

《詞林摘艷》卷誠齋散套【一枝花・心懷雨露恩】：「跨錦韉玉轡驊騮，整戎粧金嵌兜鍪。」

又同書卷七王子一散套【集賢賓・鶯花寨近來誰戰討】：「鐵兠鍪壓損了金鳳翅。」

兜鍪，古代戰時所戴之冠，是用以保護頭部、防禦兵刃的。古謂之胄，秦漢以來始名兜鍪，取其形如鍪（古鍋名）也。見《書・費誓》孔穎達疏。俗謂之頭盔。《後漢書・袁紹傳》：「紹脫兜鍪抵地。」又作「兜牟」，《新五代史・李金全傳》：「晏球攻王都於中山，都遣善射者登城射晏球，中兜牟。」鍪，或誤作「鏊」。古用革，後或以鐵爲之。

或作士兵之代稱，如辛棄疾【南鄉子・登京口北固亭有懷】詞：「年少萬兜鍪，坐斷東南戰未休」。以兜鍪作士兵之代稱，猶如以娥眉作美人之代稱，均古漢語中的一種修辭法。

斗子

《陳州糶米》一、白：「左右，與我喚將斗子來者！〔左右云：〕本處斗子安在？〔二丑斗子上，詩云：〕我做斗子十多羅，覓些倉米養老婆。」

斗子，指管理官倉的差役。宋・洪邁《夷堅志》云：「淳熙十二年，溧陽倉斗子，坐盜官米黥配。」亦指僮仆。章太炎《新方言・釋言二》：「淮西稱僮仆爲斗子。」

斗絕

《馬陵道》四【石榴花】：「山崖斗絕，樹林稠疊，萬張強弩齊攢射，敢立化了一堆鮮血。」

斗絕，喻山勢險峭之甚也。《史記・封禪書》：「成山斗入海。」《索隱》：「斗入海，謂斗絕入海。」《漢書・匈奴傳》：「仇池方百頃，四面斗絕。」又《竇融傳》：「河西斗絕，在羌胡中，不同心勠力，則不能自守。」注：「斗，峻絕也。」《三國志・蜀志・譙周傳》：「阻險斗絕，易以自守。」斗，今通作陡。《劉禪傳》：「限分江、漢，遇値深遠階緣，蜀士，斗絕一隅。」

抖搜

抖擻　鬬搜　掇梭

抖搜：一謂振作、奮發；二謂施展；三謂顫動貌。抖，或作陡、鬬、掇；搜，或作擻、梭：音近意並同。

（一）

《單鞭奪槊》二【小梁州】白：「我老三不是誇口，我精神抖擻，機謀通透。」

《忍字記》三、白：「我師父法旨，教你參禪打坐，抖擻精神，定要討個分曉，不可胡思亂想。」

《後庭花》一【仙呂點絳唇】：「你但來絮的頭昏，不嫌口困，施呈盡抖擻精神，做一箇㷓煎滾。」

《李逵負荊》二【正宮端正好】：「抖搜著黑精神，扎煞開黃髭髯，則今番不許收拾。」

《漁樵記》三【醉春風】：「你看我抖搜著老精神，我與你便花白麼娘那小賤人。」

以上各例，意爲振作、奮發。唐・玄應《玄應音義》十八：「斗擻，又作藪，郭璞注《方言》曰：『斗擻，舉之也。』」「斗擻」即「抖擻」，「舉之」即振作、奮發之意。抖，又作陡，如凌蒙初二拍《甄監生浪呑秘藥，春花婢誤洩風情》：「纔喫下去，便覺精神陡搜起來。」按：抖搜、抖擻、斗擻、陡搜，音義並同。

（二）

《董西廂》卷一【大石調・吳音子】：「佛名也不執，舊時敦厚性都改，抖搜風狂，攞弄九伯，作怪！作怪！」

《蔣神靈應》二【尾聲】白：「各尋智中智，鬬搜機內機，只因一著錯，輸了半盤棋。」

以上「抖擻」，謂施展。抖，一作鬬，音近借用。

（三）

明鈔本《四春園》二【南呂一枝花】：「覺一陣地慘天愁，遍體上寒毛抖擻。」

《度柳翠》二【罵玉郎】：「抖搜的寶釧鳴。」

《雷澤遇仙》二【脱布衫】：「明滴溜斗大金盤，跳掇梭碗口銀蟾。」

上舉「抖搜」，指顫動貌。一作掇梭，乃抖搜、哆嗦的音轉。《一切經音義》十四：「《難字》曰：斗擻，縠𣫍也。江南言斗擻，北人言縠𣫍。」章太炎《新方言・釋言》：「《說文》：『肅，持事振敬也。』《廣雅》：『振，動也。』持事振敬，所謂戰戰兢兢也。《豳風》：『九月肅霜。』傳：『肅，縮也。』今謂舉手振動失常曰手戰，亦曰手斗（廣州言手振），斗即肅字，肅音轉爲斗，若縮音轉爲斗矣。《通俗文》曰：『斗藪謂之縠𣫍。』漢時已然，要之皆假借也。」另又作斗潄，音義並同。現在口語中還有這個詞，寫作哆嗦，皆一音之轉。

（四）

白居易《答州民》：「宦情斗擻隨塵去，鄉思銷磨逐日無。」抖擻，之去也。

又《讀鄂公傳》：「高臥深居不見人，功名斗藪似灰塵。」

又《贈鄰里往還》：「但能斗藪人間事，更是逍遙地上仙。」

陡恁（的）

陡恁（地）　恁陡

陡恁（的），有二義，一謂突然、忽然如此；二簡直是之意。

（一）

《董西廂》卷六【雙調・倬倬戚】：「陡恁地精神偏出跳。」

《張天師》二【南呂一枝花】：「他從來老老實實，忒軟善，忒溫克。近新來陡恁的，他待學遇雲英乞玉的裴航，賦洛神採珠的曹植。」

《陽春白雪》後集三無名氏散套【端正好・滾繡毬】:「猛想起醉醺醺昨宵歡會知多少，陡恁的冷清清今日淒涼有萬千。」

《太平樂府》卷一貫酸齋小令【塞鴻秋・代人作】:「這些時陡恁的恩情淺，推道是板障柳青嚴，統鏝姨夫欠。」

《詞林摘艷》卷六王子章散套【端正好・醉墨寫烏絲】:「他說的不應口，我害的忒恁陡。」

以上各例，謂突然、忽然如此。倒作恁陡，義同。

（二）

《漢宮秋》二【鬬蝦蟆】:「我呵，空掌著文武三千隊，中原四百州；只待要割鴻溝。陡恁的千軍易得，一將難求！」

《謝天香》一【醉扶歸】:「你陡恁的無才思，有甚省不的兩椿兒？」

以上各例，陡恁的，簡直是的意思。

鬬作

元刊本《薛仁貴》四【慶東原】:「你把我難當，鬬作，戲（戲）耍，睡夢裏拖逗得我心中怕。」

鬬作，謂玩弄。

鬥草

鬬草　鬪草

《調風月》二【中呂粉蝶兒】:「去年時沒人將我拘管收拾，打秋千，閑鬥草，直到箇昏天黑地。」

《金安壽》二【梁州第七】:「佳人鬬草，公子粧么，鞦韆料峭，鼓吹遊遨。」

《蕭淑蘭》三【喬牌兒】:「嫂嫂待將咱病審，我無語似害痳；是前日打鞦韆鬬草處無拘禁，脫衣時敢被風侵。」

《梧桐葉》三【普天樂】:「九龍池玉環鬬草，鳳凰臺秦女吹簫。」

《陽春白雪》前集二劉時中【湘妃怨】:「風流煞鬪草西施。」

《太平樂府》卷三張小山小令【柳營曲・明月樓】:「鬬草踏青,語燕啼鶯,引動俏魂靈。」

鬥草，用各種草相比賽的遊戲，亦稱鬬百草。梁・宗懍《荊楚歲時記》:「競採百藥，謂：百草以蠲除毒氣，故世有百草之戲。」唐・劉餗《隋唐嘉話》下：「中宗朝，安樂公主五日鬬百草，欲廣其物色，令馳驛取之。」白居易《觀兒戲》詩：「撫塵復鬬草，盡日樂嬉嬉。」杜牧《代人作》詩：「鬬草憐香蕙，簪花間雪梅。」蘇軾《夫人閣》:「皇恩樂佳節，鬬草得珠璣。」宋・吳文英【祝英臺近】詞：「鬬草溪根，沙印小蓮步。」陳亮【水龍吟】詞：「金釵鬬草，青絲勒馬，風流雲散。」《紅樓夢》中亦記有鬥草的戲謔，據此，知六朝以來，即有鬬草這種遊戲。

鬥、鬬、鬪，同字異體，今簡化漢字作斗。

都子（dū・zi）

元刊本《汗衫記》三：〔正末引卜兒扮都子上。〕

《老生兒》二【呆骨朵】:「〔淨大都子領劉九兒小都子上，云：〕劉九兒，開元寺裏散錢哩，咱去那裏請鈔去來。」

又同劇二【幺篇】:「〔小都子云：〕爹爹，你肚裏饑麼？〔劉九兒云：〕我肚裏可知饑哩。〔小都子云：〕你吃了飯再來。」

《趙禮讓肥》一【寄生草】:「〔丑扮都子，開門科，云：〕是誰喚門哩？〔正末云〕：我來討一把兒火來。〔都子云：〕兀的是火，等你做罷飯時，剩下的刷鍋水兒留些與我。〔正末云：〕你要做甚麼？〔都子云：〕我要充饑哩。」

都子，指乞丐；或作都下。

都知

店都知

《董西廂》卷一【黃鍾調・侍香金童】:「張生急問，道：『都知聽說：不問賢家別事故，聞調貴州天下沒，有甚希奇景物，你須知處。』」

又同書卷一【高平調・木蘭花】:「店都知，說一和，道：『國家修造了數載餘過，其間蓋造的非小可，想天宮上光景，賽他不過。』」

又同書卷一【雙調・尾】白：「一天煩惱，當初指引爲都知；滿腹離愁，到此發迷因行者。」

《金鳳釵》一【金盞兒】：「教我笑，店都知，我得官也相慶相賀，剃落也不追隨。」

都知，即店小二、堂倌，是對店夥的尊稱。按都知，原爲官名，稱店夥爲店都知，猶如稱酒店職工爲酒博士，稱茶館職工爲茶博士。《古今小說・龍虎風雲會》：「店都知見貴人許多日不曾得見符令公。」亦其例。

都堂

《蝴蝶夢》二【黃鍾尾】：「告都堂，訴省部。」

《東窗事犯》一【混江龍】：「想著俺掌帥府將軍一令，到不出的坐都堂約法三章。」

《霍光鬼諫》二【上小樓】：「怎消的就都堂户封八縣？」

又同劇二【石榴花】：「今日向都堂出納著帝王宣。」

《風雲會》二【尾】：「你坐都堂朝廷政事休差錯。」

都堂，官廳之稱，猶如後世的辦公廳。唐制：尚書省有大廳，在尚書省之中，世謂之都堂，是政府最高行政機關辦公的地方。左右分司：左司統吏、戶、禮三部；右司統兵、刑、工三部。按尚書省，本名尚書都省，故稱正中之廳爲都堂。《宣和遺事》貞集：「乃拜李綱爲相，赴都堂治事。」

都管

《虎頭牌》三【步步嬌】白：「喒家裏有個都管，喚做狗兒。」

《竹塢聽琴》楔、白：「都管，……爲你年紀高大，與你這紙從良的文書」。

《爭報恩》楔、白：「這個是丁都管，是大夫人陪送過去的。」

都管，即總管，指屬於奴隸身份的家人；在豪門貴族家庭中，負責一切事務，故云。《水滸》第四十二回：「只聽得外面有人道：『都管只走在這廟裏！』」這裏的「都管」爲推測之辭，猶「多管」，與職稱意別，參見「多管」條。

篤磨

篤麼　篤末　篤抹　篤寞　獨磨　獨寞　獨躔　都磨　突磨

《劉知遠諸宮調》十二【仙呂調・繡裙兒】:「一個喚彥威,一個史洪肇著兩條檐(擔)打得來篤磨。」

《董西廂》卷三【雙調・惜奴嬌】:「坐不定一地裏篤麼。」

又同書卷六【大石調・紅羅襖】:「兢兢戰戰,一地裏篤麼。」

《燕青博魚》四【雙調新水令】:「正風清月朗碧天高,可怎生打獨磨覓不著官道。」

《對玉梳》二【黃鍾煞】:「村勢煞捻著則管獨磨,樺皮臉風癡著有甚颩抹?」

《凍蘇秦》二【笑歌賞】:「我我我,突磨到多半晌,走到他跟底。」

《神奴兒》二【梁州第七】:「我可便篤篤末末身如這翻餅。」

《張順水裏報冤》【商調雙雁兒】:「都磨到一炊時,呵,行不到半條街。」

《太平樂府》卷六馬東籬散套【賞花時・掬水月在手】:「緊相催,閑篤磨,快道與茶茶嬤嬤:寶鑑粧奩準備著,就這月華明乘與梳裏。」

《樂府群珠》卷三劉庭信小令【折桂令・憶別】:「祭竈的時節,篤篤寞寞終歲巴結。」

又同書卷四失註【普天樂】:「情牽恨惹,信斷音絕,獨獨寞寞過一春,悄悄魆魆捱今夜。」

《雍熙樂府》卷十九【小桃紅・西廂百詠十】:「月明花影舞婆娑,來往空篤抹,猛聽湖山那邊磕:慢吟哦,依著韻腳將詩和。」

《詞林摘艷》卷六馬九皐散套【端正好・訪知音習酬和】:「醉時節麥場上閑獨躔。」

篤磨,謂盤旋、徘徊。或作篤麼、篤末、篤抹、篤寞、獨磨、獨寞、獨躔、都磨、突磨;重言之,則曰篤篤末末、篤篤寞寞,等等,義並同。

堵當（dǔ dǎng）

賭當　當賭　當堵　當睹

《董西廂》卷二【般涉調·牆頭花】:「一時間怎堵當？從來固濟得牢。」

同書卷二【大石調·伊州衮纏令】:「法聰和尚，手中鐵棒眉齊，快賭當……三合以上，賊徒氣力難迭。怎賭當？」

《玉鏡臺》一【那吒令】:「都恃著力強，便賁育呵，怎敢賭當？」

元刊本《氣英布》四【刮地風】:「我子（只）見一來一去，不當不堵，兩匹馬兩個人有如星注。」

《趙氏孤兒》五【倘秀才】:「我這裏驟馬如流水，掣劍似秋霜，向前來賭當。」

《李逵負荊》二【倘秀才】:「強賭當，硬支持，要見個到底。」

《東堂老》二、白:「那做買賣的，有一等人肯向前，敢當賭。」

《馮玉蘭》二【呆骨朵】:「到如今急煎煎怎當堵？」

《射柳捶丸》一【油葫蘆】:「則說那虜寇軍兵似虎狼，端的是難堵當。」

堵當，謂抵擋、阻攔。或作賭當；或倒作當堵、當賭、當覩，音義並同。賭、覩，均爲「堵」之同音借用字。《朱子語類》六作「覩當」，同書十二作「賭當」，同書十五作「睹當」，皆可證。

上所舉元刊本《氣英布》例「不當不覩」是以反語見意，更增強了語氣作用。

度

《梧桐雨》四【黃鍾煞】:「順西風低把紗窗哨，送寒氣頻將繡户敲，莫不是天故將人愁悶攪！度鈴聲響棧道，似花奴羯鼓調，如伯牙水仙操。」

《任風子》三【幺篇】白:「要往人口裏過度的茶飲，打當的乾淨。」

《貶夜郎》三【鮑老兒】:「若是忔摟定舌尖上度與吃，更壓著王母蟠桃會。」

《梧桐葉》二【滾繡毬】:「捲三層屋上茅，度幾聲砧上杵。」

度，動詞，過也，送也。「度鈴聲」，猶送鈴聲。「過度的茶飯」，謂送過來的茶飯。「度幾聲」，送幾聲也。敦煌變文《漢將王陵變》：「霸王聞語，拔太哥（阿）劍度與陵毋。」溫庭筠《齊宮》詩：「粉香隨笑度，鬢態伴愁來。」歐陽修【蝶戀花】詞：「桃杏依稀香暗度。」《清平山堂話本・簡帖和尚》：「殿直把那簡帖兒和兩件物事度與渾家看。」所用「度」字，義並同。

端的

端的：一謂眞個、簡直、果然；二謂究竟、底細。

（一）

《竇娥冤》一【油葫蘆】：「撇的俺婆婦每都把空房守，端的箇有誰問？有誰偢？」

《合汗衫》一【混江龍】：「俺本是鳳城中黎庶，端的做龍袖裏驕民。」

《魔合羅》二【黃鍾醉花陰】：「端的是最難熬，只一陣頭疼，險些兒就劈破了。」

《倩女離魂》一【那吒令】白：「姐姐，那王生端的內才、外才相稱也。」

端的，謂眞個、簡直、果然。敦煌變文《維摩詰經菩薩品變文甲》：「端的忽然如出處，將身願入法王家。」晏殊【鳳銜杯】詞：「端的自家心下眼中入，到處覺尖新。」《朱子全書》：「汎愛親仁，聖人忠恕體用，端的如此。」是知唐宋語已然。

（二）

《劉知遠諸宮調》十二【大石調・尾】：「問來人虛實，再說端的。」

《漢宮秋》二、白：「某毛延壽只因刷選宮女，索要金銀，將王昭君美人圖點破，送入冷宮。不想皇帝親幸，問出端的，要將我加刑。」

《薛仁貴》一、白：「軍師不信，只請將監軍來，便知這個端的。」

《魔合羅》四【鬼三台】：「呼左右，問端的，這醫人與誰相識？」

端的，謂究竟、原委、底細。《品字箋》：「端的，言其事之端倪的然可見也。」柳永【征部樂】詞：「憑誰去，花街覓，細說與此中端的。」《京本通俗小說・錯斬崔寧》：「夫人到京便知端的，休得憂慮。」《七國春秋平話》卷下：「又交（教）吾下山來探端的。」《西遊記》第二十四回：「我們走動些，到那廂方知端的。」以上「端的」云云，意並同。

端相

端詳　掂詳

端詳：一謂仔細相度、審視或揣摩；二謂端莊安詳；三謂斟酌、愼重。

（一）

《劉知遠諸宮調》二【仙呂調・醉落托】：「元來不是那窮神，子細端詳，卻是李洪信。」

《董西廂》卷七【中呂調・尾】：「掂詳了這廝趨蹌，身份便活脫下鍾馗一二三。」

《竇娥冤》四【得勝令】：「端詳這文冊，那廝亂綱常當合敗，便萬剮了喬才，還道報冤讐不暢懷。」

《玉鏡臺》一【幺篇】：「我這裏端詳他那模樣，花比腮龐，花不成粧，玉比肌肪，玉不生光。」

《玉壺春》三【四煞】：「細端詳，語音兒是個山西客，帶著個高一尺和頂子齊眉的氈帽，穿一對連底兒重十斤壯乳的麻鞋。」

《勘頭巾》三【逍遙樂】：「我爲你親身臨牢內，審問虛實，端詳就裏。」

《太平樂府》卷五張小山小令【一半兒・春繡】：「按春纖，一半兒端相，一半兒掩。」

端相，謂仔細相度、審視、打量或揣度。唐語已然，如白居易《和夢游春》詩：「端詳筮仕著，磨拭穿楊鏃」，是也。按「端詳」、「掂詳」，均應作「端相」；徐渭《南詞敘錄》云：「端相，細看也；作端詳者非。」周邦彥【意難忘】詞：「夜漸深，籠燈就月，仔細端相。」現仍沿用，如郭光小說《僅僅是開始》：「端相了又端相，紅著臉不哼聲」，即其一例。但也用「端詳」的，如老舍的《龍鬚溝》：「四嫂從屋裏出來，盡在端詳自己的打扮。」

（二）

《西廂記》一本二折【脫布衫】：「大人家舉止端詳，全沒那半點兒輕狂。」

《伊尹耕莘》一【醉中天】：「他生的神彩非凡像，美貌更端詳。」

端詳，謂端莊安詳。《北史・寇儁傳》：「儁身長八尺，鬚鬢皓然，容止端詳，音韻清朗」，是南北朝已然，現仍沿用。

（三）

《玉鏡臺》一【金盞兒】：「大綱來陰陽偏有准，擇日要端詳。」

端詳，謂斟酌、慎重，是（一）義的引申。

短檠（qíng）

《西廂記》一本三折【拙魯速】：「對著盞碧熒熒短檠燈，倚著扇冷清清舊幃屏。」

又同劇五本二折【迎仙客】：「疑怪這噪花枝靈鵲兒，垂簾幙喜蛛兒，正應著短檠上夜來燈爆時。」

《盛世新聲》【仙呂點絳唇・書喪秦嬴】：「小姐你將看書心，權作遊春興，暫離了三尺短檠燈。」

舊時照明用油燈，上有燈盤，盛油置芯，下有立柱，謂之燈檠或燈架；以柱之長短而分爲長檠和短檠，長檠只有富貴人家才能使用，一般人家多用短檠。韓愈《短燈檠歌》：「長檠八尺空自長，短檠二尺便且光。」朱熹《四時讀書樂》：「近牀賴有短檠在，趁此讀書功更倍。」元・羅燁《醉翁談錄》甲集卷一：「靜坐閑窗對短檠，曾將往事廣搜尋。」明・朱鼎《玉鏡臺記》二【逍遙樂】：「幾載孤燈守短檠。」明人雜劇《香囊怨》三：「捱了些短檠燈滅更初盡。」諸例皆然。

短古取

短卒律　短局促　短不踽踽促促

《調風月》三【紫花兒序】：「好輕乞列薄命，熱忽剌姻緣，短古取恩情。」

《青衫淚》二【滾繡毬】：「你文章勝賈浪仙，詩篇壓孟浩然，不能勾侍君王在九間朝殿，怎想他短卒律命似顏淵。」

脈望館鈔校本《曲江池》二【水仙子】：「又子待短局促鞴驊騮整了轡啣。」

《秋胡戲妻》一【柳葉兒】：「眼見的有家來難奔，暢好是短局促燕爾新婚。」

《詞林摘艷》卷蘭楚芳小令【折桂令・相思】：「輕急力取次別離，短局促不似今番。」

《荊釵記》七：「看我姪女兒，長不料料窕窕，短不踡踡促促。」

短古取，或作短卒律、短局促、短踡促，「短」的意思。古取、卒律、局促、踡促，均一聲之轉，助音無義。短不踡踡促促，是短踡促的重言。加「不」字是以反語見意，起加強語氣的作用。「踡踡促促」亦助音無義。《元曲選》音釋：「促，音取。」

段子

《劉弘嫁婢》一【油葫蘆】白：「裁衣不及段子價，這箇也是我向家的心也。」

《神奴兒》一【混江龍】白：「大嫂，揀箇有顏色的段子，與孩兒做領上蓋穿。」

段子，即緞子；廣義指布匹、衣料，如上舉之例是。

斷出

《蔣神靈應》四【折桂令】：「〔桓冲斷出云：〕您眾將望闕跪者！聽聖人的命：一百萬入寇秦兵，接千里旌旗相映。雖然他將廣兵多，謝安、石寬忠秉政，能舉薦將軍謝玄，寫退計棋中得令。」

元刊《東窗事犯》四【柳葉兒】：「〔等地藏王隊子上。〕〔斷出了。〕」

元刊《周公攝政》四【折桂令】：「〔斷出。〕〔一行下了。〕」

明抄本《博望燒屯》四【堯民歌】：「〔劉末斷出：〕因為那曹操奸雄，將夏侯惇拜為先鋒；遇趙雲佯輸詐敗，追趕到博望城中；著雲長提閘放水，使劉封簸土揚塵；俺軍師故使巧計，舉火箭博望燒屯。則今日收軍罷戰，再不許起動刀兵。」

斷出，元劇術語，即下斷之意。元雜劇在全劇收場時，照例由一地位較高的人出場作斷，對劇情作最後處理；然後念一首詩或七字順口溜，也偶有念詞的。它的內容是概括劇中主要情節，並含有褒貶判斷的意義，很像判詞。元刊本把這叫做「斷出」或「斷了」。

斷送

送斷　斷　送

斷送，有葬送、陪送、發送、引逗、附送等義。

（一）

《董西廂》卷六【般涉調・尾】：「我還待送斷你子箇，卻又子母情腸意不過。」

《黑旋風》三【七弟兄】：「俺哥哥含冤負屈有誰知，兀的不斷送在高牆厚壁矮門內！」

《麗春堂》三【幺篇】：「知他是斷與甚處外府，則（只）落的遶青山十里平湖。」

同劇四【山石榴】：「我怕你斷送了別頭項。」

《灰闌記》三【古神仗兒】：「只一味屈敲屈打，活斷送在劍頭刀下。」

《陳州糶米》一【村裏迓鼓】：「哎喲，天那！兀的不送了我也這條老命！」

斷送，謂葬送、毀掉。韓愈《遣興》詩：「斷送一生唯有酒，尋思百計不如閒。」宋・趙令畤《侯鯖錄》：「眞宗東封，訪天下隱者，得杞人楊朴，能爲詩。召對，自言不能。上問，臨行有人作詩送卿否？朴言：獨臣妻有詩一首云：『更休落魄貪杯酒，亦莫猖狂愛咏詩，今日捉將官裏去，這回斷送老頭皮。』上大笑，放還山。」

斷送，倒作送斷，更簡作斷或送，義並同。按斷送、送，今猶爲口頭習用語。

（二）

《魯齋郎》二【南呂一枝花】：「自取些奩房斷送陪隨。」

《西廂記》二本一折【青哥兒】白：「兩廊僧俗，但有退賊之策的，老夫人倒陪房奩斷送，鶯鶯與他爲妻。」

《蕭淑蘭》四、白：「羔鴈、茶禮、斷送、房奩，盡行出辦，足滿姐姐平生所望。」

《舉案齊眉》二【堯民歌】白：「父親，多共少也與您孩兒些奩房斷送波。」

《劉弘嫁婢》二【幺篇】白：「陪與小姐三千貫奩房、斷送。」

上舉「斷送」諸例，猶云陪送，指女子出嫁時的妝奩；動詞轉作名詞。

（三）

《竇娥冤》三【二煞】：「要什麼素車白馬，斷送出古陌荒阡！」

《西遊記》二本五齣、白：「小僧自父母報仇之後，父母顯榮還鄉，師父回金山圓寂，小僧斷送了。」

《太平樂府》卷一馮海粟小令【鸚鵡曲・城南秋思】：「一聲聲只在芭蕉，斷送別離人去。」

上舉數例，意爲發送（指殯葬事）、送出、打發；總之都有遣之使去之意。蘇軾《次韻答邦之、子由》詩：「醉呼妙舞留連夜，閒作新詩斷送秋。」謂用新詩打發、送走秋光也。《京本通俗小說・碾玉觀音上》：「蘇東坡道：『不是東風斷送春歸去，是春雨斷送春歸去。』《張協狀元》戲文十一、白：「我去討米和酒並豆腐，斷送你去。」此二例，亦打發、送走之意也。」

（四）

《西廂記》一本二折【醉春風】：「今日多情人一見了有情娘，著小生心兒裏早痒、痒。迤逗的腸荒，斷送得眼亂，引惹的心忙。」

上舉之例，意爲引惹、逗引、撩撥。宋・趙令畤【清平樂】詞：「去年紫陌青門，今朝雨魄雲魂。斷送一生憔悴，只消幾箇黃昏。」「斷送」云云，亦其意也。

（五）

《董西廂》卷一【般涉調・哨遍】：〔斷送引辭〕

戲文《張協狀元》：「後行子弟饒個【燭影搖紅】斷送。」

上舉「斷送」，用作戲劇術語；意謂附送、白饒、外加，頗類今江浙方言所謂饒頭。《武林舊事》：「……雜劇，吳師賢已下做《君聖臣賢爨》，斷送【萬歲聲】。……雜劇，周朝清以下做《三京下書》，斷送【遶池游】。……雜劇，何晏喜已下做《楊飯》，斷送【四時歡】。……雜劇，時和已下做《四偌少年游》，斷送【賀時豐】。……勾雜劇色時和等做《堯舜禹湯》，斷送【萬歲聲】。……勾雜劇色吳國賓等做《年年好》，斷送【四時歡】。」可見「斷送」實爲戲前小戲，相當宋雜劇的「艷段」。

斷頭香

《金線池》一【寄生草】:「怎將咱好姻緣生折做斷頭香？」

《看錢奴》三【梧葉兒】:「這都是俺前生業，可著俺便今世當，莫不是曾燒著甚麼斷頭香？」

《西廂記》一本二折【哨遍】:「若今生難得有情人，是前世燒了斷頭香。」

《救孝子》四【駐馬聽】:「可著我半路裏孤孀，臨老也還行絕命方，一家冤障，莫不是我前生燒著什麼斷頭香？」

舊時迷信傳說，謂用折斷的香供佛的人，在來世要遭到離散或絕嗣的報應；俗因以斷頭香比喻分散或絕嗣。上面所舉各例，《看錢奴》和《救孝子》屬於絕嗣，其它二例是指離散，不得團圓。

堆垛（duī duò）

《盆兒鬼》二【中呂粉蝶兒】:「我則道是血淥淥屍首堆垛，怎將他磣磕磕把盆兒捏做？」

堆垛，謂堆積。元・陶宗儀《輟耕錄》卷十四:「文章用事塡塞故實，舊謂之點鬼錄，又謂之堆垛死屍。」《古今小說・張古老種瓜娶文女》:「只見屋山頭堆垛著一堆價十萬貫小錢兒。」《水滸》第四十一回:「宋江叫小嘍囉各各拕了沙土布袋　並蘆柴，就城邊堆垛了。」皆屬其例。

對門

門對

對門:一謂配偶、夫妻；二謂門當戶對；三用爲動詞，謂結親。

（一）

《調風月》一【勝葫蘆】:「怕不依隨蒙君一夜恩，爭奈忒達地忒知根，兼上親上成親好對門。」《雲窗夢》二【醉太平】:「如今春花已落煙花陣，夫人自有夫人分，百年誰是百年人，難尋這白頭的對門。」《劉弘嫁婢》二【四煞】:「今日紅粧共秀才您兩箇爲門對。」

對門，用爲名詞，謂配偶、夫妻；猶今俗云對象。倒作門對，意同。

（二）

《桃花女》三【中呂粉蝶兒】：「別人家聘女求妻，也索是兩家門對。」

《娶小喬》一、白：「止有小喬未曾婚配，老夫務要尋箇對門，方許成親。」

上舉「對門」或「門對」，爲「門當戶對」之省詞；指男女雙方的家庭地位等條件相當。

（三）

《裴度還帶》四【喬牌兒】：「幾曾見酩子裏兩對門？你道是五百年宿緣分，他道是奉君王聖旨爲盟信，終不道我爲媳婦拜丈人？」

對門，在這裏用爲動詞，意爲婚配、結親，是（一）義的引申。「酩子裏兩對門」，意謂平白無故地兩家結成親。

碓（duì）

碓兒　碓臼　碓臼兒

《黃鶴樓》二【叨叨令】：「〔禾旦白：〕瞎伴姐在麥場上，將碓兒搗也搗的。〔正末唱：瞎伴姐在麥場上將那碓臼兒急并各邦的搗。〕

《盆兒鬼》一【賺煞】白：「拾將那骨殖來，放在碓臼裏，我便踏著碓，大嫂，你看成灰也未？」

《舉案齊眉》三【聖藥王】白：「我聞得梁官人替人做傭工，每日舂米爲生，這碓場在那裏？待我去看一看。」

碓，或作碓兒、碓臼、碓臼兒，舂米用具。設置方法是：掘地安放石臼，其上用柱子架起一根木槓，槓的一端裝杵或縛石，用腳連續踏另一端，使杵或石頭連續起落，去掉石臼中穀米的殼皮。簡單的碓，只是一個石臼，手執杵搗米。這種農具，上古就有，東漢前已有所改進，桓譚《新論》云：「宓犧製杵臼之利，後世加巧，因延力借身重以踐碓，而利十倍。」宋話本《快嘴李翠蓮記》：「推得磨，搗得碓，受得辛苦吃得累。」亦其例。

敦（dūn）

撴　墩　頓

敦：一謂用力棄物於地；二謂擊打；三猶嚷，猶咻。

（一）

《玉壺春》二【四塊玉】詞云：「玉壺內插蘭花，壓梅瓣壽陽點額，休撴摔，莫伴群芳亂折。」

《李逵負荊》三【後庭花】：「打這老子沒肚皮攬瀉藥，偏不的我敦葫蘆摔馬杓。」

《詞林摘艷》卷五劉庭信散套【新水令・枕痕一線印香腮】：「來時節喫我一會閑頓摔。我可便不比其他性格。」

把東西使勁地棄擲於地，叫做敦、撴或頓，常與「摔」字連用。

（二）

《哭存孝》二【牧羊關】：「口未落便拳敦。」

《後庭花》一【混江龍】：「常懷著心驚膽戰，滴溜著腳踢拳墩。」

《羅李郎》四【梅花酒】：「面皮上大拳墩。」

《鐵拐李》四【醉春風】：「怎將我劈面拳敦？」

敦，應作撉，擊打之意，見《集韻》。或作墩，用音通用。墩，念上聲。

（三）

《五侯宴》三、白：「蘿蔔醮生醬，村酒大碗敦。」

敦，謂不加節制的吃喝，猶嚷，猶哧。

敦坐

《賺蒯通》三【紫花序兒】：「這廝推我一個敦坐。」

身倒而臀（tún）部著地，謂之敦坐，俗稱屁股敦兒。今山東方言，呼爲臀墩兒。臀，口語讀定。

多才

多才俊　俊多才

《董西廂》卷七【道宮・憑欄人纏令】：「憶多才，自別來約過一載，何日裏卻得同諧？」

《牆頭馬上》二【南呂一枝花】：「一見了多才，口兒裏念，心兒裏愛。」

《東牆記》一【寄生草】：「似這等含情掩臥象牙床，幾時得陽臺上遇著多才俊。」

《西遊記》四本十三齣【油葫蘆】：「則俺那俊多才，怕不道思量俺，爭奈他身命兒太跋藍。」

《黃花峪》一【南駐雲飛】：「擎尊奉多才，量如滄海，滿飲一杯，誓把愁懷解。」

《詞林摘艷》卷一無名氏小令【兩頭蠻·四季閨怨】：「一似那行了他不見則箇來，盼多則箇才。」

多才，舊時婦女對所愛慕男子的暱稱。「多才」之前或後附以「俊」字，形容其更漂亮可愛。

多少

《救風塵》一、白：「今日特到他家去，一來去望媽兒，二來就題這門親事，多少是好！」

《漢宮秋》楔、白：「今日天高氣爽，眾頭目每向沙堤射獵一番，多少是好！」

又同劇二、白：「就壁廂引控甲士，隨地打獵，延入塞內，偵候動靜，多少是好！」

又同劇三【鴛鴦煞】白：「兩國息兵，多少是好！」

《賺蒯通》一【寄生草】白：「老司徒，你差矣！爲官的吃堂食，飲御酒，多少快活！」

多少，用爲副詞，義同「多麼」；用在感嘆句裏，表示程度很高，上舉諸例均屬之。湯顯祖《牡丹亭·鬧殤》：「小姐不在，春香也鬆泛多少。」此「多少」，謂多也，爲反義詞偏用之例。

多羅

多羅：一謂精明；二謂沖撞、粗心、大意。

（一）

《陳州糶米》一：「〔二丑斗子上，詩云：〕我做斗子十多羅，覓些倉米養老婆；也非成擔偷將去，只在斛裏打雞窩。」

多羅，本梵語，就是眼睛，又作「咀囉」。《大目經疏》五：「多羅是眼義。」《蘇婆呼經》下：「多羅，此云妙目精。」《不空羂素心咒王經》：「多羅，周云瞳子。」元劇以「睛」諧「精」音，引申爲精明之意。朱居易解爲「兜答」（見《元劇俗語方言釋例》），誤。

（二）

元刊本《氣英布》【鵲踏枝】：「你那裏話兒多，著言語廝多羅。你正是剔蝎撩蜂，暴虎馮河，誰交（教）你自創（闖）入龍潭虎窩，飛不出地網天羅。」

《爭報恩》三【聖藥王】：「我可也千不合，萬不合，一時間做事忒多羅，沒來由結識這個，認義那個。」

上舉二例，多羅似爲沖撞、粗心、大意之謂，不同於精明。

多應

多分

《董西廂》卷一【般涉調・耍孩兒】：「浩然何處凍騎驢？多應在霸陵西路。」

《青衫淚》三【鴛鴦煞】詩云：「我劉一郎何曾搗鬼，小老婆多應失水。」

《勘頭巾》二【梁州第七】：「我這裏低首尋思，多應被拷打無地。」

《兒女團圓》三【金菊香】：「哎！這樁事我敢猜者！哥也，多應是師父行吃了些虧折。」

《王粲登樓》一、白：「小生在這店肆中安下，少了他許多房宿飯錢，小二哥呼喚，多分爲此。」

《合用文字》一、白：「我如今不免扶持出來，看看他氣色，嗨！也可憐，多分要嗚呼了也。」

多應，推測之詞，猶多半、大約、大概。此語唐已有之，如敦煌變文《維摩詰經菩薩品變文甲》：「問疾多應不是才」，是也。一作多分，義同。《後庭花》劇三折作「多因」，「因」疑爲「應」字的訛誤。

多喒

多管　多敢

《漢宮秋》一【賺煞】:「〔旦云：〕陛下明朝早早駕臨，妾這裏候駕。〔駕唱：〕到明日，多管是醉臥在昭陽御榻。」

《西廂記》四本一折【天下樂】:「望得人眼欲穿，想得人心越窄，多管是冤家不自在。」

《伍員吹簫》楔、白：「主公呼喚，多喒爲這事來，令人報復去，道有費無忌來了也。」

《秋胡戲妻》三【滿庭芳】:「他不是閒遊的浪子，多敢是一箇取應的名儒。」

《趙氏孤兒》一【混江龍】:「多喒是人間惡煞，可什麼閫外將軍？」

《張生煮海》二【牧羊關】:「則見他叉手前來，多管是迷了路的行人，多管是失了船的過客。」

《魔合羅》一【一半兒】:「多敢是一半兒因風一半兒雨。」

《兩世姻緣》二【商調集賢賓】:「多喒是寸腸千萬結，只落的長嘆兩三聲。」

《昊天塔》三【煞尾】:「猛聽得城邊喊聲舉，早捲起足律律一陣黑塵土，多敢是韓延壽那廝緊追逐。」

《爭報恩》一、白：「這早晚王臘梅還不到房裏歇息，多喒又和丁都管鉤搭去了。」

多喒，一作多管、多敢，推測之詞，意爲大概、恐怕，後面多連著「是」字用。或作都管，如《水滸》第四十二回：「只聽道外面有人道：『都管只走在這廟裏！』」按：多、都雙聲通用，喒、管、敢，音近亦通用。

其中「多敢」、「多喒」，又有「幾時」之意，如：《清平山堂話本・李元吳江救朱蛇》：「元曰：『我自來江左，並無相識，亦無姓朱者來往爲友，多敢同姓者乎？』」《兒女英雄傳》三十九回：「他到底敢，多偺來看我呀！」現在口語中還這麼說（見老舍《龍鬚溝》、周立波《暴風驟雨》等書）。

多早晚

多蚤晚

《牆頭馬上》二【梁州第七】白：「梅香，這早晚多早晚也？」

又同劇二【感皇恩】白：「小姐，這來時可著多早晚也？」

《麗春堂》二【迎仙客】：「不知幾時節離御苑，多早晚出庭闈。」

《生金閣》三【黃鍾尾】白：「您孩兒多早晚時候去？」

《爭報恩》二【紅繡鞋】白：「當日是多早晚時候，到於臥房中，做出這事？你從實說來，免受打拷。」

《陳州糶米》二、白：「多早晚陞廳？多早晚退衙？老相公試說一遍。」

《桃花女》一【柳葉兒】白：「假若星官不來呵，你著我等到多蚤晚也？」

多早晚，幾時，估量時間之語。「早晚」為「咱」的合音字。多早晚，猶多咱。又早，一作蚤，古通用；《孟子・離婁下》：「蚤起，施從良人之所之。」是也。

垛子（duǒ・zi）

垛　朵子

《薛仁貴》一【寄生草】白：「住，住！你兩個將軍休鬧。……我如今推出紅心垛子，上面安一文金錢，離一百步遠放下垛子，著他每人射三箭，若射中金錢，便將三箭定天山的功勞，塡在他名下。」

《伊尹耕莘》二、白：「前日在教場裏射垛子，使的氣力大了些，垛子也射不中，把我仰不剌叉跌下馬來。」

《符金錠》二、白：「這箇不打緊，我如今就去。一箭上垛，你則管放心。」

《鎖魔鏡》一【天下樂】白：「將的弓箭來，推出紅心朵子去，我看兄弟射幾箭者！」

垛子，即練習射箭的目標，猶今云靶子，簡作「垛」，或作朵子，義並同。「子」為名詞語尾，無義。

趓（duǒ）

《西廂記》二本三折【慶宣和】:「諕得我倒趓，倒趓。」

《神奴兒》四【雙調新水令】白:「你都在司房裏趓著，廳上喚哩，我答應去。」

《翫江亭》二、白:「我那裏省的他謎言謎語的，我來趓他，他到先等著我。」

《硃砂擔》楔【仙呂端正好】:「趓非災，離鄉故。」

《大戰邳彤》三、白:「主公，那邳彤聽的我來了，知他趓在那裏，有他兄弟邳岩，著我殺的片甲不歸。」

趓，即今躲（躱）字，躲避、躲藏之意。